U0504745

辽宁智能制造产业
发展研究报告

邓　丹　主编

北方联合出版传媒（集团）股份有限公司
辽宁科学技术出版社

图书在版编目（CIP）数据

辽宁智能制造产业发展研究报告 / 邓丹主编. -- 沈阳 : 辽宁科学技术出版社, 2024.8. -- ISBN 978-7-5591-3758-6

Ⅰ. F426.4

中国国家版本馆CIP数据核字第2024NZ1534号

出版发行：辽宁科学技术出版社

（地址：沈阳市和平区十一纬路 25 号　邮编：110003）

印　刷　者：辽宁鼎籍数码科技有限公司

经　销　者：各地新华书店

幅面尺寸：185mm×260mm

印　　张：17.25

字　　数：350千字

出版时间：2024年8月第1版

印刷时间：2024年8月第1次印刷

责任编辑：陈广鹏

封面设计：周　洁

责任校对：栗　勇

书　　号：ISBN 978-7-5591-3758-6

定　　价：108.00元

联系电话：024-23280036

邮购热线：024-23284502

http://www.lnkj.com.cn

本书编委会

主　　编：邓　丹

副 主 编：佟春杰　盛　楠　王　莹

成　　员：孙艳姣　张　东　陈　悦　王璐宁　王　智

孔祥瑞　江　渊　邵武杰　陈亚文　韩　盟

谢俊杰　王　雪

总体策划：陈东升

  智能制造是基于新一代信息技术与先进制造技术深度融合，贯穿于设计、生产、管理和服务等制造活动各个环节，具有自感知、自学习、自决策和自适应等功能的新型生产方式。当前，世界处于以信息产业为主导的经济发展时期，制造业正加速迈向数字化、智能化时代，智能制造对制造业竞争力的影响越来越大。能否抓住智能制造这一重大战略机遇，对我国培育经济增长新动能、建设制造强国具有重要战略意义。

  传统制造业转型升级必须依靠智能制造。习近平总书记指出，要以智能制造为主攻方向推动产业技术变革和优化升级，推动制造业产业模式和企业形态根本性转变，以"鼎新"带动"革故"，以增量带动存量，促进我国产业迈向全球价值链中高端。

  辽宁作为我国的重工业基地，一直以来都是国内装备制造业的重要发展区域。近年来，辽宁省委、省政府高度重视智能制造发展，先后制定印发了《辽宁省先进装备制造业"十四五"发展规划》《辽宁省深入推进结构调整"三篇大文章"三年行动方案（2022—2024年）》等文件，全力打造先进装备制造等4个万亿级产业基地。辽宁坚持以智能制造为主攻方向，加快传统制造业数字化、网络化、智能化改造，努力实现制造业由大变强的跨越式发展。

  在辽宁省科学技术厅的立项支持下，辽宁省重要技术创新与研发基地建设工程中心承担了"辽宁省智能制造技术预测研究"课题（课题编号：2021JH4/10200011），形成了《辽宁智能制造产业发展研究报告》一书。

  本书详细介绍了智能制造概念、系统框架、关键技术等相关理论，深入分析了发达国家智能制造推进情况，以及我国智能制造产业、技术发展趋势，全面梳理了辽宁智能制造产业发展基础、科技创新资源、存在问题，并在此基础上提出辽宁智能制造产业未来发展优势、核心技术攻关方向以及推动产业赶超发展的路径选择。本书可为智能制造研究机构、相关企业、政府部门等了解智能制造相关理论、产业现状、关键技术等提供参考。

本书在编撰过程中得到了大连理工大学、辽宁社会科学院智能制造研究团队的大力支持，同时，参考了许多优秀的专著、论文，吸纳了众多智能制造领域专家的观点和建议，在此表示衷心的感谢。智能制造技术目前仍处于发展阶段，编者也在不断研究和学习之中，加之编者水平有限，书中不足之处恳请专家和读者不吝指正。

编者

2024年1月

Contents | 目录

第 1 章

智能制造概述

近年来，随着大数据、云计算、物联网等新一代信息技术加速向制造业融合渗透，推动了智能制造的快速发展，改变了制造业的生产方式和商业模式。

一、智能制造概念

对智能制造的认识是不断发展和逐渐深化的，不同时期学术界和产业界对智能制造内涵的理解略有不同。20世纪80年代，最早提出智能制造概念的是美国的P.K.Wright 和 D.A.Bourne，他们在《智能制造》（*Manufacturing Intelligence*）一书中将智能制造定义为"利用集成知识工程、制造软件系统、机器人视觉和机器人控制等技术对制造技能与专家知识进行建模，使智能机器人在没有人工干预的条件下独自完成小批量生产"，该阶段对智能制造的理解偏重于人工智能技术的创新应用。

在该概念提出后不久，工业发达国家开始重视对智能制造的研究。1991年，美国、日本、欧盟等国家和组织在共同发起实施的 "智能制造国际合作研究计划"中指出，"智能制造系统是一种在整个制造过程中贯穿智能活动，并将这种智能活动与智能机器有机融合，将整个制造过程从订货、产品设计、生产到市场销售等各个环节以柔性方式集成起来的能发挥最大生产力的先进生产系统"，逐渐认识到智能制造系统是提高各环节智能化水平的关键因素。

21世纪以来，智能制造的内涵被进一步深化。美国国家标准与技术研究院提出，"智能制造为完全集成和协作的制造系统，能够实时响应工厂、供应链网络、客户不断变化的需求和条件"。德国在"工业 4.0（Industry 4.0）"国家战略中虽没有明确提出智能制造概念，却提到了智能制造的内涵，即利用信息-物理系统（CPS，Cyber-Physical Systems），实现由集中式控制向分散式增强型控制的基本模式转变，其目标是建立高度灵活的个性化和数字化的产品与服务的生产模式，推动现有制造业向智能化方向转型，更加强调智能生产（Smart Production）和智能工厂（Smart Factory）。

我国对智能制造的研究始于1986年。杨叔子院士认为，智能制造系统可以"通过智能化和集成化的手段来增强制造系统的柔性和自组织能力，提高快速响应市场需求变化的能力"。吴澄院士从广义的角度对其进行定义，提出智能制造是以制造技术为代表的新一代信息技术，它包括大数据、互联网、云计算、移动技术，以及在制造全生命周期的应用中所涉及的理论、方法、技术和应用等。周济院士认为，智能制造的发展经历了数字化制造、智能制造1.0和智能制造2.0三个基本范式的制造系统的逐层递进。智能制造1.0系统的目标是实现制造业数字化、网络化，最重要的特征是在全面数字化的基础上实现网络互联和系统集成。智能制造2.0系统的目标是实现制造业数字化、网络化、智能化，实现真正意义上的智能制造。

综合其发展的不同阶段，我们可以将智能制造理解为一种基于新一代信息通信技术、先进制造技术、自动化技术、人工智能技术等深度融合，贯穿于设计、生产、管理、服务等制造活动的各个环节，具有自感知、自学习、自决策、自执行、自适应等功能的新型生产方式。智能制造通常以智能工厂（或企业）为载体、以关键制造环节智能化为抓手、以端到端数据流为基础、以网络互联为支撑，可有效缩短产品研制周期、降低运营成本、提高生产效率、提升产品质量、减少资源能源消耗。

二、智能制造与传统制造的区别

智能制造完全不同于传统的制造方式。纵向来看，智能制造要求企业内部加强纵向集成，包括企业内部资金流、信息流和物流的集成；横向来看，从订单生成到完成交货，制造过程的各个环节需要紧密联合，实现横向一体化中端到端的集成。与传统制造相比，智能制造主要呈现出以下特征：

（一）人机一体化

智能制造突出了人在制造系统中的核心地位，同时在智能机器的协同与配合下，更好地发挥出人的潜能，使人机之间表现出一种平等共事、相互"理解"、相互协作的关系，使二者在不同的层次上各显其能，相辅相成。

（二）虚拟现实

智能制造以计算机和数据为基础，融合信号处理、动画技术、智能推理、预测、仿真等多媒体技术为一体，借助各种音像和传感装置，虚拟展示现实生活中的各种过程、物件等。这种拟实制造过程，从感官和视觉上使人获得如同真实的感受，并按照人们的意愿任意变化。

（三）学习与自我维护

智能制造能够在实践中不断地充实知识库并进行调整，具有自学习功能。同时，具备在运动过程中自行诊断故障，并可对故障自行排除和维护的特性，能够自由优化并适应各种复杂环境。

（四）工业大数据

智能制造将大数据理念应用于工业领域，通过网络汇集原本处于孤立状态的海量数据，包括设备数据、活动数据、服务数据、市场数据和上下游产业链数据等，实现人与人、物与物、人与物之间的连接，尤其是实现终端用户与制造和服务过程的连接。

（五）服务型制造

与传统制造模式较为关注产品生产不同，智能制造企业除了需要关注制造过程外，还要关注制造前端的产品研发以及后端的设备维护、售后服务等，不断推出服务性业务，实现产业链增值。

（六）个性化定制

传统的制造模式强调以生产为中心，容易导致产品供不应求或产品过剩。智能制造企业可以利用大数据、互联网将供应商、销货方等合作组织以及终端用户实现数据的连接与共享，精确分析市场需求，实施调整制造模式，实现按需定制、按需生产。

三、智能制造系统架构

随着信息技术和制造技术的不断发展，智能制造的内涵也在不断演进，我们通过分析智能制造系统架构进一步明确智能制造活动各相关要素及要素之间的关系，认识了解智能制造。2021年，国家智能制造标准体系建设指南从生命周期、系统层级和智能特征等3个维度对智能制造所涉及的要素、装备、活动等内容进行描述，如图1-1所示，明确了智能制造系统构成。

（一）生命周期

生命周期涵盖从产品原型研发到产品回收再制造的各个阶段，包括设计、生产、物流、销售、服务等一系列相互联系的价值创造活动。生命周期的各项活动可进行迭代优化，具有可持续性发展等特点，不同行业的生命周期构成和时间顺序不尽相同。

（1）设计是指根据企业的所有约束条件以及所选择的技术来对需求进行实现和优化

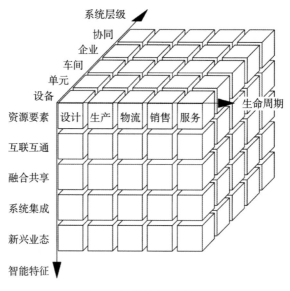

图1-1　智能制造系统架构

的过程。

（2）生产是指将物料进行加工、运送、装配、检验等创造产品的过程。

（3）物流是指物品从供应地向接收地的实体流动过程。

（4）销售是指产品或商品等从企业转移到客户手中的经营活动。

（5）服务是指产品提供者与客户接触过程中所产生的一系列活动的过程及其结果。

（二）系统层级

系统层级是指与企业生产活动相关的组织结构的层级划分，包括设备层、单元层、车间层、企业层和协同层。

（1）设备层是指企业利用传感器、仪器仪表、机器、装置等，实现实际物理流程并感知和操控物理流程的层级。

（2）单元层是指用于企业内处理信息、实现监测和控制物理流程的层级。

（3）车间层是实现面向工厂或车间的生产管理的层级。

（4）企业层是实现面向企业经营管理的层级。

（5）协同层是企业实现其内部和外部信息互联和共享，实现跨企业间业务协同的层级。

（三）智能特征

智能特征是指制造活动具有的自感知、自决策、自执行、自学习、自适应之类功能的表征，包括资源要素、互联互通、融合共享、系统集成和新兴业态等5层智能化要求。

（1）资源要素是指企业从事生产时所需要使用的资源或工具及其数字化模型所在的层级。

（2）互联互通是指通过有线或无线网络、通信协议与接口，实现资源要素之间的数据传递与参数语义交换的层级。

（3）融合共享是指在互联互通的基础上，利用云计算、大数据等新一代信息通信技术，实现信息协同共享的层级。

（4）系统集成是指企业实现智能制造过程中的装备、生产单元、生产线、数字化车间、智能工厂之间，以及智能制造系统之间的数据交换和功能互联的层级。

（5）新兴业态是指基于物理空间不同层级资源要素和数字空间集成与融合的数据、模型及系统，建立的涵盖了认知、诊断、预测及决策等功能，且支持虚实迭代优化的层级。

从中我们可以看出，智能制造的关键是实现贯穿企业设备层、单元层、车间层、企业层、协同层等不同层面的纵向集成，跨资源要素、互联互通、融合共享、系统集成和新兴业态等不同级别的横向集成，以及覆盖设计、生产、物流、销售、服务等的端到端集成。基于此，形成以智能制造技术为核心，智能制造产业集聚，智能供应链相互承接，智能装备企业联合推进，智能产品消费成为主流，涵盖产业链、产品价值链、生产要素供应链等各环节的智能生态。

四、智能制造的主要内涵

从系统构成的角度来看，智能制造是一个大的系统，由智能产品和装备、智能生产、智能服务三大功能系统以及智能制造云和工业互联网两大支撑系统集合而成。其中，智能产品和装备是主体，智能生产是主线，以服务为中心的产业模式变革是主题，工业互联网和智能制造云是支撑智能制造的基础。智能制造企业内部、企业间、不同产业间也呈现出前所未有的系统"大集成"（图1-2）。

（一）智能产品和装备

智能产品是将互联网技术、人工智能、数字化技术嵌入传统产品设计，使产品逐步成为互联网化的智能终端，比如将传感器、存储器、传输器、处理器等设备装入产品当中，使生产出的产品具有动态存储、通信与分析能力，从而使产品具有可追溯、可追踪、可定位的特性，同时还能广泛采集消费者个体对创新产品设计的个性化需求，令智能产品更加具有市场活力。智能装备应具有自检测功能，可以实现在线检测，可以提供开放的数据接

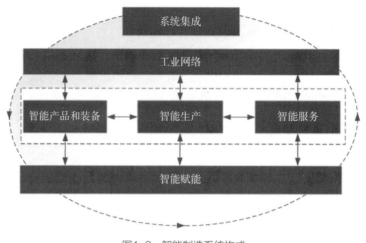

图1-2　智能制造系统构成

口，支持设备联网，实现机器与机器互联。此外，还可以配备自动上料的机械手，添加机器视觉应用，精准识别工件，自主装卸、避让，实现人机协作。

（二）智能生产

　　智能生产涵盖了智能研发、智能产线、智能车间、智能工厂等多个生产制造环节，通过解决复杂系统的精确建模、实时优化决策等关键问题，实现产品制造的高质、柔性、高效、安全与绿色。智能研发可以利用计算机辅助设计、数字化制造等，通过互联网实现与客户、供应商和合作伙伴协同设计，推动研发模式创新。智能产线能够通过数据采集对产品生产状态、产品质量等进行实时监控和质检分析，快速找到问题，同时，可以支持多种相似产品的混线生产和柔性生产；智能车间可以对生产过程进行有效控制，提高设备综合效率，实现生产过程的透明与可追溯，推动生产模式创新。智能工厂能够实现各个车间之间信息共享、准时配送、协同作业，从产品研发、工艺到采购、生产、销售与服务可以实现信息流畅通，提高企业运营效率，推动管理模式创新。

（三）智能服务

　　智能服务作为智能制造系统的末端，起到了连接消费者与生产企业的作用。智能服务可以通过采集产品运营数据，辅助企业进行市场营销决策；感知产品状态，从而进行预测性维修维护。智能服务可以实现从大规模流水线生产转向规模化定制生产，推动生产型制造向服务型制造转变，带动智能制造产业模式变革。

（四）智能制造云和工业智联网

随着新一代通信技术、网络技术、云技术和人工智能技术的发展和应用，智能制造云和工业智联网将实现质的飞跃。智能制造云和工业智联网将由智能网络体系、智能平台体系和智能安全体系组成，为新一代智能制造生产力和生产方式变革提供发展空间和可靠保障。

（五）系统集成

企业内部设计、生产、销售、服务、管理过程等实现动态智能集成，即纵向集成；企业与企业之间基于工业智联网与智能云平台，实现集成、共享、协作和优化，即横向集成。另一方面是制造系统外部的"大集成"。制造业与金融业、上下游产业的深度融合形成服务型制造业和生产型服务业共同发展的新业态。智能制造与智能城市、智能农业、智能医疗等交融集成，共同形成智能生态大系统——智能社会。新一代智能制造系统大集成具有大开放的显著特征，具有集中与分布、统筹与精准、包容与共享的特性，具有广阔的发展前景。

五、智能制造关键技术

围绕智能制造内涵，我们可以从智能产品与装备、智能制造模式、新模式新业态、工业智联网与智能制造云等5个方面对智能制造关键技术进行分析。

（一）智能产品与装备

1. 智能产品设计方法

智能产品设计方法具有两种理解：一种是智能产品的设计，其需要根据智能产品的整体规划与智能化特征进行产品的正向设计，包括智能产品的功能原理设计、运动构型设计、技术性能设计、结构尺度设计、工艺性与经济性设计等，是对于产品设计技术的新挑战；另一种是智能的产品设计，是借助人工智能、大数据技术等实现对产品从无到有的设计方法，按智能化水平可分为传统思维方法、基于程序的设计方法、基于数据驱动的设计方法、自主设计方法等。

2. 面向产品设计和工艺的知识库

面向产品设计和工艺的知识库涉及产品全生命周期的各方面知识，包括材料、结构、设计、制造、服务（销售、维护）和报废等方面的数据与知识。主要内容和核心子技术包括知识的获取技术、知识的管理技术、知识的运用技术、知识的挖掘技术等。面向产品设计和工艺的知识库可在虚拟的数字环境中并行、协同实现产品的全数字化设计，以及结构、性能、功能的模拟与仿真优化。

3. 智能传感器技术

智能传感器是具有信息处理功能的传感器，带有微处理机，具有采集、处理、交换信息的能力。智能传感器技术的发展方向包含多源传感器融合技术、仿生传感器技术等。多源传感器融合技术是指利用不同的时间和空间的多传感器信息资源，对按时序获得的观测信息在一定的准则下加以自动分析、综合、支配和使用，获得被测对象的一致性解释与描述，以完成所需的决策和任务，使系统获得比其各组成部分更优越的性能，其主要研究内容有数据关联、多传感器ID/轨迹估计、采集管理等。仿生传感器是采用固定化的细胞、酶或者其他生物活性物质与换能器相配合组成的新型传感器，是生物医学和电子学、工程学相互渗透而发展起来的一种新型感知技术。

4. 智能零部件

智能零部件是指在传统零部件上集成多种不同用途的传感器、调控装置以及分析系统，能够实现零部件运行过程中的实时监控、故障检测与调控。随着人工智能技术的不断发展，制造业与人工智能技术不断融合，传统零部件的智能化开始成为制造业智能化转型的关键技术。随着智能零部件技术发展的不断成熟，智能零部件已经被广泛运用在汽车制造与智能家电等行业。

5. 人机共融机器人

人机共融机器人是把生命系统与机电系统的优势相结合的智能机器人。通过对生命系统和机电系统深度融合技术、生物–机电系统融合的调控机制和相关效能优化模型的研究，形成生命系统和机电系统相融合的新型感知、驱动和能量供给的智能生物功能器件单元，并通过系统集成实现同生共体、互生共融的新一代人机共融机器人，是集微机电系统、微纳米加工技术、生命科学等的前沿学科交叉技术。

6. 智能数控加工技术与装备

数控技术是一种通过计算机编程对机器进行控制，保证零件加工可以按预定程序进行的一种技术。智能数控加工技术则是涵盖人、计算机、机器一体化融合理论与技术，多源信息的感知理论与技术，热变形溯源、温度场理论及传感器布点和补偿技术，几何误差建模与补偿技术，振动建模与抑制技术，刀具加工模型与加工状态感知技术，在机质量检测方法技术，基于数控系统的工件加工进度提取技术，故障在线识别理论与技术，加工过程能量流模型与能效检测技术，智能决策理论与技术，智能执行理论与技术，智能维护理论与技术，智能机床综合能力评价理论与技术等在内的智能化数控加工技术。

智能数控加工装备在数字化控制技术的基础上增强了加工状态的感知能力，其通过网络化技术实现设备间互联互通，并应用大数据及人工智能技术，具有自感知、自分析、自适应、自维护、自学习等能力的加工装备，如智能数控加工中心、智能机床等，能够实现加工优化、实时补偿、智能测量、远程监控和诊断等功能。

7. 增材制造技术与装备

增材制造技术是采用材料逐渐累加的方法制造零件的技术。增材制造技术与装备包括金属增材制造技术与装备、功能梯度材料及结构增材制造技术与装备、生物增材制造技术与装备，以及增材、减材、等材一体化智能混合制造技术等。增材制造技术与装备在增材制造的工艺、辅助软件、制造性能等方面还有大量的问题有待研究。

8. 智能装配技术与装备

智能装配技术是产品装配技术与数字化技术、人工智能技术、网络技术、管理科学等交叉融合的产物。装配技术包括面向装配的设计方法、装配连接工艺、装配测量技术、装配调控方法以及装配工艺装备等，装配技术的智能化则需要围绕装配设计、工艺、检测、调控等展开，实现装配全过程的数字化与智能化，并最终落实在具有自分析与自调控能力的装配软件、检测仪器与装配装备中。

（二）智能制造模式

1. 分布式智能控制技术

分布式智能控制技术是人工智能和分布式计算相结合的技术，主要应用于较大规模的区域、多异构平台协作作业、多个智能机器协同工作的场景。分布式智能控制技术通过不同智能体之间的行为协调和工作任务协同，使每个智能体同时具有其本身的目标和意愿。通过分布式人工智能，能够将复杂系统的多目标求解问题逐层划分为复杂程度相对较低的子问题，再由不同智能体沟通协作和自主决策完成，能克服单个智能机器资源和能力缺乏以及功能单一等局限性。

2. 离散智能工厂

离散型制造是根据产品性能需求进行产品设计与制造的智能选择，能够实现个性化定制和柔性制造混流生产的工厂生产模式。离散型智能工厂通过设计与仿真软件实现产品的仿生、创成、拓扑优化设计，能够通过智能制造装备，对制造过程进行全流程仿真、工艺参数决策，实现制造模式选择及多类别、多模式混合加工制造，实现产品性能和制造效率的综合提升。另外，离散智能工厂通过基于全流程信息的协同优化技术，能够实现包括研发设计、工艺与设备、物流、质量、仓储、销售等工厂全流程的实时管控和协同优化。

离散智能工厂重点面向3C产品小批量、多品种、快速迭代的生产需求，航空、航天、船舶零部件超大型、结构复杂、轻量化、高质量的生产需求，大型燃气轮机、电推进发动机等高性能发动机的制造需求，汽车产品多系统、多部件及个性化定制需求等。

3. 流程智能工厂

流程型制造主要指物料均匀、连续地按照工艺顺序进行生产的生产方式，主要对象包括化工、炼油、冶金、食品等。流程型制造工厂的智能化转型应当以优化运行指标为目标，自适应决策控制系统的设定值，实现运行指标的优化与自主控制。流程智能工厂能及时预测与诊断异常工况，当异常工况出现时，通过自愈控制，排除异常工况，实现安全优化运行；另外，其将机制模型与数据模型深度融合，建立有效的动态智能模型，实现生产装置的动态自主学习与基于数据驱动的自主控制、全流程质量管理和数据自由流通等。

4. 网络协同智能工厂

网络协同智能工厂是以互联网技术为核心，充分利用网络技术、信息技术、协同制造技术等将串行工作方式转变为并行工作方式，实现供应链内及跨供应链间的企业产品设计、制造、管理和商务等的合作的生产模式，是现代化的新兴工厂制造模式。

5. 个性化规模定制

个性化规模定制可以满足消费者日益提升的个性化定制需求，为消费者提供从个性化设计到制造再到交货的整体解决方案，提供更加环保、健康、高品质的产品。个性化规模智能定制的是集智能设计、智能制造和智能营销在内的整体智能解决方案，其重点解决个性化与规模化之间的矛盾，实现面向客户的个性化规模定制。

6. 远程运维服务

远程运维服务是指能够实现服务提供商向客户提供远程维护服务的技术。远程运维服务要求建有标准化信息采集与控制系统、自动诊断系统、基于专家系统的故障预警模型和故障检索模型知识库以及统一的标准规范（包括平台接口规范、通用要求、安全规范、监控规范和应急管理规范5个部分），可实现装备远程无人操作、工作环境预警、运行状态监测、故障诊断与自修复等。同时，通过建立产品全生命周期分析平台、用户使用习惯信息模型等，可对智能装备提供健康状态监测、虚拟设备维护方案推送、创新应用开发等服务。

（三）新模式新业态

1. 企业智能管理系统

企业智能管理是综合运用现代化信息技术与人工智能技术，以现有管理模块（如信息管理、生产管理）为基础，以智能计划、智能执行、智能控制为手段，以智能决策为依据，智能化地配置企业资源，建立并维持企业运营秩序，实现企业管理中"机要素"（各类硬件和软件总称）之间高效整合，并与企业中人要素实现"人机协调"的管理体系。

2. 企业智能决策系统

企业智能决策系统是包括企业战略智能决策系统、产品图谱智能决策系统、供应链管理智能决策系统和工艺选择智能决策系统等，以实现企业目标、计划调度、运行指标、生产指令与控制指令一体化优化决策的智能决策系统。企业战略智能决策系统通过分析企业竞争优势、技术创新体系、创新绩效、环境不确定性、行业与技术发展趋势进行分析决策。产品图谱智能决策系统通过对产品寿命周期与竞争优势进行全流程、多要素分析，进行产品的族群、发展图谱以及实现路径规划，实现产品的价值最大化。供应链管理智能决策系统通过供应链进行全要素分析，实现高效率、零库存的智能供应链管理。工艺选择智能决策系统通过对产品设计与工艺流程智能规划，实现对产品制造模式的战略选择。

3. 智能建模与仿真技术

智能建模与仿真技术是将来自多传感器、多维度、多尺度的信息和数据，在一定的准则下加以自动分析和综合，并进行异构数据与结构性数据的融合，将机制模型和数据模型相结合，实现全流程多层次多尺度多场耦合的一体化建模，将不同领域的仿真模型软件通过统一的接口（软件总线、数据共享或网络等技术），组装成具备多种功能的综合仿真软件技术。在进行大规模复杂系统的仿真时，可通过采用协调一致的结构、标准和协议，利用网络设备将分散在各地的仿真设备进行互联，形成综合性仿真环境。

4. 数字孪生技术

数字孪生技术是指数字化的环境下，将人、机、物等物理实体同步映射形成信息虚体的技术。数字孪生基于来自物理实体的实时信息和数据，"理解"对应的物理实体的变化并对变化作出响应，其借助信息空间对数据综合分析处理的能力，应对外部复杂环境的变化，进行有效决策，并作用到物理实体。数字孪生中物理实体与信息虚体之间交互联动，通过数据融合分析、决策迭代优化等手段共同作用，实现制造活动的持续优化，为生产制造活动提供新的时空维度。

5. 边缘智能技术

边缘智能是通过边缘计算与人工智能相结合，让每个边缘计算的节点都具有深度计算和智能决策的能力，并与产业应用深度结合，是边缘计算发展的更高阶段。边缘智能是在靠近物或数据源头一侧设置的开放平台，将网络通信、高性能计算、大容量数据存储和应用核心能力融为一体，就近提供最近端服务，产生更快的网络服务响应，并能满足实时性、安全与隐私保护等方面的要求。边缘智能技术还能够充分利用边缘侧的海量现场数据与终端计算能力，高效实现工业应用中仿真数据融合分析、虚实交互反馈与决策迭代优化。

6. 基于语义的智能识别技术

基于语义的智能识别是通过自然语言的处理技术，实现计算机对自然语言的识别与认知。自然语言处理（NLP）涉及计算机科学、人工智能、语言学，关注计算机和人类（自然）语言之间的相互作用的领域。通过建立高质量数据库、常见领域的理解、可扩展的算法框架以及数据驱动的闭环流程，实现人与计算机之间用自然语言进行有效通信，做到在语义上的理解、逻辑的正确推断和具体知识的应用。

7. 混合增强技术

混合增强技术是将人的作用以及认知模型引入人工智能系统，形成"混合增强智能"的形态，是人工智能可行的、重要的成长模式，典型技术有智能增强技术与深度强化学习等。智能增强技术可以增强以人为核心的人机交互、人与生物神经网络交互以及人脑加工、储存和提取信息的能力。深度强化学习结合了深度学习的表征能力和强化学习的学习模型，利用强化学习驱动代理以快速探索各类架构、节点类型、连接、超参数设置以及深度学习、机器学习乃至其他AI模型。

8. 人–信息–物理系统

人–信息–物理系统（HCPS）是由人、信息系统和物理系统有机组成的智能系统，其中物理系统是制造活动的执行者和完成者；信息系统是制造活动信息流的核心，帮助人类对物理系统进行感知、认知、分析决策与控制，使物理系统尽可能以最优的方式运行。人始终是HCPS的主宰，人是物理系统和信息系统的创造者，也是物理系统和信息系统的使用者和管理者。HCPS突出人在系统中的中心地位，更加强调智能系统中人的智慧与机器智能各自优势的融合与协同。

9. 知识工程和工业知识软件化

工业知识软件化是工业技术中的经验与知识的显性化、模型化、数字化、系统化和智能化的过程，既是利用软件技术实现工业技术知识沉淀、转化与应用的技术和方法，也是在工业各领域促进机器自动使用知识、人类高效使用知识的技术和方法，工业知识软件本质上就是知识工程方法与技术。工业知识软件化包含平台技术和关联的各种工业App，其成熟度反映了一个国家工业化和信息化融合的水平。可以被软件化的工业知识包括工业产品、形成工业产品的过程、对经验的抽象结果、过程中包含的各种独立算法工具与知识等。

（四）工业智联网

1. 数据采集、处理和分析技术

数据采集、处理和分析技术针对多种访问终端和多种网络类型的场景，主要解决异构通信协议数据源的集成与访问、实时数据接口的统一、多源异构数据融合、实时数据的海量存储、实时数据读写操作和历史数据的高效查询、数据质量评价与清洗、实时计算和分析处理、实时数据的组织和访问权限管理等问题。数据处理和分析技术是数据得以应用的前提，主要目标是处理异常数据，如数据缺失、乱序、重复等情况，并对有效数据进行分析和挖掘。

2. 设备健康评估和故障预示技术

设备健康评估和故障预示技术是通过故障机制分析、损伤演化建模、衰退分析和预测等技术，实现基于失效机制的全寿命设计与预测性维护。其以设备运行数据、数据挖掘、特征学习、信息共享、安全与隐私保护等技术为基础，融合设备原理、专家知识和数据模型，对装备基本零部件早期微弱故障或者极其微弱异常信息，进行强相关故障特征有效分离、早期微弱故障特征增强与提取、多维空间特征映射与提取等，从而有效识别早期微弱故障与复合故障，提供设备维护的预测性建议。

3. 网络安全技术

网络安全技术是工业互联网的重要技术，具有防止消息被篡改、删除、重放和伪造，使发送的消息具有被验证的能力，是使接收者或第三者能够识别和确认消息的真伪的技术，以及通过伪装信息使非法接入者无法了解信息真正含义的技术。网络安全技术可以通过对收集到的数据进行处理来判断网络的安全状况，反映网络和信息系统的安全变化趋势，提前做好网络安全防护工作，降低网络安全事件可能带来的潜在损失。网络安全技术还可以根据系统安全情况和可能面临的攻击，进行网络元素的动态重构和变迁，以攻为守，通过主动探测网络安全态势和攻击态势，预测攻击形态，在不断的自学习过程中提高目标系统的防御水平。

4. 标识解析与管理技术

标识解析与管理技术是指对物品进行有效的、标准化的编码与标识的技术手段，是制造信息化的基础工作。标识解析技术是指能够根据标识编码查询目标对象网络位置或者相关信息的技术，主要分为可脱离互联网域名系统独立运行的标识解析技术、需要依赖于互联网域名系统运行的标识解析技术等。标识管理技术是指标识相关的注册、分配、核验、检查所必需的支撑性技术，能够使标识相关工作任务有序、高效运行。

5. 新一代移动和数据通信技术

新一代移动和数据通信技术具有灵活可配置的新型网络架构，其融合了大规模天线、新型双工、先进编码等演进技术以及新载体、新维度等创新技术，具有更大容量、更高速率、满足更加多样化应用场景和业务需求等特点。新一代移动通信网络的网络节点能实现高性能路由与转发、网络资源的虚拟化管理与高效调度、各类标识间的动态绑定与高效解析等功能，在一定覆盖范围内以一定数量规模传输以IP为代表的分组数据和以内容为代表的服务信息。

新一代通信技术研究主要围绕3个方面：一是面向更高速率、大容量和低时延的新一代光传输技术，并积极推动太赫兹、可见光通信等新的频谱资源使用技术；二是推动通信技术与大数据、人工智能等融合技术；三是要探索其与卫星通信等非蜂窝网络融合架构和关键技术。对于新一代移动和数据通信系统，5G增强技术以及6G将成为后续的研究重点。

6. 智能工业网络

智能工业网络是具有网络状态自感知、网络数据可视化、故障自定位与自恢复、网络自优化等智能功能的网络管理系统，是实现工厂设备联网与设备数据采集，建设智能工厂的基础与前提。智能工业网络具备网络状态的察觉、精确诊断以及动态优化和补救的能力。

7. 智能优化决策技术与系统

智能优化决策技术与系统是快速地从全部可行性方案中选出能实现目标最优方案的技术和系统，主要包括最优性条件、凸优化、线性优化、无约束优化与约束优化的求解方法、动态规划、求解优化问题的智能算法、决策论、对策论、图与网络分析、排队论以及存储论等。智能化决策系统采用工况协议智能解析技术、多源异构数据融合技术、信息深度感知为特征的高维非线性强耦合过程统计学习理论、多质量指标逆映射建模方法以及基于数据的知识学习与规则提取方法，实现自愈控制和自优化功能。

（五）智能制造云

1. 共享制造

共享制造是基于共享经济的制造模式，具体包括制造能力共享、创新能力共享、服务能力共享等。制造能力共享聚焦加工制造能力的共享创新，重点发展汇聚生产设备、专用工具、生产线等资源的共享平台，发展多工厂协同的共享制造服务，发展集聚中小企业共性制造需求的共享工厂，发展以租代售、按需使用的设备共享服务；创新能力共享围绕中小企业、创业企业灵活多样且低成本的创新需求，发展汇聚社会多元化智力资源的产品设计与开发能力共享，扩展科研仪器设备与试验能力共享；服务能力共享围绕物流仓储、产品检测、设备维护、验货验厂、供应链管理、数据存储与分析等企业普遍存在的共性服务需求，整合社会服务资源，探索发展集约化、智能化、个性化的服务能力共享。

2. 工业电子商务

工业电子商务是通过工业企业交易方式与经营模式的网络化、协同化和智能化，推动企业在研发创新、生产管控、供应链管理、经营管控和财务管控和用户服务等方面传统能力的改造升级，帮助工业企业加快培育基于需求精准识别和定义、资源动态整合、产品或服务快速交付和全生命周期动态服务等方面的新型能力，形成个性化定制、服务化转型、网络化协同等新模式新业态。

3. 智能制造标准体系

智能制造标准是信息技术与制造技术融合所需要的标准，其依据标准体系架构的研究明确标准体系中的标准分类、层次结构和标准的主要研制方向。智能制造的标准体系建设包括基础、安全、管理、检测评价、可靠性等基础共性标准以及智能装备、智能工厂、智能服务、工业软件和大数据以及工业互联网等关键技术标准，如制造流程标准、数据标准、通信协议与标准、技术应用标准。

第 2 章

发达国家智能制造发展概况

为了在新一轮科技革命和产业变革中抢占发展先机，德国、美国、日本等世界主要发达国家将目光重新聚焦到工业制造等实体经济层面，积极布局以智能制造为核心的再工业化战略，巩固其在全球制造业中的地位。

一、德国智能制造政策

德国的传统工业在世界上举足轻重，在全球竞争中占有优势。随着新一代物联网技术与工业的深度融合，智能化逐渐发展，德国各界对能否跟上时代发展步伐感到忧虑，因此，提出"工业4.0"的国家战略，将其在高技术领域的创新理念推向全球。

2011年德国首次提出"工业4.0"概念，旨在利用物联网技术提高德国制造业水平。2012年，德国将"工业4.0"正式纳入《德国高科技行动规划》中，成为国家策略。在2013年汉诺威工博会上，德国"工业4.0平台"发表了题为《保障德国制造业的未来:关于实施"工业4.0"策略的建议》的报告，提出以物联网（Internet of Things）和务联网（Internet of Service）为基础，以迅速发展的新一代互联网技术为载体，加速向制造业等工业领域全面渗透的技术革命。随后被德国政府列入《德国2020高技术战略》十大未来项目之一。

2014年和2016年，德国分别发布了《数字议程（2014—2017）》和《数字化战略2025》，加强网络普及、网络安全及 "数字经济发展"、工业4.0平台、未来产业联盟、数字化议程、重新利用网络、数字化技术、可信赖的云、德国数据服务平台、中小企业数字化等，旨在将德国打造成为数字强国。2019年《德国工业战略2030》发布，提出最重要的突破性创新是数字化技术，特别是人工智能技术，在工业生产中应用互联网数字化技术已逐渐成为标配，用于实现生产制造、销售供应等信息的智慧化和数据化；还提出德国将继续扩大在关键工业领域的全球领先地位，包括钢铁及铜铝工业、化工产业、设备和机械制造等。

工业4.0是德国首次将自己在高技术领域的创新理念推向全球的重大尝试，同时也是针对全球第四次工业革命的基本方向拿出的德国方案。德国工业4.0可以概括为一个核心、两重战略和三大集成。一个核心是"智能+网络化"，通过信息物理系统（CPS），构建智能工厂。两重战略，即打造领先的市场策略和领先的供应商策略。德国不仅要培育CPS的应用市场，也想成为全球智能技术的领导者。三大集成，即横向集成、纵向集成和端对端集成。此外，工业4.0确定了8个优先行动领域：标准化和参考架构、建立工业宽带基础设施、安全和保障、管理复杂系统、工作的组织和设计、培训和持续的专业发展、监管框架、资源利用效率等，以及17项主题（表2-1）。到2025年，"工业4.0"预计可使德国在工业制造、汽车、化学、IT、电子、农业6个行业的产值增加787亿欧元，使德国整体产值增加2670亿欧元。到2030年前后，德国企业劳动生产率预计还可进一步提升30%~300%。德国提出这一构想的意图是要把虚拟空间和现实空间连接在所谓的"网络–实体生产系统"中，以便利用数字化的进步来建设下一代工厂。在生产更加灵活且高效的基础上，德国更加注重在保证个性化产品质量的同时，实现成本的进一步下降，从而把德国企业数字化转型模式打造为企业追求产品个性化与高附加值相结合的标杆。

表2-1 德国工业4.0的17项主题

分类	主题
第一类：人	1. 以人类导向为基础，建立以人为本的工作组织形式 2. 社会技术系统，知识的获取 3. 促进学习的工作设备（学习工具）和有利于沟通的工作方式 4. 把简单易用且能促进学习的设备作为学习工具
第二类：技术应用	5. 简单易用而且操作直观的工业4.0系统 6. 构建通用、公开的解决方案模版，允许多个参与者共同设计和操作工业4.0系统 7. 通过建模、仿真、自组织对产品和业务流程的复杂性进行管理，快速地确定解决方案 8. 能够对资源有效性和资源效率进行持续的规划、实施、监控和自动优化 9. 智能产品是良好的信息载体，它能对各个生命周期阶段进行定位和识别 10. 系统组件可在内部对生产资料进行寻址和识别，支持生产系统和生产流程的虚拟规划 11. 新型系统替代原有组件，并且不会影响原有功能 12. 系统组件可为我们提供服务功能 13. 创造安全的文化，建立可靠、灵活、被社会接受的工业4.0系统
第三类：组织	14. 拥有一体化增值网络，实现动态分工调整 15. 合作和竞争促使企业管理和法律发生结构性转变 16. 有效的法律框架反映了对应的系统结构和业务流程，新的法律解决方案将可能产生新的协议模式 17. 工业4.0的发展有利于协调区域性市场和发展中市场的价值创造

德国工业4.0战略的提出，不论对德国还是其他国家和地区都不同程度上产生了影响。根据德国信息技术、电信和新媒体协会（Bitkom）2017年提供的报告，在2016—2017年间，德国所有工业4.0相关行业中，硬件解决方案增长了14%以上，软件解决方案增长了23%，IT服务增长了22%。德国是向工业4.0过渡的唯一欧洲国家，使用资本回报率获得了显著提高，从2000年的12%上升到2014年的30%以上。德国各大企业积极响应，已经形成了从基础元器件、自动化控制软硬件、系统解决方案到应用商的完整产业链。在过去的10年中，人工智能、区块链、5G等新技术为工业4.0开辟了新机遇，全球越来越多的工业企业也在进行数字化生产、服务甚至商业模式的改造。

二、美国智能制造政策

美国是智能制造的重要发源地之一。早在2005年，美国国家标准与技术研究所提出"聪明加工系统研究计划"，这一系统实质就是智能化，研究的内容包括系统动态优化、设备特征化、下一代数控系统、状态监控和可靠性、在加工过程中直接测量刀具磨损和工件精度等。2006年，美国国家科学基金委员会提出了智能制造概念，核心技术是计算、通信、控制。成立智能制造领导联盟SMLC，打造智能制造共享平台，推动美国先进制造业的发展。2011年，美国开始实施"先进制造伙伴计划（AMP）"。该计划认为智能自动化技术让很多企业获益，为避免市场失灵，应采用政府联合投资形式发展先进机器人技术，提高产品质量、劳动生产率等。2012年，美国发布了《美国先进制造业国家战略计划》（表2-2），客观描述了全球先进制造业的发展趋势及美国制造业面临的挑战，明确提出了实施美国先进制造业战略的五大目标，加快中小企业投资，提高劳动者技能，建立

表2-2　美国先进制造业国家战略计划

战略目标	制造业回流、出口倍增、竞争力提升		
策略	●协助美国制造业开发尖端的技术与工具，增强竞争力 ●确保美国的创新能力、发明及制造 ●为美国人提供高质量的就业机会		
政策方案	促进创新 ●强化创新基础设施 ●增加先进制造R&D	人才/技能培训 ●加强产学研合作 ●推动技能认证	改善商业环境 ●修改税法 ●安全合理开发天然资源 ●公平的国际竞争环境
行动计划	●先进制造伙伴关系计划 ●材料基因计划 ●国家机器人计划 ●国家纳米技术计划 ●国家制造业网站	●社区学院为制造业提供200万技能劳动力 ●培训退伍军人 ●制造业技能认证 ●移民制度改革	●降低制造业企业税率 ●扩大研发税收减免 ●可持续利用页岩气资源 ●扩大与各国的自由贸易协定 ●成立新的贸易执法单位

健全伙伴关系，调整优化政府投资，加大研发投资力度。计划为推进智能制造的配套体系建设提供政策与计划保障。同年，美国政府宣布启动国家制造业创新网络计划，后更名为"美国制造"。计划在重点技术领域建设45家制造业创新中心。随后，美国通用电气公司（GE）发布《工业互联网：打破智慧与机器的边界》，提出工业物联网（IIoT）概念，将智能制造设备、数据分析和网络人员作为未来制造业的关键要素，以实现人机结合的智能决策。2014年美国以法案形式确立了《国家制造业创新网络》，主张建立关键领域的研究所来聚合产业界、学术界、联邦及地方政府等多个主体，建立和完善创新生态系统。在美国制造的基础上，美国参众两院又提出了不同的立法法案以增强美国制造业的创新能力与竞争力。2021年美国参议院通过了《2021年美国创新和竞争法案》，其中的拨款方案和《无尽前沿法案》主张美国联邦政府应通过关键领域的公共投资增强美国新技术实力。另外，美国众议院通过了《国家科学基金会未来法案》，该法案一方面从机构设置上对美国国家科学基金会（NSF）进行改造，另一方面倡导对多个技术领域的投资与关注。

为贯彻落实相关政策，美国联邦政府主要采取关键领域的公共投资、新机构（项目）的设立、"政、产、学、研"协调机制的建立等举措，不断提高美国制造业的创新能力，设立了制造业创新研究所，实施了制造业拓展伙伴计划。

制造业创新研究所本质上是公私联合体（由公共与私人投资共同资助），每个研究所都专注于特定的先进制造技术。美国制造业创新研究所将各方的资源聚集在一起，采用公私合作的方法来创新和发展先进的制造技术。2012—2020年，美国已建立了16个各有侧重的制造业创新研究所（表2-3），形成了遍布全国的先进制造创新网络，通过政府牵引、企业主导、高校和科研机构支持，打通了先进制造技术从基础研究到产业化、规模化应用的创新链条。

表2-3 美国16个制造业创新中心简介

序号	机构名称	牵头机构	技术领域	建立机构	总部位置	建立时间	联邦/非联邦投资情况（亿美元）	计划投资时间（年）	会员数量（家）
1	美国制造——国家增材制造创新中心（America Makes）	美国国防制造与加工中心	增材制造	美国国防部	俄亥俄州扬斯敦	2021年8月	6.5/6.8	7	220
2	美国数字制造与设计创新中心（MxD）	美国伊利诺伊大学芝加哥分校	数字制造与设计、制造业网络安全	美国国防部	伊利诺伊州芝加哥	2014年2月	8.3/10.6	5	325

序号	机构名称	牵头机构	技术领域	建立机构	总部位置	建立时间	联邦/非联邦投资情况（亿美元）	计划投资时间（年）	会员数量（家）
3	美国轻型材料创新中心（LIFT）	美国轻质材料制造创新研究所	轻金属制造	美国国防部	密歇根州底特律	2014年2月	7/7.8	5	104
4	美国电力——下一代电力电子创新中心（Power America）	美国北卡罗来纳州立大学	宽带隙电力电子制造	美国能源部	北卡罗来纳州罗利	2015年1月	7/7	5	48
5	美国先进复合材料制造创新中心（IACMI）	美国田纳西大学研究基金会	纤维增强聚合物复合材料制造	美国能源部	田纳西州诺克斯维尔	2015年6月	7/17.8	5	154
6	美国集成光子制造创新中心（AIM Photonics）	美国纽约州立大学研究基金会	集成光子制造	美国国防部	纽约州罗切斯特	2015年7月	11/50.2	5	99
7	美国柔性混合电子制造创新中心（NextFlex）	美国FlexTech联盟	薄型柔性电子设备和传感器制造	美国国防部	加利福尼亚州圣何塞	2015年8月	7.5/9.6	5	93
8	美国先进功能性织物创新中心（AFFOA）	美国麻省理工学院	复杂、集成和网络化的纤维、纱线和织物制造	美国国防部	马萨诸塞州剑桥	2016年4月	7.5/27.2	5	118
9	美国清洁能源智能制造创新中心（CESMII）	美国加州大学洛杉矶分校	智能制造	美国能源部	加利福尼亚州洛杉矶	2016年12月	7/7	5	102
10	美国先进可再生生物组织创新中心（BioFabUSA）	美国先进再生制造研究所	生物合成与制造	美国国防部	新罕布什尔州曼彻斯特	2017年2月	8/21.4	5	103
11	美国先进机器人制造创新中心（ARM）	美国卡内基·梅隆大学	变革型机器人制造	美国国防部	宾夕法尼亚州匹兹堡	2017年1月	8/17.3	5	170

序号	机构名称	牵头机构	技术领域	建立机构	总部位置	建立时间	联邦/非联邦投资情况（亿美元）	计划投资时间（年）	会员数量（家）
12	美国国家生物制药制造创新中心（NIIMBL）	美国特拉华大学	生物制药	美国商务部	特拉华州纽瓦克	2017年3月	7/12.9	5	69
13	美国过程强化部署快速推进创新中心（RAPID）	美国化学工程师学会	用于清洁制造的模块化化学工艺强化	美国能源部	纽约州纽约市	2017年3月	7/7	5	70
14	美国节能减排创新中心（REMADE）	美国可持续制造创新联盟	清洁能源和减少碳排放的可持续制造	美国能源部	纽约州西亨丽埃塔	2017年5月	7/7	5	75
15	美国网络安全制造创新研究所（CyManII）	美国卡内基·梅隆大学	网络能源安全	美国能源部	得克萨斯州圣安东尼奥	2020年11月	7/4.1	5	26
16	美国生物工业制造和设计生态系统（BioMADE）	美国国防部	工业生物技术	美国国防部	明尼苏达州圣保罗	2020年11月	8.8/18	5	101

数据来源：Manufacturing USA官方网站（https://www.manufacturingusa.com/institutes）。

美国联邦政府与项目的大型制造公司、中小企业、州政府至少按1：1的比例分摊资金（投资主体的投资大于联邦政府的投资）。美国制造业创新研究所的各参与者分工明确：联邦政府负责战略规划和启动资金，研究机构负责研发，地方大学和社区学院负责训练劳动力，当地创新孵化器和风险资本提供者要引进企业家和创新技巧，制造商主要提供中心的启动与运行的资金、设备、材料及劳动力。

2015—2019年，联邦政府投资与私人投资稳步增长，投资金额分别从最初的1.04亿美元（联邦政府）、2.17亿美元（私人）增至1.33亿美元（联邦政府）、3.55亿美元（私人），使美国的创新能力不断提高。从项目与中小企业会员的角度看，截至2019年，各研究所与产业界、学术界合作项目总计561项，是2015年项目数量（147项）的近3倍，会员总数达到了1920家，相比于2015年（800家），增长了140%，为中小企业提供了有效支持。2015年，3.5万名工人、学生参与了制造业创新研究所的教育和劳动力发展培训。经过3年发展，各制造业创新研究所对美国劳动力培训数量增到20万人，为美国的智能制造发展提供了所需人才。

制造业拓展伙伴（MEP）计划是美国联邦政府为提升中小制造企业竞争力而设立的一项国家计划。该计划通过将工业界、大学、联邦机构开发的技术转让给美国各地的制造公司，向中小型制造公司传播有关制造业信息，解决劳动力需求和技能缺口等，促进政府、产业、学界等多方协作，提高美国制造业的生产率和技术性能。目前，这一计划涵盖了美国国家标准与技术研究所（NIST）的制造拓展合作伙伴、位于美国全部50个州和波多黎各的51个制造业拓展伙伴中心、385个服务点及1400多名专家。

自该计划创建以来，制造业拓展伙伴网络充分发挥伙伴关系的优势，与中小制造商合作开发新产品和客户，扩大和多样化市场，提高了供应链中的价值。各类制造商的新增销售额由2016年的23亿美元增长到了2020年的130亿美元，2020年节约的成本（27亿美元）大致是2016年（14亿美元）的2倍，促进了中小制造业的"提质降本增效"。通过知识共享与融合的方式推动了国家创新网络的扩张，进而形成了更加强大的供应链与人才培养体系。5年间，制造业拓展伙伴计划始终维持着与2万余家中小制造商的互动，并不断地为制造业创造和保留就业岗位。以2020年为例，27574家中小制造商在MEP国家网络中协作，新增了105748个制造业岗位。

三、日本智能制造政策

日本强调自动化和智能化技术应用，推进精益生产与智能技术结合，工业结构向技术密集型和节能节材方向发展，成为全球先进制造业最为发达的国家之一。早在1990年日本就制订并实施了智能制造发展十年计划，成立智能制造系统国际委员会推进计划的实施，开启了日本制造业的"智能化"时代。2000年以来，日本便逐渐放弃已成为低端制造业的家电类产品的研发，并将其转变为现代信息、新材料、新能源、人工智能、高科技硬件和资源再利用等新兴领域的创新研究，智能制造开始稳步发展。2015年以来，日本先后实施一系列推进智能制造发展的重磅举措，在核心技术领域取得了全面突破，形成了明显的国际优势。

2015年日本政府为了巩固其机器人大国地位以及适应产业变革的需求，发布了《新机器人战略》，提出了机器人制造工业的三大核心战略。一是打造世界机器人先进技术研发基地，是通过促进"官产学研"合作，充分对接客户、厂商、研发与政府等各参与主体，不断推出新技术、新产品、新模式，与此同时，持续提升机器人制造工业培育能力，加快人才培养与新一代技术研发、推进国际标准化认证等工作。二是建设全球机器人应用范围最广的国家，全面推进在基础设施建设、制造业服务、农业生产、医疗卫生、灾害应急等领域使用机器人技术，提升全社会的智能化水平，推进机器人研发与推广战略。三是创造领先世界的机器人日本时代，以物联网发展为基础，万物通过网络实现互联，大数据应用应运而生，数据即将成为人类生活附加值的重要来源，拥有机器人研发制造领先优势的日本很有可能创造出领先世界的机器人日本时代。

2016年日本内阁在《第五期科学技术基本计划（2016—2020）》中首次提出了超智能社会（社会5.0）的概念，即实现超智能社会（表2-4）。"超智能社会"是以网络空间与物理空间的高度融合为基础，人与机器人、人工智能共存，可超越地域、年龄、性别和语言等限制，针对诸多细节与多样化潜在需求及时提供相对应的产品和服务，是能够实现发展经济与解决社会问题相协调的社会形态，也是能够满足人们对高品质生活预期的、以人为中心的社会形态。2016年12月，日本发布了工业价值链参考架构（IVRA），该架构包括基础结构层、组织方式层、哲学观和价值观层3个层级，产品维、服务维和知识维3个维度，产品供应周期、生产服务周期、产品生命周期、工艺生产周期4个企业生产活动周期，确立了日本智能工厂互联互通的基本模式，与美国工业互联网联盟和德国工业4.0的参考框架具有同样的功能和地位，对日本智能制造战略正式落地具有里程碑式的意义。

表2-4　社会5.0形成过程的工业互联演化

发展阶段	社会2.0	社会3.0	社会4.0	社会5.0
社会形态	工业社会	工业社会	信息社会	超智能社会
驱动因素	第一次产业革命	第二次产业革命	第三次产业革命	第四次产业革命
工业特征	获取动力	动力创新	自动化发展	信息集成
标志性技术	蒸汽汽车	电力电机	计算机	人工智能
产业关联	产业各自发展		产业融合	

2017年安倍明确提出"互联工业"的概念，发表了《互联工业：日本产业新未来的愿景》的演讲，其中3个主要核心是：人与设备和系统的相互交互的新型数字社会，通过合作与协调解决工业新挑战，积极推动培养适应数字技术的高级人才。互联工业的实施促进了日本物联网、人工智能、机器人等领域的核心技术突破，通过产业升级引领不同行业快速发展，融入人们生活并带来一场深刻的社会变革。互联工业逐渐成为日本国家层面的愿景，推动日本朝着超智能社会——也就是"社会5.0"方向发展。为了推进"互联工业"，日本经产省提出了"东京倡议"，确立了今后的5个重点领域的发展：无人驾驶·移动性服务、生产制造·机器人学、生物·材料、工厂·基础设施安保和智慧生活（图2-1）。

2018年，在《制造业白皮书（2018）》中，日本经产省调整了工业价值链计划是日本战略的提法，明确了"互联工业"是日本制造的未来。互联工业可以是工厂内部技术、流程、管理等的连接，也可以是同行业公司、合作伙伴、客户或市场等的对接，甚至拓展现

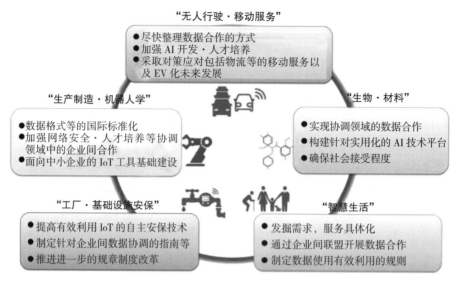

图2-1 日本互联工业的5个重点领域

有技术创新网络、发展模式在不同产业领域构建新兴产业结构，它在不同行业背景下、不同业态和IT化不同阶段中灵活应用着，有效推动了日本智能制造的发展。2019年，日本决定开放限定地域内的无线通信服务，通过推进地域版5G，鼓励智能工厂的建设。

四、发达国家智能制造发展经验

从德国、美国、日本推进智能制造发展途径来看，主要集中在制定国家发展策略、强化官产学研合作、扶持中小企业发展、建立技术标准体系、重视专业人才培养等几个方面。

（一）制定国家发展策略

为了争夺发展的领先地位，各国政府均将智能制造的发展提升到国家战略高度，根据本国制造业特点制订战略计划。美国通过"先进制造业国家制造计划"将先进制造业上升到国家战略层面，设立"国家制造业创新网络"，组建若干国家级制造业创新研究所，并启动"国家机器人计划""人工智能倡议"等，从国家层面确立了智能制造、机器人、人工智能的战略框架，并投入巨资研发以确保美国在该领域的领先地位。《日本制造业白皮书》《科学技术创新综合战略》等都对日本未来高科技产业、智能制造产业发展方向进行了动态规划，构建了完善的顶层体系，决定了日本未来智能制造产业发展方向。德国将"工业4.0"列入德国科技战略重要领域之一，通过"国家工业战略2030""联邦政府人工智能战略"等确立了智能制造、人工智能的战略布局。

（二）强化官产学研合作

德国工业4.0战略的发起成员包括德国工程院、西门子、弗劳恩霍夫协会等，并逐渐演变为国家战略。在这一过程中，产、学、研的紧密结合功不可没，甚至已经成为一种全新的技术创新方式和全球竞争模式。根据工业4.0的构想，智能制造是基于信息物理系统和物联网下的不同企业间的协同作业，因此，德国鼓励构建不同层级的制造业联盟，以应对未来的制造业需求。为了推进实现生产性革命的研究开发，让制造业企业获得新的价值，日本利用"官产学研"合作推进本国先进的计算测试分析技术和机器制造领域的技术开发，提倡以制造服务解决方案为目标的"制造+企业"变革，依靠智能制造技术为产品添加新价值，提高制造效率和高附加价值化，支撑制造产业的国际竞争力。美国智能制强调网络的协同发展，通过各具特色的制造业创新研究所，整合创新资源，形成完整的技术创新链条，构建产业创新生态。

（三）扶持中小企业发展

美国非常重视提高中小企业在先进制造创新网络中的参与度，以充分发挥中小企业活力。《振兴美国制造业和创新法案》将美国国家标准与技术研究院的《制造扩展合作伙伴关系》纳入美国制造业拓展伙伴计划。依托遍布全美的51个制造业拓展伙伴中心，将小型制造商与美国制造协会提供的技术和资源联系起来。通过派驻员工、共享科研项目等方式，制造业拓展伙伴中心帮助美国制造业创新研究所的中小型制造企业进行改造创新。美国将中小企业供应商、大学、国家实验室、美国制造业研究所等机构相连接，以确保其能获得相应的技术和专业知识，从而提高美国中小制造企业在先进制造业中的作用。日本积极构建大企业引领、中小企业积极参与共同推进智能制造发展。三菱电机、川崎重工、牧野机床、发那科、马扎克等大企业都已经部分实现了智能工厂的要求，为中小企业提供样板示范。在推进先进工业系统发展过程中，日本非常重视对中小企业的扶持，包括为中小企业搭建基础设施平台、传递信息流和创新技能，为中小企业培训人才，对中小企业给予特别的资助、金融支持和税收减免等政策，创造有利于公平竞争的环境。

（四）建立技术标准体系

技术标准的制定是争夺未来智能制造领导权重要途径之一。建立适合于自身发展的智能制造体系基础架构，即能够使企业顺利地过渡到智能制造的模式中来，又能够很好地与世界规则接轨，并影响他国规则的制定。日本发布了"工业价值链参考架构体系"（IVRA），从设备、产品、流程、人员的资产视角，质量、成本、交付、环境的管理视角，以及计划、执行、检查、执行的活动视角，组成三维模型，并细分出智能制造单元

（SMU），进而提出了智能制造的总体功能模块架构，体现了日本以人为中心、以企业发展为目标，细致而务实的传统思想，形成了日本智能制造的特有范式。德国工业4.0战略实施的关键是促成基于信息物理系统（CPS）的人、生产设备、生产资源等万物互联的网络系统。这种基于人、生产设备和生产资源网络互连的基础和前提就是一套完善的标准化体系。德国政府把标准化工作列在工业4.0战略8项行动中的首位并成立专门的工作小组，通过先进企业如西门子等，极力促进CPS技术产品成为未来的"事实标准"。

（五）重视专业人才培养

为了应对企业对智能制造相关领域附加资格工程师等专业人才的需求，德国政府投入大量资金解决人才结构性问题。2015年拨款400万欧元经费，在各大职业技术学校内兴建12座"学习工厂4.0"，以应对数字化转型的劳动力需求变化。并计划到2025年将德国科研投入占GDP比例提高至3.5%，重点培养未来所需的IT人才和熟练网络工程师。日本在每期科学技术基本计划中都涉及人才培养的问题，强调大学、研究机构和企业之间的人才流动。美国非常重视劳动力发展和人才教育。一方面，美国充分利用"国家制造日"的各种公共活动逐步扭转民众对制造业的传统观念，重塑制造业形象；另一方面，加大对社区学院（职业学校）的投入，强化其在先进制造人才培养方面的作用。此外，美国通过推行职业和技术教育计划来实现社区学院与产业界的结盟，不断完善先进制造人才资格证书体系发展，以帮助美国公民更好地从事高技能制造业工作。《无尽前沿法案》增加了STEM教育经费，同时也授予美国商务部和其他联邦部门及机构协调建立区域技术中心的权利，将人才与发展关键技术的创新性的工作和商业机会联系起来。

第3章

我国智能制造发展概况

近年来，智能制造作为《中国制造2025》行动纲领的重要组成部分发展迅速，政策体系不断完善，技术取得突破，成熟度水平稳步提升，逐步形成了一些可复制推广的智能制造新模式。

一、我国推进智能制造的主要措施

为解决我国制造业面临的现实问题，党中央、国务院高度重视智能制造发展，制定了一系列政策措施，积极推动智能制造向纵深发展。

（一）加强顶层设计

2016年，为深入贯彻制造强国战略，工业和信息化部联合相关部门相继发布了《智能制造工程实施指南（2016—2020）》《智能制造发展规划（2016—2020）》等，明确了实施目标、重点任务和实施手段，以推动形成新的生产方式、产业形态和商业模式。2021年印发了《"十四五"智能制造发展规划》，提出在2025年前推进智能制造发展实施"两步走"战略，到2020年，智能制造发展基础和支撑能力明显增强，传统制造业重点领域基本实现数字化制造，有条件、有基础的重点产业智能转型取得明显进展；到2025年，智能制造支撑体系基本建立，重点产业初步实现智能转型（表3-1）。

表3-1 智能制造相关政策

序号	政策名称	发布部门	发布时间
1	《关于深化制造业与互联网融合发展的指导意见》	国务院	2016.05
2	《智能制造工程实施指南（2016—2020）》	工业和信息化部	2016.08
3	《智能制造发展规划（2016—2020）》	工业和信息化部	2016.12
4	《"十四五"智能制造发展规划》	工业和信息化部	2021.12

（二）推动技术创新

2015年，聚焦国家重大战略产品和产业化目标，针对事关国计民生的重大社会公益性研究，以及产业核心竞争力、整体自主创新能力和国家安全重大科学技术问题，科技部分别发布了《国家重点研发计划》和《国家科技重大专项》，对智能机器人、增材制造与激光制造、智能传感器、工业软件以及高档数控机床与基础制造装备等领域突破技术瓶颈予以支持。此外，还通过制定《"十三五"先进制造技术领域科技创新专项规划》《促进新一代人工智能产业发展三年行动计划（2018—2020年）》《关于工业大数据发展的指导意见》等一系列政策措施，推进人工智能、工业大数据、工业互联网等新一代信息技术和制造业深度融合，促进工业数字化转型。2019年，我国工业机器人产量达18.96万台（套），增材制造行业总规模达到180亿元。依托智能制造工程，一批短板装备、核心软件和系统解决方案实现创新应用。据完全统计，2015—2018年智能制造关键技术装备的应用数量突破8000台（套）。同时，一批核心工业软件实现突破。浙江中控技术控股有限公司研发的分布式控制系统（DCS）在核电、轨道交通和石油化工等领域广泛应用，上海宝信软件股份有限公司开发的制造执行系统（MES）占据了国内钢铁行业50%以上的市场份额（表3-2）。

表3-2　促进技术创新的相关政策

序号	政策名称	发布部门	发布时间
1	《国家重点研发计划》	科学技术部	2015.07
2	《国家科技重大专项》	科学技术部	2015.07
3	《制造业创新中心建设工程实施指南（2016—2020）》	工业和信息化部	2016.04
4	《促进新一代人工智能产业发展三年行动计划（2018—2020年）》	工业和信息化部	2017.01
5	《"十三五"先进制造技术领域科技创新专项规划》	科学技术部	2017.04
6	《关于深化"互联网+先进制造业"发展工业互联网的指导意见》	国务院	2017.11
7	《工业互联网发展行动计划（2018—2020年）》	工业和信息化部	2018.06
8	《关于推动工业互联网加快发展的通知》	工业和信息化部	2020.03
9	《关于工业大数据发展的指导意见》	工业和信息化部	2020.04
10	《工业互联网创新发展行动计划（2021—2023年）》	工业和信息化部	2021.01
11	《5G应用"扬帆"行动计划（2021—2023年）》	工业和信息化部	2021.07

（三）促进应用推广

我国从2015年开始实施智能制造试点示范专项行动，通过试点示范进一步提升高档数控机床与工业机器人、增材制造装备、智能传感与控制装备、智能检测与装配装备等关键技术装备、工业互联网创新能力，形成关键领域一批智能制造标准；通过智能制造优秀场景、智能制造示范工厂和智能制造先行区推广智能制造新模式。2015—2018年"工程机械智能制造综合试点示范""钢铁企业智能工厂试点示范"等209个项目列入工信部智能制造试点示范项目名单。2021年，遴选出110家智能制造试点示范工厂揭榜单位和241个优秀场景，围绕设计、生产、管理、服务等制造全流程，带动实现制造技术突破、工艺创新、场景集成和业务流程再造，发挥示范带动作用。此外，还制定了《智能光伏产业发展行动计划（2018—2020年）》《智能船舶发展行动计划（2019—2021年）》等一系列政策措施，组织实施智能制造试点示范、智能制造综合标准化与新模式应用项目、中小企业数字化赋能专项行动等应用示范项目，从企业层面、行业层面促进智能制造应用推广（表3-3）。

表3-3　促进应用推广的相关政策

序号	政策名称	发布部门	发布时间
1	《智能制造试点示范2016专项行动实施方案》	工业和信息化部	2016.04
2	《智能制造综合标准化与新模式应用项目管理工作细则》	工业和信息化部	2018.03
3	《智能光伏产业发展行动计划（2018—2020年）》	工业和信息化部	2018.04
4	《智能制造系统解决方案供应商规范条件（征求意见稿）》	工业和信息化部	2018.07
5	《智能船舶发展行动计划（2019—2021年）》	工业和信息化部	2018.12
6	《推进船舶总装建造智能化转型行动计划（2019—2021年）》	工业和信息化部	2018.12
7	《中小企业数字化赋能专项行动方案》	工业和信息化部	2020.03
8	《建材工业智能制造数字转型行动计划（2021—2023年）》	工业和信息化部	2020.09

（四）优化发展环境

在公共服务方面，为加快完善产业技术基础体制，提升工业基础能力，保障产业创新发展和行业质量提升，工信部组织开展产业技术基础公共服务平台构建，搭建了面向高端基础装备、制造业重点领域创新成果产业化、促进新兴技术发展的公共服务平台；在创新平台建设方面，开展制造业创新中心和科技创新基地建设，全面提升制造业技术创新能力。在人才方面，制定了《制造业人才发展规划指南》，培养造就一支数量充足、结构合理、素质优良、充满活力的制造业人才队伍，为实现中国制造"三步走"战略目标奠定坚实的人才基础（表3-4）。

表3-4　优化智能制造发展环境的相关政策

序号	政策名称	发布部门	发布时间
1	《制造业创新中心建设工程实施指南（2016—2020年）》	工业和信息化部	2016.04
2	《"十三五"国家科技创新基地与条件保障能力建设专项规划》	科学技术部	2017.10
3	《制造业人才发展规划指南》	工业和信息化部	2018.08

（五）建立标准体系

我国分别于2015年、2018年、2021年发布《国家智能制造标准体系建设指南（2015年版）》《国家智能制造标准体系建设指南（2018年版）》《国家智能制造标准体系建设指南（2021年版）》（表3-5）。当前我国智能制造标准体系结构分为基础共性、关键技术和行业应用等三大部分。其中，基础共性标准包括通用、安全、可靠性、检测、评价、人员能力等六大类，关键技术标准包括智能装备、智能工厂、智能供应链、智能服务、智能赋能技术、工业网络等6个技术领域标准，是标准体系的核心内容。行业应用类标准是面向行业具体需求与场景，对基础共性标准和关键技术标准进行细化和落地，指导各行业推进智能制造。据国家智能制造标准化总体组统计，截至2020年底，我国已发布智能制造国家标准390项，其中基础共性类标准99项，关键技术类标准291项，行业应用类标准尚未有国家标准发布。其中，基础共性类标准以通用和安全类标准为主，关键技术类标准以智能工厂、工业网络、智能装备类标准为主。

表3-5　智能制造标准体系相关政策

序号	政策名称	发布部门	发布时间
1	《国家智能制造标准体系建设指南（2015年版）》	工业和信息化部	2015.12
2	《国家智能制造标准体系建设指南（2018年版）》	工业和信息化部	2018.08
3	《国家智能制造标准体系建设指南（2021年版）》	工业和信息化部	2021.11

二、我国智能制造产业发展情况

近年来，我国智能制造技术发展迅速，机器人技术、感知技术、工业通信网络技术等取得突破，以新型传感器、智能控制系统、工业机器人、自动化成套生产线为代表的智能制造装备产业体系初步形成。

（一）智能传感器

智能传感器是智能制造设备需求较为广泛的核心零部件。目前应用较多的智能传感器主要包含MEMS微型超声波传感器、红外列阵传感器与集成式智能传感器与微系统模组等。在自动驾驶等领域的带动下，我国涌现出多个专业智能传感器初创企业，带动智能传感器技术升级，整体处于快速迭代创新的阶段。

据中科院武汉研究中心发布的数据显示，2016年我国智能传感器市场份额占全球13%，而2020年则占到了31%。在工业监测领域广泛应用的激光器也存在类似现象。我国激光器市场呈持续增长趋势，出货量逐年提升，低功率激光器国产化达到90%，但智能制造设备所需的高功率激光器国产化不足40%，对外依存度较高。由此可以看出，传感器与感知技术的国产化率较高，部分高端产品依赖进口；而以智能传感器、高功率激光器等为代表的新型传感器（单元）与感知技术的国产化率较低，是我国智能制造感知技术发展的重点。

（二）工业软件

工业软件主要包含研发设计类软件与生产管控类软件。目前，工业软件市场主要被国外厂商占据，在部分领域甚至形成垄断，国内厂商的参与度与竞争力较低（图3-1）。我国工业软件总体表现为产品类别较全，但技术较为落后。研发设计类软件方面，国产工业软件在国内市场份额最低，虽然已经出现一些自主研发软件的公司，如中望软件、华大九天等，主要使用于工业机理简单、系统功能单一、行业复杂度低的领域，如模具、家具家电、通用机械、模拟芯片等行业。生产制造类软件方面，部分领域具备一定实力，出现了宝信软件、和利时、中控技术等企业。经营管理类软件方面，国内主要有用友网络、金蝶国际和浪潮国际等ERP厂商，高端市场领域仍由西门子、索达、SAP、Oracle等外国企业所垄断。运维服务类软件方面，国内厂商容知日新、博华信智等主要布局数据采集、监控等领域，缺少成熟的工程应用，缺乏数据和经验的积累。在2016—2021年间，我国工业软

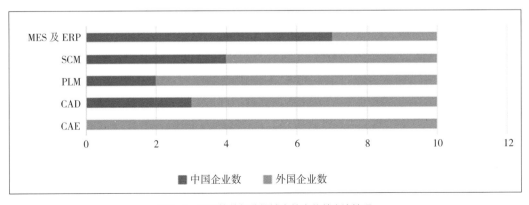

图3-1　工业软件细分领域中外企业数占比情况

件市场规模从1079亿元增长到2414亿元，年均增长17.5%。目前我国工业软件占比最高的为嵌入式软件，达到57.4%，其次是信息管理类软件和生产控制类软件，分别为17.1%和17%。我国的工业软件企业大部分是二级代理转型和企业或高校的商业化企业，国外企业则是专门的研发企业或者硬件自动化企业。如专做CAD软件的企业中望软件和Autodesk，虽然2021年中望软件研发费用率更高，但Autodesk研发费用绝对值是中望软件的35倍。

（三）工业机器人

工业机器人具有安全高效、自动化程度高等诸多优点，是制造业向集成化、自动化、智能化方向发展的必要装备。我国工业机器人产业起步较晚，但发展迅速，已经形成了从上游核心零部件生产到中游工业机器人本体制造再到下游工业机器人系统集成的全产业链自主生产与配套能力。在2016—2021年间我国工业机器人产量从7.2万套增长到44万套，年均增长率达35.2%。长期以来，我国工业机器人零部件国产化覆盖率不高，精密传动技术更是由少数日本企业垄断。但随着核心零部件领域的国产厂商取得不同程度的技术突破，国产化进程正在加速。减速器方面，谐波齿轮减速器的国产化进程较快,目前已有绿的谐波、来福谐波等国产厂商实现量产，各项主要性能指标已达到国际先进水平：RV减速器的国产化率还较低，但南通振康、双环传动、秦川机床、中大力德等国产厂商也已实现批量销售。伺服系统方面，已有超过20家国产厂商具备较大规模的伺服电机自主生产能力。控制器方面,华中数控、新松等国产厂商在硬件制造方面已接近国际先进水平,只是在底层软件架构和核心控制算法上仍与国际品牌存在一定差距。近年来，埃斯顿、新松、埃夫特、哈工智能等工业机器人企业进行了多次海外并购，进一步扩大海外市场的竞争力和市场占有率，加速国际化进程。稳定的市场环境和供应链体系，以及庞大的市场需求，外资工业机器人厂商普遍看好我国工业机器人市场，ABB、新时达、发那科等外资厂商纷纷加大对我国的投资力度，生产更适合我国场景的机器人。

（四）智能机床

智能机床是先进制造技术、信息技术和智能技术集成与深度融合的产物，是数控机床发展的高级形态。随着科技不断创新，智能机床作为移动互联网智能终端，将成为智能生产系统的核心设备。我国智能机床正处于起步阶段。近几年，经过行业的科研攻关，智能化技术逐渐在高端数控机床中进行了试验和应用，并取得了积极成果。在数控系统方面，华中数控、广州数控、大连光洋、沈阳高精和航天数控均攻克了数控系统软硬件平台、高速高精、多轴联动、总线技术、纳米插补等一批高档数控机床关键技术；我国数控系统企业联合研制的自主知识产权的NCUC-Bus现场总线技术，已获批5项国家标准；沈阳机床研制成功i5数控系统，建立了iSESOL云平台，形成了基于iSESOL云平台的智能机床互联网应用框架。在机床主机方面，一批数控机床主机制造企业通过科研攻关，在主机上集成应用智能化技术，提高了数控机床的使用性能，具有一定智能功能的国产高档机床示范应用效果明显。华中数控股份有限公司在武汉建立了"数控加工大数据中心"，可通过无线网络对用户车间生产线相关数据实现远程监控、加工优化、健康诊断等智能化功能。

三、我国智能制造发展水平

2023年5月中国电子技术标准化研究院研究发布了《智能制造成熟度指数报告（2022）》，对4万余家制造业企业进行智能制造能力成熟度自诊断。研究显示，2022年我国智能制造成熟度指数为106，同比增长6%，制造业企业实施智能制造成效凸显，全国智能制造成熟度水平稳步提升。

（一）近半数企业处于规划级和规范级

从等级分布情况看，32%的制造业企业达到智能制造能力成熟度一级，量大面广的中小企业开始了数字化改造，成为智能制造发展的生力军。21%的制造业企业达到成熟度二级，实现了核心业务环节的数字化网络化。12%的制造业企业迈进成熟度三级，实现了网络化集成及单点智能。4%的制造业企业达到四级及以上的高成熟度，实现了深度智能化（图3-2）。

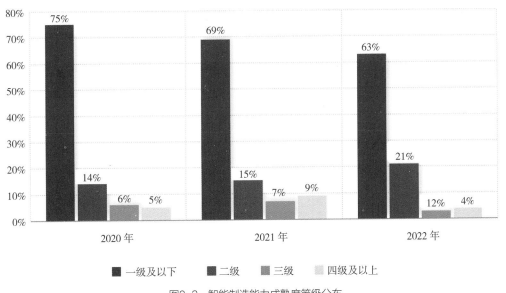

图3-2 智能制造能力成熟度等级分布

（二）近四成企业进入数字化网络化制造阶段

从发展阶段来看，2022年我国37%的制造业企业进入数字化网络化制造阶段，达到智能制造成熟度二级及以上水平，3年增长了12个百分点（图3-3）。

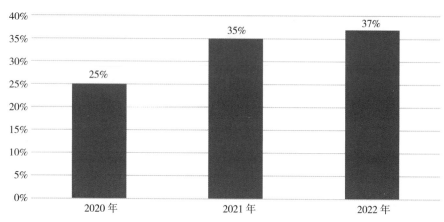

图3-3 智能制造成熟度二级以上企业增长情况

（三）江苏智能制造能力全国领先

从地区分布来看，江苏省达到智能制造能力成熟度二级及以上企业数量累计达到3112家，继续保持全国领先。山东、湖南、福建、安徽、湖北、广东、上海、河南等位居全国前列，均有超过500家企业达到智能制造能力成熟度二级及以上水平（图3-4）。

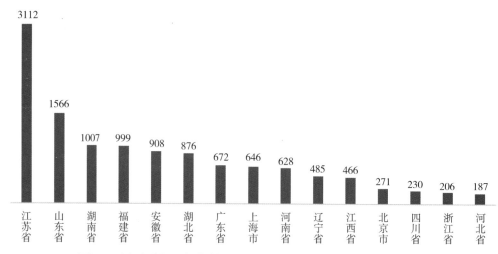

图3-4 参与自诊断且达到智能制造能力成熟度二级以上企业数量TOP15省份

（四）各领域聚焦自身特点推进智能化建设

从分布行业来看，装备制造、电子信息、消费品、原材料四大重点领域在智能制造推进过程中各有所长，呈现诸多亮点。

1. 装备制造领域

装备制造领域具有研发技术壁垒高、客户定制化需求多售后运维成本高、上下游产业关联度高以及应用领域广泛等特点（图3-5）。

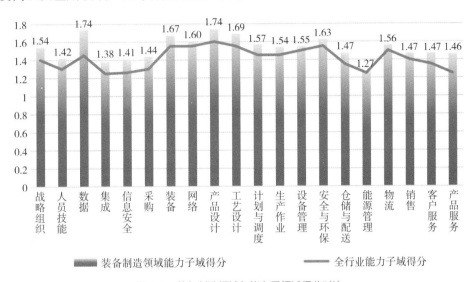

图3-5　装备制造领域各能力子领域得分对比

装备制造领域具有研发技术壁垒高、客户定制化需求多售后运维成本高、上下游产业关联度高以及应用领域广泛等特点。装备制造领域的研发设计类工业软件应用最为广泛，68%的企业应用了研发设计类软件开展产品设计和工艺设计34%的企业使用了三维仿真软件，可以预先发现产品设计的加工方法、加工过程等方面的问题，确保产品的质量和工期7%的企业为产品提供远程监测、故障预警、预测性维护等服务（图3-6）。

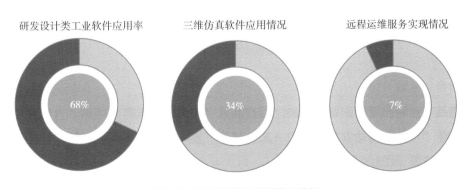

图3-6　装备制造领域关键指标数据

平台应用率达到 27%，装备数字化率达到 60%，12% 的企业实现了设备预测性维护（图 3-12）。

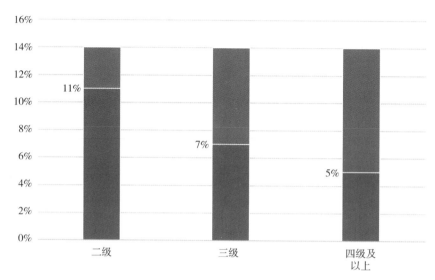

图3-11 原材料领域智能制造能力成熟度等级分布情况

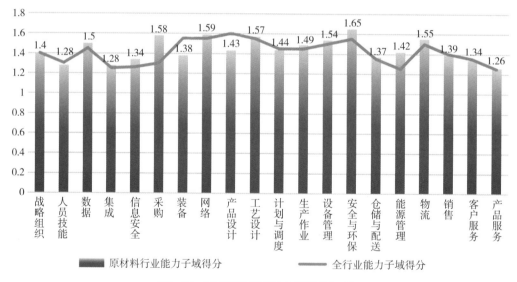

图3-12 原材料领域各能力子领域得分对比

（五）中小企业积极推进数字化改造

接近50%的中小企业首先在采购、财务、工艺设计等与供应链相关的环节开展了数字化改造，基本能够实现与链主企业的关键数据对接。然而在装备、生产作业、集成内部能力建设方面大中小企业智能化水平差距较大，仅有 20% 左右的企业在产品设计环节应用了三维建模仿真、在制造环节应用了生产管理系统、在质量控制环节应用了在线检测设备（图3-13）。

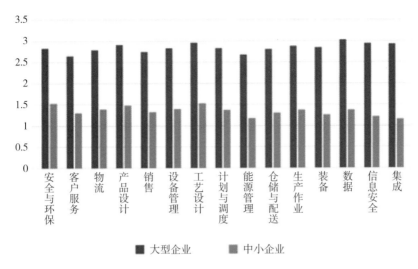

图3-13　大中小企业关键环节智能制造发展情况

四、智能制造典型模式

智能制造是一种新型生产方式，几乎涉及制造业所有领域。不同行业、企业在智能制造实施过程中会呈现出不同的特征、做法和成效，形成不同的制造和商业模式，这些模式可统称为智能制造典型模式。

（一）规模个性化定制

在服装、纺织、家居、家电等消费品领域，探索形成了以满足用户个性化需求为引领的大规模个性化定制模式。主要做法是：实现产品模块化设计、构建产品个性化定制服务平台和个性化产品数据库，实现个性化定制服务平台与企业研发设计、计划排程、供应链管理、售后服务等数字化制造系统的协同与集成。如青岛红领集团以超过200万名顾客的版型数据为基础，利用专用数据模型，形成了540个大类、3144个小类、10000多个设计要素组成的工艺数据库，可满足99.9%的个性化设计需求。通过服装个性化定制服务平台与终端消费者直接互动。

（二）产品全生命周期管理模式

在航空装备、汽车、船舶、工程机械等装备制造领域，探索形成了以缩短产品研制周期为核心的产品全生命周期数字一体化模式。主要做法是：应用基于模型定义（MBD）技术进行产品研发、建设产品全生命周期管理系统（PLM）等。如商飞公司围绕C919飞机的研制，建立了基于模型的数字化产品研发平台和智能制造平台，实现数字化、网络化、智能化产品研发，支持三维制造数据向生产车间发布，以确保设计、工艺、制造技术状态的一致性，最终促使产品研制周期缩短 20%、产品不良品率降低 25%、运营成本降低 20%。

（三）智能工厂模式

在铸造、服装等领域，探索形成了快速响应多样化市场需求的柔性模式。主要做法是：实现生产线可同时加工多种产品或零部件，车间物流系统实现自动配料，构建高级排产系统（APS）并实现工控系统、制造执行系统（MES）企业资源计划系统（ERP）之间的高效协同与集成等。如宁夏共享集团应用数字化技术实现了对生产全过程的仿真模拟，并与ERP等集成，以及设计、铸造、质量、基础信息的有效传递；基于三维组态技术和智能体技术与MES系统集成，建立了工厂设备信息、生产信息、绩效评价等过程的全流程数据采集、反馈、分析和执行；基于ERP系统、LIMS等系统及双向集成平台，实现了生产计划、车间作业计划、质量检验的集成、闭环控制；基于物联网技术和智能装备，在关键工序建立通信管理、人机交互系统，并与MES系统等集成。该项目的实施，使企业每年增加利润3000万元左右，生产效率较之前提高3倍以上，产品合格率达98%，现场从业人数大幅减少。

（四）互联工厂模式

在石化、钢铁、电子、家电等领域，探索形成了以打通企业运营"信息孤岛"为核心的互联工厂模式。主要做法是：应用物联网技术，实现产品、物料等的唯一身份标识，生产和物流装备具备数据采集和通信等功能，构建了生产数据采集系统、制造执行系统（MES）和企业资源计划系统（ERP），以及实现生产数据采集系统、MES和ERP的协同与集成等。例如，海尔集团应用物联网技术实现了从企业、工厂、车间到设备的"物物互联"，应用SACDA系统实时采集生产设备数据，通过条码、RFID等采集业务数据构建海尔iMES系统和 ERP系统，实现了互联互通，可自动传输基础数据、订单信息、产品下线、报工和发货信息等。通过近2年的实施，生产效率提升20%、质量问题减少10%、库存天数下降9%、人员数量减少30%，交货周期由21天缩短到10天。

（五）产品全生命周期可追溯

在食品、制药等领域，探索形成了以质量管控为核心的产品全生命周期可追溯模式。主要做法是：让产品在全生命周期具有唯一标识，应用传感器、智能仪器仪表、工控系统等自动采集质量管理所需数据，通过MES系统开展质量判异和过程判稳等在线质量检测和预警等。如蒙牛乳业集团利用信息系统与数据采集技术，通过产品赋码、读码、信息关联，形成从原料、半成品、成品到销售终端的全链条"端到端"互联互通，随时可以查询物料走向和状态，实现质量报告自动生成，产品质量一键追溯，提升了生产效率和能源利用率，降低了产品不良率和运营成本。

（六）全生产过程能源优化管理模式

在石油化工、有色、钢铁等行业，探索形成了以提高能源资源利用率为核心的全过程能源优化管理模式。主要做法是：通过MES采集关键装备、生产过程、能源供给等环节的能效数据，构建能源管理系统（EMS）或MES中具有能源管理的模块，基于实时采集的能源数据对生产过程、设备、能源供给及人员等进行优化。如九江石化公司构建了能源综合监测系统，覆盖能源供、产、转、输、耗全流程；建立生产与能耗预测模型、产能优化模型，实现能源生产和消耗的一体化优化和协同，进而提高了能源生产效率。针对高附加值用能，建立氢气和瓦斯产耗平衡模型和优化系统，实现节能降耗。建立一体化的能源管控中心平台，实现能源计划、能源生产、能源优化、能源评价的闭环管控。通过3年努力，生产效率提高20%，能源利用率提高4%。

（七）网络协同制造模式

在航空航天、汽车、家电等领域，探索形成了以供应链优化为核心的网络协同制造模式。主要做法是：建设跨企业制造资源协同平台，实现企业间研发、管理和服务系统的集成与对接，为接入企业提供研发设计、运营管理、数据分析、知识管理、信息安全等服务，开展制造服务和资源的动态分析与柔性配置等。如西飞公司构建的飞机协同开发与云制造平台（DCEaaS），实现了10家参研厂所和60多家供应商的协同开发、制造服务和资源动态分析与弹性配置，新一代涡桨支线飞机研制周期缩短20%，生产效率提高20%。

（八）远程运维服务模式

在动力装备、电力装备、工程机械、汽车、家电等领域，探索形成了基于工业互联网的远程运维服务模式。主要做法是：使智能装备/产品具备数据采集和通信等功能，搭建智能装备/产品远程运维服务平台、专家库和专家系统，以及实现智能装备/产品远程运维服务平台与产品全生命周期管理系统（PLM）、客户关系管理系统（CRM）、产品研发管理系统的协同与集成等。如金风科技集团建立的风机远程运维服务平台，实现了风机和风电场的智能监控、故障诊断、预测性维护和远程专家支持。目前该平台管理了15000多台风机，累计形成1600多份作业指导书、1700多份故障案例和1500多个故障树，故障预警准确率达91%以上，发电效益提高10%～15%，与传统方法相比，维护成本降低20%～25%。

五、智能制造区域布局

近年来，各地为了发展智能制造产业，建设了大批智能制造产业园区，为智能制造产业快速发展提供了重要载体。

（一）建设智能制造产业园区

根据《世界智能制造中心发展趋势报告（2019）》统计，截至2019年，我国共有智能制造产业园区537个，涉及大数据、综合园区、新材料、机器人、人工智能、云计算、汽车智能制造、3D打印、无人机、高端装备制造、高端数控机床等智能制造技术方向。从产业链条来看，云计算、大数据和人工智能技术的发展成为智能制造业发展的底层驱动力，是智能制造系统具备"数据采集、数据处理、数据分析"能力的基础设施。近年来，大数据产业园发展迅速，也是数量最多的产业园类别，达到111个，超过总数量的1/5。其次是综合型园区，占比为17.9%。新材料园区为智能产业发展提供了"物质引擎"，在航空航天、新能源汽车、3D打印等领域发挥重要作用。由于新材料应用的广泛性，其园区占比也达到了17.1%。以工业机器人为代表的机器人产业在智能制造中发挥了关键作用，全国机器人产业园总数也达到了68家，占比为12.7%（图3-14）。

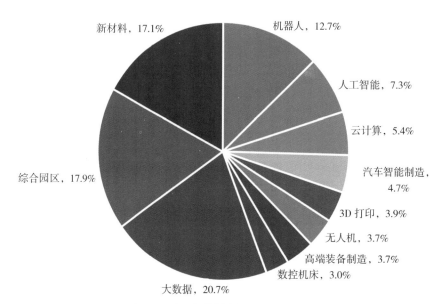

图3-14 我国智能制造产业园类型分布情况

（二）发展智能制造产业集聚区

从地区分布来看，这些园区分布在全国27个省市，长三角地区、珠三角地区、中部地区、环渤海地区和西南地区已初步形成智能制造产业集聚。其中，环渤海地区打造智能制造科研高地，形成"核心区域"与"两翼"错位发展的产业格局。北京已逐步形成了工业互联网及智能制造产业集群。长三角地区以江苏、上海、浙江为代表，形成了特色鲜明智能制造装备产业集群，智能制造发展水平相对平衡。珠三角地区以广州、深圳等为龙头，是"中国制造"的主阵地，形成了符合各自产业特色的智能制造应用示范。中西部地区以武汉、西安等为代表，围绕军工、卫星、冶金等特色领域的优势，形成了重大集成智能装备产业集群，智能制造水平高速提升。

六、先进省市推进智能制造的主要做法

近年来，在制造强国建设战略引导下，我国各省市也陆续发布一系列智能制造支持政策，通过实施智能制造示范项目、开展核心技术攻关、推动智能化技术改造、完善智能制造服务体系等多个途径，推进智能制造快速发展。

（一）广东省

广东省坚持制造业立省，将智能制造作为全省重点产业发展，通过政府统筹规划和市场化运作等形式，着力建设国家制造业和互联网融合发展示范省、智能制造自主创新示范区和智能制造示范基地。

1. 建设国家制造业和互联网融合发展示范省

重点抓"互联网+先进制造"专业镇和龙头骨干生产企业开展集成创新试点工作。推进珠江西岸先进装备制造业建设，大力扶持国家级智能制造试点示范项目，每年在全省扶持大约100个项目，主要分布在广州、深圳、珠海、东莞、惠州、肇庆、佛山、韶关、中山、江门等地区。培养100家产值超过10亿元的先进装备制造企业，形成20个产值超过100亿元的先进设备制造产业集群。广州、深圳、东莞等市先后制定了促进《先进制造和智能制造集约化发展的办法和支持意见》，实施了包括科技专项、政府补贴、奖励政策和"一企一策"的精准扶持办法。

2. 建设智能制造自主创新示范区

以广州和深圳两个国家创新型城市为智能制造研发创新轴，建设珠三角智能制造自主创新示范区，重点建设中国（广州）智能装备研究院、华南智能机器人创新研究院、广东（东莞）智能机器人协同创新研究院、中德工业装备（可靠性与智能制造）联合实验室等新型创新平台。通过创新资源的共建共享以及科技产业的协同发展，构建开放型、一体化的智能制造区域创新平台，推动珠三角智能制造生态体系与创新体系一体化发展。

3. 建设智能制造示范基地

围绕智能制造产业高端化发展方向，选择智能装备和关键零部件研发制造及智能制造系统集成与应用服务等较为集中的产业集聚地和产业园区，推动产业转型升级和两化深度融合，初步形成从数控机床、智能机器人到智能成套装备，从硬件、软件到信息技术集成服务的智能制造产业链。突出龙头企业引领带动作用，扶持基地内一批骨干企业发展。依托各地产业发展基础和优势，打造高端企业集聚、产业链条健全、服务功能完善的智能制造产业集群，培育建设10个左右在全国范围内具有较大影响力的智能制造示范基地。

4. 实施"互联网+制造业"行动计划

推进工业互联网创新融合试点，支持企业发展行业网络协同制造，为制造企业提供技术、产品和业务撮合。推动制造企业开展O2O（线上线下）、柔性制造、大规模个性定制等制造模式创新试点，促进由基于产品的传统制造模式向基于消费者个性需求的新模式转变。充分发挥互联网、物联网等信息通信技术，改造提升传统制造业研发、生产、营销、管理等环节。鼓励骨干制造企业运用智能传感器、互联网、人工智能等新技术，推动生产设备互联、设备与产品互联，建设自动化车间。开展物联网示范应用，打造一批物联网公共服务平台，为企业提供物联网公共服务；同时，推进工业云平台建设。建设工业公共云服务平台，开展产品设计、制造、管理和商务各环节在线协同，提升整个供应链运行效率。促进工业大数据集成应用，支持第三方大数据平台建设，推动大数据在工业行业管理和经济运行中的跨领域、跨平台应用。重点在汽车、石化、家电、电子信息等传统行业，开展基于工业大数据的新一代商业智能应用试点，挖掘利用产品、运营和价值链等大数据，实现产业重构和流程再造，促进信息共享和数据开放，实现精准决策、管理与服务。

（二）北京市

北京市通过支持智能制造产业底层核心技术体系建构，加大产业前沿技术开发，推进智能制造产业创新高质量发展。

1. 建构产业底层核心技术体系

以人工智能、区块链等底层核心技术为牵引，以先进通信网络、工业互联网、北斗导航与位置服务等应用技术为驱动，大力发展虚拟现实等融合创新技术，攻关一批底层核心技术。具体：在人工智能领域以智能芯片、开源框架等核心技术突破为切入点，开展超大规模智能模型、算力与智算平台建设，为人工智能技术开发应用提供创新支撑。在区块链领域围绕区块链专用加速芯片构成的等技术底座，以先进算力、数字化等应用平台为支撑，提供适配各种场景的区块链解决方案，推动融合技术创新，培育产业应用。在先进通信网络领域丰富5G技术应用，强化"5G+"融合应用技术创新，开展卫星互联网芯片、核心器件和整机研制，前瞻布局第六代移动通信（6G）潜在关键技术。在工业互联网领域突破数字孪生、边缘计算、人工智能、互联网协议第6版（IPV6）、标识解析、低功耗分布式传感等技术，夯实北京工业互联网技术自主供给能力。在虚拟现实领域加快近眼显示光学系统、多元感知互动、实时位置感知融合、多维交互等关键技术攻关，推动虚拟现实联调测试验证等共性技术平台建设，推进虚拟现实技术在治安防控、教育等领域应用示范。

2. 加大产业前沿技术开发

聚焦智能机器人、无人机和智能装备等，加大产业前沿及底层正向研发技术支持力度，形成"北京智造"品牌，打造具有全球影响力的智能制造产业创新策源地。在智能机器人领域重点打造仿人和仿生机器人共性技术平台，加快医疗健康机器人、特种机器人、仓储物流机器人等整机研发和关键技术突破，仿人机器人重点研究人体肌肉−骨骼刚柔耦合、多模式运动智能自主适应、双臂协同拟人化多任务作业等技术，研制刚柔机器人关节、智能仿生视觉−力觉感知单元、灵巧操作手臂等。在无人机领域重点研究仿生飞行、多栖跨介质飞行、临近空间飞行、新能源高效动力与能量管理、动态场景感知与自主避让、群体作业与异构协同等关键技术。在智能装备领域面向高端装备、航空航天、生物医药、新能源智能网联汽车、电子信息、数控加工等行业，聚焦通用关键零部件、智能生产线、"黑灯工厂"以及协同制造等重点方向，推动高性能敏感器件、模拟芯片、数据融合、设备互联互通、工艺流程优化与控制等底层关键技术突破，以及数字孪生、边缘计算、系统协同控制等共性技术集成创新。在科学仪器与传感器领域瞄准4D时间分辨超快电镜技术、光子超精密制造、智能微系统等领域开展协同攻关。推动数字化赋能智能制造产业高质量发展。突破人机交互、群体控制等关键技术，以及设备互联互通、工业智能等核心技术。推动人工智能与医药健康融合发展。支持临床辅助诊断产品、手术导航机器人等智能数字医疗健康设备开发。

（三）上海市

"十三五"期间上海市发布了《上海市智能制造行动计划》，推广应用智能制造新模式，实施上海智能制造"十百千"工程，推进长三角智能制造"百千万"工程，推动5G通信、人工智能、大数据及工业互联网等新兴技术和制造业深度融合，打造"一核一带"智能制造产业集群。通过将新一代信息技术和先进制造技术深度融合，加快发展智能制造，推动"上海制造"高质量发展。近年来，上海主要围绕六大方面推进智能制造。

1. 产业创新突破

突破高端数控机床、工业机器人、检测装配、物流仓储等关键技术装备和核心零部件，攻克工业视觉检测、机器人协同装配等智能制造共性技术与软件，培育壮大面向制造企业的智能制造单元、智能生产线、智能车间等智能制造系统解决方案供应商，实现硬件更高端，软件更智能，集成更协同。

2. 重点行业推广

推进汽车、电子信息、民用航空、生物医药、高端装备、绿色化工及新材料等行业的智能化转型和新模式应用，推动优势产业集群化、新兴产业规模化、特色产业高端化发展。

3. 平台载体搭建

打造以临港为核心，浦东、闵行、嘉定、宝山、松江等区域构成的近郊产业带，形成"一核一带"智能制造产业集群；加强上海智能制造研发与转化功能型平台、国家机器人"两个中心"等平台建设，为上海智能制造发展提供平台载体支撑。

4. 区域协同发展

在智能制造标准制定、产业链对接、示范工厂建设及论坛展会举办等方面加强合作，推动长三角区域协同发展。鼓励支持"三省一市"企业、高校院所组成联合体开展智能制造标准制定，推动国家智能制造标准在"三省一市"先行先试；推动和深化国际交流合作，推动上海企业"走出去"参与"一带一路"智能制造国内外科技合作。

5. 新兴技术赋能

推动5G通信、人工智能、大数据及工业互联网等新兴技术和制造业深度融合，实现5G广泛应用，AI深度赋能，数据全面驱动。推进以机器视觉、智能传感、深度学习等人工智能技术在研发设计、生产运营、智能运维服务、供应链管理等方面的应用，推动生产方式向柔性化、智能化、精细化转变。推进工业互联网在智能制造的深度应用，探索云制造服务模式。

6. 跨界融合创新

创新智能制造产融合作模式，多渠道帮助智能制造企业解决融资问题，推进智能制造与生产性服务业融合发展，鼓励智能制造装备企业借助自贸区优势，加快全球布局，实现多维一体，机制创新，跨界融合。

（四）江苏省

江苏省通过推进智能制造试点示范、突破关键技术短板、加强工业互联网建设、分类分层推进智能转型等措施推进智能制造产业发展，形成了一批具有区域特色的智能制造园区（基地）和产业集群。

1. 推进智能制造试点示范

江苏省智能制造领域重点加强智能工厂（示范车间）建设，先后颁布《江苏省智能制造示范工厂建设三年行动计划》和《江苏省智能制造五年发展规划》等举措，着力推进智能制造试点示范，打造一批智能制造示范企业和示范车间。选择具有智能制造基础和带动作用的企业，紧扣关键工序自动化、关键岗位工业机器人替代、生产过程智能优化控制、供应链管理智能化，分类创建离散制造、流程制造示范车间，引领工业企业全面推进智能车间建设，提高生产效率和质量效益。支持行业重点骨干企业结合自身实际和行业特点，聚焦"设备互联、数据互换、过程互动、产业互融"4个关键环节，探索系统化的智能化改造，建设示范智能工厂。"十三五"以来，江苏省大力推进智能制造，已累计创建示范智能制造车间536个（其中，2021年就授予332个江苏省智能制造示范车间）。到2020年共计培养100家智能制造领军企业，形成一大批智能制造的标准。

2. 突破智能制造关键短板

组织实施数控装备质量技术攻关项目，重点突破金属切削机床主机的高速加工（HSM）技术瓶颈，大幅度提高了高速加工中心、高精度高速数控轧辊磨床等的整机质量和可靠性水平。组织实施了食品安全快速检测、工业控制系统信息安全等共性技术攻关项目，聚焦突破高选择性样品吸附介质的制备、工业网络安全态势感知等关键核心技术。开展高端装备研制赶超活动，实施了包括高档数控机床、工业机器人和智能成套装备在内的多个高端装备研制赶超项目。

3. 夯实工业互联网基础

推进工业互联网平台建设和推广应用。召开江苏省工业互联网云平台建设工作座谈会，组织服务商与企业对接，优化平台设方案，培育本地工业互联网平台。构建"企业上云"服务生态。重点实施工业云平台、星级"上云"企业、云服务体系、工业互联网标杆工厂、"互联网+先进制造"特色基地建设五大工程。组织认定中国电信股份有限公司云计分公司（简称天翼云）等8家机构为2016—2020年江苏省优秀企业互联网化服务云服务类机构。

4. 分类分层推进智能转型

在原材料领域，组织江苏省原材料行业两化融合创新应用推广活动，现场观摩示范企业推广优秀解决方案。在消费品领域，组织骨干企业赴山东、广东考察学习，实地参观国家智能制造示范项目。在民爆领域，大力推广民爆物品装机器人及智能成套装备、自动化物流装备，工业炸药制药、装药等危险岗位实现少（无）人操作，工业雷管装压药等主要危险岗位实现人机隔离操作。在中小企业方面，制定推进中小企业智能制造工作方案，搭建中小企业智能制造公共技术服务平台，为中小微企业提供机器人与智能装备研发、智能制造技术咨询和培训等服务。

（五）浙江省

浙江省以"互联网+制造业"为手段深入推进"两化"融合，通过试点示范、平台服务及政策激励等方式，促进智能制造水平不断提升。

1. 加强试点示范

浙江省积极组织实施国家智能制造试点示范项目。2015—2018年，全省共入选并实施了36项国家智能制造新模式及综合标准化项目，25项国家智能制造试点示范项目，累计获得国家扶持资金6.2亿元，在全国位居前列。同时还开展省级智能制造试点示范，共确定22个省级智能制造示范区（平台），累计安排省级资金2.5亿元，推动了区域和行业智能制造水平的提升。

2. 推进平台建设

浙江省在全国领先建立了健全的智能制造指导服务工作机制。2017年，成立了浙江省智能制造专家委员会和浙江省推进智能制造指导服务工作组，聚焦浙江省传统优势产业集聚的重点县（市、区），开展指导服务工作。目前，已有多个专家团队对重点县（市、区）开展了"面对面、个性化的指导"，取得了一定成效。智能制造专家委员会培育指导的新昌轴承行业"数字化改造平台化服务"模式正在向浙江省各产业集群推广，工业和信息化部也拟在全国范围推广这种模式。浙江省各地也创建了一批智能制造服务平台，如杭州市依托阿里巴巴、浙江中控技术股份有限公司等企业推动信息工程服务机构成立技术服务、专家指导、推广协调工作小组，目前杭州市的各类信息服务机构有200多家，为全省提供了70%以上的智能化服务。

3. 加大政策激励

浙江省各地都出台了鼓励企业实施智能制造和智能工厂建设的激励政策。如温州市对列入国家、省级智能制造试点的示范项目，分别给予项目投资额的30%、25%奖励，国家级试点项目最高奖励1000万元、省级试点项目最高奖励500万元；对列入市级智能制造试点的项目，给予100万元奖励。

（六）天津市

天津市智能装备领域聚焦机器人、增材制造装备、专用成套装备、关键系统部件和基础零部件等领域，着力突破减速器、高性能伺服驱动系统、微纳传感器、智能传感器等核心零部件，加快发展高档数控机床、工业机器人、服务机器人、医疗制造装备、金属材料3D打印装备等，集成开发一批重大智能成套装备。

1. 实施产业深度融合发展行动

推进新一代信息技术与制造业深度融合，抢抓新基建机遇，强化5G、工业互联网等信息基础设施支撑，加快制造业企业智能化改造步伐，推进制造业数字化、网络化、智能化升级，加快发展服务型制造，制定促进智能制造的地方性法规，积极创建国家智能制造中心城市和典范城市。

2. 大力推动企业智能化改造

以智能制造产业链、创新链的重大需求和关键环节为导向，支持企业购置先进设备，提高工艺装备水平。鼓励企业设备联网上云和业务系统云化改造，推动万家工业企业上云上平台，提高工业装备数字化能力。实施智能制造推广应用工程，围绕原材料、装备制造、消费品等重点领域，大力实施设备换芯、生产换线、产品换代、机器换人，加快提升企业数字化管理、智能化生产、个性化定制、网络化协同、服务化延伸能力，创建一批标杆企业。进一步完善智能制造服务体系，大力培育有行业、专业特色的智能制造和工业互联网系统解决方案供应商，提升智能制造服务能力。到2025年，全市规模以上企业基本实现数字化应用，智能工厂、数字化车间突破500个，培育10家具有较强竞争力的智能制造系统解决方案供应商。

（七）重庆市

重庆市从建设应用工业互联网、培育智能制造新模式和加快智能制造关联产业发展等方面寻求突破，助力智能制造产业发展。

1. 建设应用工业互联网

加快构建网络、平台、安全三大功能体系，通过"上云上平台"实施数字化、网络化、智能化升级，打造工业互联网生态体系。一是夯实工业网络化基础。鼓励企业运用互联网协议第6版（IPV6）、工业无源光网络（PON）、新型蜂窝移动通信等技术和新型工业网关、边缘计算等设备，部署建设灵活、高效、稳定的企业工业网络。统筹做好工业网络提速降费、中小企业专线建设、5G应用等工作。建设工业互联网标识解析各级节点和基础功能平台，应用标识解析推动工业制造协同、追溯和产品全生命周期管理。二是打造工业互联网平台。支持长安汽车、川仪股份等大型制造业企业建设企业级云平台或产业链协同平台，鼓励发展成为行业性、专业性工业互联网平台。积极培育各具特色的综合性工业互联网平台，重点推动飞象互联网公司依托"淘工厂"模式建设产销一体化工业互联网平台，树根互联公司通过"智能装备云"建设综合远程运维服务工业互联网平台，航天云网依托航天制造优势建设网络协同制造和云制造工业互联网平台，腾讯云、紫光云、SAP等依托IT领先优势建设信息系统云端运维集成工业互联网平台。三是强化信息安全保障。建设工业信息安全在线监测及应急管理等平台，加强工业信息安全技术与应急保障队伍建设。支持中国信通院西部分院建设工业互联网标识解析安全及保障平台，支持中核瑞思工业信息安全实验室、爱思网安智能制造密码创新基地以及第三方攻击防护、监测预警、仿真测试及验证等公共服务平台建设。

2. 培育智能制造新模式

通过实施数字化、网络化升级，打通企业设备、产线、信息系统等数据链，贯通企业内外部产业链、供应链、价值链，催生孕育智能制造新模式。一是加强网络协同制造。推动上下游产品开发、生产制造、经营管理、制造服务等不同环节的企业实现信息共享和业务协同，建立网络化制造资源协同平台或工业大数据服务平台，信息数据资源在企业内外可交互共享。企业间、企业部门间创新资源、生产能力、市场需求实现集聚与对接，实现基于云的设计、供应、制造和服务环节并行组织和协同优化。二是加强大规模个性化定制。推动直接面向消费者的制造企业建设用户个性化需求信息平台和各层级的个性化定制服务平台，实现从研发设计、计划排产、柔性制造、物流配送到售后服务的大规模个性化订单柔性制造，构建企业快速高效满足用户个性化需求的能力。三是远程运维服务。推动装备、汽车、电子整机等制造企业建设产品标准化信息采集与控制、自动诊断、基于专家系统的故障预测和故障索引的管理平台，开展产品远程无人操控、工作环境预警、运行状态监测、故障诊断与自修复、产品优化等在线支持（信息增值）服务，创新产品+服务模式。

3. 加快智能制造关联产业发展

通过实施智能制造，培育带动一批智能制造关联产业发展，重点聚焦企业不同阶段智能化升级需求，加大工业机器人、智能制造装备、工业软件、智能传感器等相关领域企业引进培育力度，形成以应用带产业、以产业促应用的良性发展局面。在工业机器人领域，重点发展冲压机器人、切割机器人、弧焊机器人等产品和减速器、伺服电机、视觉系统等关键零部件，力争在电子行业专用机器人、双臂机器人、抛光打磨机器人等领域取得突破。积极引进具备人机协调、自然交互、自主学习功能的新一代工业机器人研发生产企业，打造全国工业机器人生产、应用示范高地。在智能制造装备领域，重点发展精密磨齿机、智能滚齿机、精密五轴加工中心、激光/电子束高效选区熔化装备。积极引进培育激光加工装备、3D打印装备、在线检测系统装备、可视化柔性装配装备、设备全生命周期健康检测诊断装备、车间物流智能化成套装备等先进制造装备研发生产企业，打造全国重要的智能制造装备供给基地。在工业软件领域，重点发展制造执行系统、企业资源管理软件、供应链管理软件、客户关系管理软件（CRM）等工业企业管理软件。积极引进培育面向特定行业、特定场景的工业微服务、工业App等应用服务，打造全国重要的工业软件企业聚集高地。在智能传感器领域，重点发展光学传感器、惯性传感器、硅麦克风、汽车压力传感器、激光雷达、气体传感器、图像传感器和生物传感器等先进智能传感器，推动智能传感器在智能制造、消费电子、智能汽车和医疗等领域的示范应用。围绕智能传感器产业，发展敏感材料、设计工具、系统集成、制造设备和测试设备等产业链，打造全国重要的智能传感器生产基地。

第4章

专利分析

专利作为技术创新成果的重要载体，从一定程度上反映了产业的技术创新情况。通过专利分析，可以了解智能制造产业的研究现状及发展趋势，识别研究热点及关键技术，揭示技术研究力量的布局，获取产业发展的重要信息。由于智能制造复杂的内涵和外延，难以从单一技术方向或领域对其进行解析，因此本部分从"智能制造装备"和"自动化系统""机器人"三方面，对专利IPC分类号、主题、创新主体、发明人等分析，揭示技术热点、主要趋势和研发力量，为开展智能制造技术创新提供参考。

一、智能制造装备专利分析

（一）数据来源

以国家知识产权局发布的《战略性新兴产业分类与国际专利分类参照关系表（2021）（试行）》中"智能制造装备产业国际专利分类对照关系"为依据，整合文件内容，梳理IPC对应关系，制定智能制造装备专利检索式如表4-1所示。利用检索式，在incoPat专利数

表4-1　智能制造装备专利检索式及数量

检索式	全国数量	辽宁省数量	占比
（IPC=B22D11/12 ORB22F3/03 ORB23B11* ORB23B17* ORB23B21* ORB23B27* ORB23B33* ORB23B43* ORB23B5* ORB23B51* OR 23B7* ORB23B9* ORB23C1* ORB23C3* ORB23C5* ORB23C7* ORB23C9* ORB23D7* ORB23K10* ORB23P23* ORB23Q39* ORB24B15* ORB24B25* ORB24B35* ORB25J7* ORB25J9* ORB29C45/03 ORB30B3* ORB30B5* ORB30B7* ORC21B7/00 ORC21C5/42 ORF25B45* ORG05B13* ORG05B17* ORG05B19/418 ORG05B23* ORA01B* ORA01C* ORA01D* ORB23B37* ORG05B11* ORB65G* ORG05B1* ORG05B19* ORE02F9* ORF15B* orB22F3* ORB29C64* ORB29C67* ）NOT（IPC=B23C3/35 orB23C3/36 orB23Q39/04 orB30B3/04 orB30B3/06 orB30B5/04 orB30B5/06 orB30B7/04 orB65G47* orE02F9/16 orF15B11* orF15B21/14 orG05B19/418 orB22F3/03 ）	117876	3559	3.02%

据库中检索到国家知识产权局获批授权的"智能制造装备"中国发明专利117876件（检索时间截至2022年5月26日），其中辽宁智能制造装备专利3559件，占总数量的3.02%。

（二）技术构成分析

1. 主要IPC分布

全国智能制造装备技术专利共涉及121类IPC大类，其中占比前三位的IPC大类号分别为G05（控制；调节），共含有24480项（约占20.77%）；A01（农业；林业；畜牧业；狩猎；诱捕；捕鱼）类，有21233项（占18.01%）；B65（输送；包装；贮存；搬运薄的或细丝状材料）大类，共15984项专利（占13.56%），见表4-2。辽宁智能制造装备技术专利也主要分布在以上IPC大类中，分别为1004项（占28.21%）、639项（占17.95%）和394项（占11.07%）。

表4-2　智能制造装备方向主要IPC分布统计

数量排名	IPC大类及含义	全国		辽宁			序差	占比差
		数量	占比	排序	数量	占比		
1	G05：控制；调节	24480	20.77%	1	1004	28.21%	0	7.44%
2	A01：农业；林业；畜牧业；狩猎；诱捕；捕鱼	21233	18.01%	4	299	8.40%	−2	−9.61%
3	B65：输送；包装；贮存；搬运薄的或细丝状材料	15984	13.56%	3	394	11.07%	0	−2.49%
4	B23：机床；其他类目中不包括的金属加工	14150	12.00%	2	639	17.95%	2	5.95%
5	B25：手动工具；轻便机动工具；手动器械的手柄；车间设备；机械手	9356	7.94%	5	242	6.80%	0	−1.14%
6	F15：流体压力执行机构；一般液压技术和气动技术	5632	4.78%	7	142	3.99%	−1	−0.79%
7	B22：铸造；粉末冶金	4895	4.15%	6	221	6.21%	1	2.06%
8	B29：塑料的加工；一般处于塑性状态物质的加工	4013	3.40%	9	70	1.97%	−1	−1.43%
9	C22：冶金；黑色或有色金属合金；合金或有色金属的处理	1772	1.50%	8	71	1.99%	1	0.49%
10	G01：测量；测试	1637	1.39%	10	61	1.71%	0	0.32%
11	E02：水利工程；基础；疏浚	1337	1.13%	17	20	0.56%	−6	−0.57%
12	H01：基本电气元件	1138	0.97%	13	33	0.93%	−1	−0.04%

数量排名	IPC大类及含义	全国		辽宁			序差	占比差
		数量	占比	排序	数量	占比		
13	F16：工程元件或部件；为产生和保持机器或设备的有效运行的一般措施；一般绝热	870	0.74%	16	24	0.67%	−3	−0.07%
14	G06：计算；推算或计数	811	0.69%	14	28	0.79%	0	0.10%
15	C05：肥料；肥料制造	706	0.60%	15	26	0.73%	0	0.13%
16	B21：基本上无切削的金属机械加工；金属冲压	547	0.46%	12	34	0.96%	4	0.50%
17	H02：发电、变电或配电	514	0.44%	19	19	0.53%	−2	0.09%
18	A61：医学或兽医学；卫生学	474	0.40%	21	12	0.34%	−3	−0.06%
19	C21：铁的冶金	443	0.38%	11	38	1.07%	8	0.69%
20	B24：磨削；抛光	399	0.34%	22	10	0.28%	−2	−0.06%
21	B66：卷扬；提升；牵引	398	0.34%	35	4	0.11%	−14	−0.23%
22	H04：电通信技术	339	0.29%	23	9	0.25%	−1	−0.04%
23	C08：有机高分子化合物；其制备或化学加工；以其为基料的组合物	319	0.27%	30	6	0.17%	−7	−0.10%
24	A47：家具；家庭用的物品或设备；咖啡磨；香料磨；一般吸尘器	314	0.27%	24	8	0.22%	0	−0.05%
25	B60：一般车辆	295	0.25%	27	6	0.17%	−2	−0.08%
26	E21：土层或岩石的钻进；采矿	262	0.22%	20	16	0.45%	6	0.23%
27	C23：对金属材料的镀覆；用金属材料对材料的镀覆；表面化学处理；金属材料的扩散处理；真空蒸发法、溅射法、离子注入法或化学气相沉积法的一般镀覆；金属材料腐蚀或积垢的一般抑制	257	0.22%	18	19	0.53%	9	0.31%
28	B01：一般的物理或化学的方法或装置	248	0.21%	26	7	0.20%	2	−0.01%
29	F25：制冷或冷却；加热和制冷的联合系统；热泵系统；冰的制造或储存；气体的液化或固化	222	0.19%	39	3	0.08%	−10	−0.11%
30	C09：染料；涂料；抛光剂；天然树脂；黏合剂；其他类目不包含的组合物；其他类目不包含的材料的应用	210	0.18%	25	7	0.20%	5	0.02%

数量排名	IPC大类及含义	全国		辽宁			序差	占比差
		数量	占比	排序	数量	占比		
31	B07：将固体从固体中分离；分选	208	0.18%	无	无	无		
32	B62：无轨陆用车辆	206	0.17%	51	2	0.06%	−19	−0.11%
33	E04：建筑物	160	0.14%	46	2	0.06%	−13	−0.08%
34	B09：固体废物的处理；被污染土壤的再生	159	0.13%	无	无	无		
35	H05：其他类目不包含的电技术	158	0.13%	38	3	0.08%	−3	−0.05%
36	C12：生物化学；啤酒；烈性酒；果汁酒；醋；微生物学；酶学；突变或遗传工程	147	0.12%	31	5	0.14%	5	0.02%
37	B08：清洁	146	0.12%	44	2	0.06%	−7	−0.06%
38	B28：加工水泥、黏土或石料	134	0.11%	45	2	0.06%	−7	−0.05%
39	F24：供热；炉灶；通风	132	0.11%	无	无	无		
40	A23：其他类不包含的食品或食料；及其处理	132	0.11%	55	1	0.03%	−15	−0.08%
41	B05：一般喷射或雾化；对表面涂覆液体或其他流体的一般方法	125	0.11%	28	6	0.17%	13	0.06%
42	B64：飞行器；航空；宇宙航行	119	0.10%	41	2	0.06%	1	−0.04%
43	E01：道路、铁路或桥梁的建筑	112	0.10%	60	1	0.03%	−17	−0.07%
	合计	115193	97.72%		3498	98.29%		

与全国智能制造装备技术专利对比分析可知，辽宁在G05（控制；调节）、B23（机床；其他类目中不包括的金属加工）、B22（铸造；粉末冶金）3个方向具有2%至7%左右的占比优势；而在A01（农业；林业；畜牧业；狩猎；诱捕；捕鱼）、B65（输送；包装；贮存；搬运薄的或细丝状材料）、B29（塑料的加工；一般处于塑性状态物质的加工）和B25（手动工具；轻便机动工具；手动器械的手柄；车间设备；机械手）等4个技术方向具有1%～9%的占比劣势，其余IPC大类占比差距在上下1%以内，大致相当。

2. 主要技术主题分析

使用LDA主题模型对智能制造专利进行主要技术主题分析，共聚类为7个技术主题，即：智能制造传动系统、智能制造仿真和测试系统、智能路径规划方法、智能制造控制装置、智能制造检测系统、智能农业装备和增材制造技术，具体见图4-1。

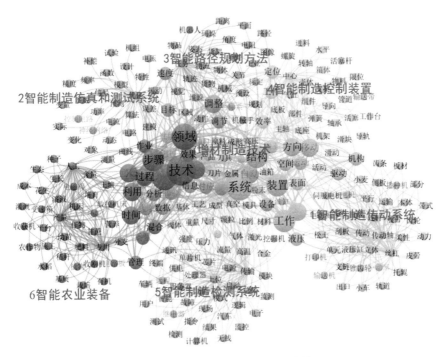

图4-1　智能制造装备方向专利主题聚类结果

（1）智能制造传动系统。该技术主题主要涉及智能制造领域机械传动方向的技术装置和系统，一般通过电机设备进行传动，是机械系统的重要组成部分，常见的类型有齿轮传动、蜗轮蜗杆传动、带传动、链传动和轮系等；在智能制造场景下，传统传动系统通过智能化系统，可以将传动的各环节数据进行收集、分析和反馈，有效监测传动系统故障，提升传动系统控制。

（2）智能制造仿真和测试系统。该技术主题主要涉及对智能制造技术的一种仿真和虚拟控制，将实体制造中的各个模块转化为数据整合到仿真和测试系统中，来模拟实现工业作业的工作和流程，并实现各种交互。通过仿真和测试系统，可以提升智能制造的研发效率，加强数据采集、分析、处理能力，减少决策失误，降低企业风险。

（3）智能路径规划方法。该技术主题主要专利涉及移动机器人的智能路径规划算法和方法。由于不同智能制造机器人任务的不同，且工作环境的不确定性与复杂性，一般通过最短路径、最短时间、最小能量消耗、安全性最高等指标评价选择最佳路径。性能优越的路径规划算法往往能够在不确定的复杂环境中规划出适合机器人运动的高效路径，这不仅能提高移动机器人的工作效率，还能降低移动机器人损耗。

（4）智能制造控制装置。该技术主题主要专利涉及智能制造系统中的控制单元，是具有智能信息处理、智能信息反馈和智能控制决策的控制装置，具体包括生产过程中的智能控制、先进制造系统中的智能控制和电力系统中的智能控制等。随着智能制造技术、计算机技术的迅速发展，智能控制装置越来越受到重视和关注。

（5）智能制造检测系统。该技术主题主要专利是使用各种高精密检测仪器，检测各种被测量物的一种技术。它与数据处理系统结合在一起，能迅速、稳定地自动读取、存储、判断、分析和处理测量信息。智能制造检测不仅是质量管理系统的技术基础，而且是自动化生产系统本身的一个重要环节。在智能制造中，从制品的形状、尺寸、缺陷、性能等的测度，到成品生产过程各阶段的质量控制，从各种工艺过程及设备的调节与控制，到实现最优条件的自动控制，都可以采用智能制造检测技术。

（6）智能农业装备。该技术主题主要专利涵盖农业智能制造装备和技术，具体包括农机作业信息感知与精细生产管控应用基础技术、农机装备智能化设计与验证关键技术、农机智能作业管理关键技术和智能农业动力机械4类。当前，以智能制造技术为核心的农业化生产装备，正呈现出高效化、智能化、网联化、绿色化的发展趋势。

（7）增材制造技术。该技术主题主要技术为增材制造（俗称：3D打印）的设备和技术；其融合了计算机辅助设计、材料加工与成型技术、以数字模型文件为基础，通过软件与数控系统将专用的金属材料、非金属材料以及医用生物材料，按照挤压、烧结、熔融、光固化、喷射等方式逐层堆积，制造出实体物品的制造技术。增材制造技术是由零件三维数据驱动直接制造零件的科学技术体系，实现了零件"自由制造"，解决了许多复杂结构零件的成形，并大大减少了加工工序，缩短了加工周期。

基于聚类结果，统计不同技术主题的专利数量及占比情况，具体结果见表4-3。

表4-3　智能制造装备方向各技术主题数量及占比统计

技术主题	主题名称	全国专利数量	全国数量占比	辽宁省专利数量	辽宁省数量占比	占比差距
1	智能制造传动系统	6541	5.55%	207	5.82%	0.27%
2	智能制造仿真和测试系统	12534	10.63%	593	16.66%	6.03%
3	智能路径规划方法	8116	6.89%	235	6.60%	-0.29%
4	智能制造控制装置	42209	35.81%	922	25.91%	-9.90%
5	智能制造检测系统	19186	16.28%	511	14.36%	-1.92%
6	智能农业装备	9433	8.00%	202	5.68%	-2.32%
7	增材制造技术	19857	16.85%	889	24.98%	8.13%

由表4-3可知，我国智能制造装备专利技术多集中于技术主题4智能制造控制装置方向，共42209项专利（占35.81%）；其次为技术主题7增材制造技术方向，为19857项（占16.85%）；专利数量最少的主题为技术主题1智能制造传动系统，共6541项（占5.55%）。

辽宁智能制造装备专利主要集中分布于技术主题4智能制造控制装置方向，为922项（占25.91%）专利；其次为技术主题7增材制造技术方向，为889项（占24.98%）；辽宁省专利数量最少的技术主题为主题6智能农业装备方向，为202项（占5.68%）。

与全国智能制造装备技术专利对比分析可知，辽宁在技术主题7增材制造技术方向和技术主题2智能制造仿真和测试系统方向的专利授权数量占比较多，具有较大的技术优势；在技术主题1和技术主题3两个方向数量占比大致相当；在技术主题4智能制造控制装置、技术主题6智能农业装备和技术主题5智能制造检测系统3个方向，数量占比仍稍显不足，有2%至10%左右的差距。

3.各主题技术构成分析

基于七大技术主题分析结果，对各技术主题下专利的主要IPC分布情况进行统计，以明确各主题领域的技术构成。具体统计结果见表4-4。

表4-4 各技术主题IPC分布统计

技术主题	全国数量	主要IPC大类及含义	全国数量	辽宁省量	主要IPC大类及含义	辽宁省量
1 智能制造传动系统	6541	B25：手动工具；轻便机动工具；手动器械的手柄；车间设备；机械手	1783	207	B65	66
		B65：输送；包装；贮存；搬运薄的或细丝状材料	1614		B25	65
		A01：农业；林业；畜牧业；狩猎；诱捕；捕鱼	1199		A01	13
		G05：控制；调节	342		G05	12
		B23：机床；其他类目中不包括的金属加工	300		B23	11
2 智能制造仿真和测试系统	12534	G05：控制；调节	9138	593	G05	466
		B25：手动工具；轻便机动工具；手动器械的手柄；车间设备；机械手	612		B23	17
		G01：测量；测试	357		G01（含义见表低）	14
		B29：塑料的加工；一般处于塑性状态物质的加工	255		F15	13
		F15：流体压力执行机构；一般液压技术和气动技术	226		B25	11
3 智能路径规划方法	8116	B25：手动工具；轻便机动工具；手动器械的手柄；车间设备；机械手	4009	235	B25	98
		G05：控制；调节	1486		G05	78
		B65：输送；包装；贮存；搬运薄的或细丝状材料	985		B23	12
		B23：机床；其他类目中不包括的金属加工	299		B65	12
		A01：农业；林业；畜牧业；狩猎；诱捕；捕鱼	299		B29	10

技术主题	全国数量	主要IPC大类及含义	全国数量	辽宁省量	主要IPC大类及含义	辽宁省量
4 智能制造控制装置	42209	B65：输送；包装；贮存；搬运薄的或细丝状材料	11081	922	B23	289
		A01：农业；林业；畜牧业；狩猎；诱捕；捕鱼	10891		B65	247
		B23：机床；其他类目中不包括的金属加工	9296		A01	131
		B25：手动工具；轻便机动工具；手动器械的手柄；车间设备；机械手	2013		F15	49
		F15：流体压力执行机构；一般液压技术和气动技术	1832		B25	40
5 智能制造检测系统	19186	G05：控制；调节	11985	511	G05	354
		B65：输送；包装；贮存；搬运薄的或细丝状材料	1344		G01	24
		G01：测量；测试	769		B65	23
		B25：手动工具；轻便机动工具；手动器械的手柄；车间设备；机械手	690		B25	17
		A01：农业；林业；畜牧业；狩猎；诱捕；捕鱼	618		A01	11
6 智能农业装备	9433	A01：农业；林业；畜牧业；狩猎；诱捕；捕鱼	7477	202	A01	138
		C05：肥料；肥料制造	573		C05	22
		B65：输送；包装；贮存；搬运薄的或细丝状材料	217		B65	10
		G05：控制；调节	153		G05	6
		C09：染料；涂料；抛光剂；天然树脂；黏合剂；其他类目不包含的组合物；其他类目不包含的材料的应用	136		C09	5
7 增材制造技术	19857	B22：铸造；粉末冶金	3962	889	B23	299
		B23：机床；其他类目中不包括的金属加工	3757		B22	174
		F15：流体压力执行机构；一般液压技术和气动技术	2975		C22	70
		C22：冶金；黑色或有色金属合金；合金或有色金属的处理	1751		F15	69
		B29：塑料的加工；一般处于塑性状态物质的加工	1385		G05	63

注：G01：测量；测试。

由表4-4可知，智能制造装备全国专利的技术构成中，技术主题2智能制造仿真和测试系统、技术主题3智能路径规划方法、主题5智能制造检测系统和主题6智能农业装备4个方向的技术构成较为集中，主要的IPC大类为G05（控制；调节）、B25（手动工具；轻便机动工具；手动器械的手柄；车间设备；机械手）和A01（农业；林业；畜牧业；狩猎；诱捕；捕鱼）。而技术主题1智能制造传动系统、技术主题4智能制造控制装置、技术主题7-增材制造技术3个技术主题的技术构成则较为分散，涵盖B25（手动工具；轻便机动工具；手动器械的手柄；车间设备；机械手）、B65（输送；包装；贮存；搬运薄的或细丝状材料）、A01（农业；林业；畜牧业；狩猎；诱捕；捕鱼）、B22（铸造；粉末冶金）和B23（机床；其他类目中不包括的金属加工）等多个技术IPC大类。

辽宁智能制造装备专利的技术构成中，技术主题2、5、6的IPC构成较为集中，主要分布在G05（控制；调节）和A01（农业；林业；畜牧业；狩猎；诱捕；捕鱼）两个大类上；而技术主题1、3、4、7的IPC构成较为分散，涉及B65（输送；包装；贮存；搬运薄的或细丝状材料）、B25（手动工具；轻便机动工具；手动器械的手柄；车间设备；机械手）、G05（控制；调节）、B23（机床；其他类目中不包括的金属加工）和B22（铸造；粉末冶金）等多个大类。

（三）技术创新趋势分析

1. 总体趋势分析

我国智能制造领域智能制造装备方向的技术创新起始于1985年，专利授权数量整体上呈先升后降的趋势（图4-2），辽宁智能制造领域智能制造装备方向也于1985年开始获得专利授权，专利授权数量同我国一样呈先升后降趋势。辽宁与全国在智能制造领域智能制造装备方向专利产出趋势均存在明显的4个阶段，且各阶段的时间节点基本吻合：平稳起步期（1985—2020）、第一快速增长期（2001—2016）、第二快速增长期（2017—2019）、衰退期（2020—2021）。在平稳起步期间，授权数量一直较少，我国在该方向的专利授权数量基本维持在100以内，而辽宁省基本维持在10以内。在2001年进入第一快速发展期后直至2016年均保持上升态势，专利授权数量有了明显的增长。在2017年，该领域的技术创新进入第二快速发展期，但持续时间较短。2020年该领域技术创新进入衰退期。之所以显示为进入衰退期，部分原因是所获取的数据并不完备。

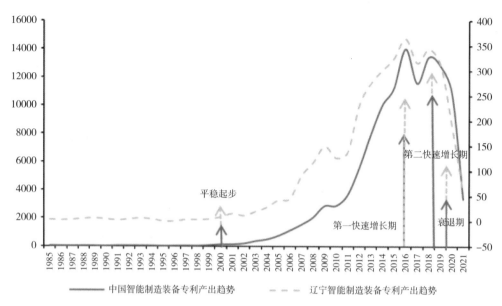

注：2020—2021年专利数据因专利制度故数据可能获取不完备。

图4-2　中国与辽宁智能制造领域智能制造装备方向专利产出趋势

依据我国与辽宁省智能制造领域智能制造装备方向专利产出数据统计我国与辽宁省智能制造领域智能制造装备方向专利年均增长率（图4-3），辽宁省在该方向授权专利的逐年增长率从初始阶段一直保持在较高的水平，虽然中间有短暂的下降，但授权专利增长速度普遍高于全国在该方向授权专利增长速度。并且辽宁省在该方向授权专利增长期与全国相比基本持平，均在2018年授权专利开始减少。辽宁省在智能制造装备方向的技术创新发展也较为活跃。

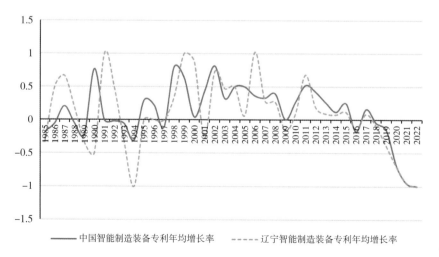

注：2020—2021年专利数据因专利制度故数据可能获取不完备。

图4-3　我国与辽宁省智能制造领域智能制造装备方向专利年均增长率

2. 各主题趋势分析

我国智能制造领域智能制造装备方向各主题专利产出趋势如图4-4所示。

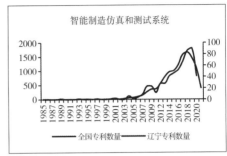

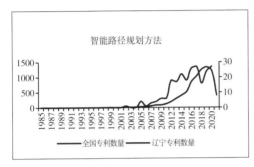

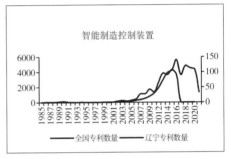

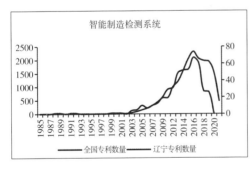

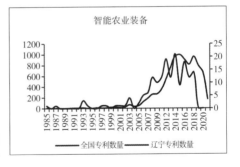

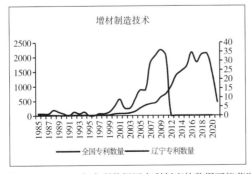

注：2020—2021年专利数据因专利制度故数据可能获取不完备。

图4-4　中国与辽宁省智能制造领域智能制造装备方向7个技术主题专利产出趋势

我国最先开始发展的是"智能制造传动系统""智能制造仿真和测试系统""智能制造控制装置""智能制造检测系统""智能农业装备""增材制造技术"这6个技术领域，均是从1985年开始发展的。"智能路径规划方法"在1986年开始获得专利授权。辽宁省最先开始发展的是智能制造传动系统、智能农业装备、增材制造技术这3个技术领域，是从1985年开始发展，但与其他4个技术领域相同的是，直至2002年7个技术领域的专利授权数量均是1个左右，专利授权数量非常少。虽然全国整体与辽宁省在智能制造领域智能制造装备方向7个技术主题领域中的发展时间点不同，但在一开始均处于平稳起步期，在度过一段比较长时间的平稳起步期后进入战略调整期。随后中国与辽宁省在7个技术主题领域中呈现出不同的专利增长趋势。

智能制造传动系统领域中，中国整体的专利产出呈现出平稳起步期–战略调整期的发展趋势，而辽宁在该领域的专利产出呈现出平稳起步期—战略调整期—慢速增长期—衰退期的发展趋势。智能制造仿真和测试系统领域中，中国整体的专利产出呈现出平稳起步期—战略调整期—衰退期的发展趋势，而辽宁在该领域的专利产出呈现出平稳起步期—战略调整期—快速发展期—衰退期的发展趋势。智能路径规划方法领域中，中国整体的专利产出呈现出平稳起步期—战略调整期—衰退期的发展趋势，而辽宁在该领域的专利产出呈现出平稳起步期—战略调整期—慢速增长期—衰退期的发展趋势。智能制造控制装置领域中，中国整体的专利产出呈现出平稳起步期—战略调整期—快速增长期—稳定期—衰退期的发展趋势，而辽宁在该领域的专利产出呈现出平稳起步期—战略调整期—快速发展期—衰退期—停滞期的发展趋势。智能制造检测系统领域中，中国整体的专利产出呈现出平稳起步期—战略调整期—慢速增长期—衰退期的发展趋势，而辽宁在该领域的专利产出呈现出平稳起步期—战略调整期—慢速增长期—衰退期的发展趋势。智能农业装备领域中，中国整体的专利产出呈现出平稳起步期—战略调整期—衰退期的发展趋势，而辽宁在该领域的专利产出呈现出平稳起步期—战略调整期—衰退期的发展趋势。增材制造技术领域中，中国整体的专利产出呈现出平稳起步期—战略调整期—慢速增长期—衰退期的发展趋势，而辽宁在该领域的专利产出呈现出平稳起步期—战略调整期—慢速增长期—衰退期—停滞期的发展趋势。

（四）主要创新主体分析

1. 全国情况分析

（1）主要创新主体统计。我国智能制造装备技术授权专利的创新主体主要是高校和企业，如图4-5所示，但较为分散，前二十名创新主体所获得授权的专利数量占中国智能制造装备领域专利总量的10.3%。专利授权数量前三的创新主体为浙江大学、哈尔滨工业大学以及北京航空航天大学。浙江大学智能制造技术及装备研发中心重点开展针对智能制造及智能工厂、智能检测装备、特种机器人、海洋装备的研发与产业化，已研发出阵列式光度立体视觉检测装备、精密检测定位装配系统、消防机器人样机，进入产业化中试阶段。哈尔滨工业大学智能设计与制造研究所先后承担了多项国家自然科学基金、国家"863"课题、省市科技攻关和基金类项目，其潮汐能发电、民航发动机寿命预测、数字化医疗检测装备、海产品深加工机器人以及特种管道机器人等领域的科研成果在国内处于领先地位。北京航空航天大学航空高端装备智能制造技术工信部重点实验室主要围绕先航空高端装备的智能制造技术，开展前沿、共性关键技术研究，积极开展产学研合作和人才培养，为推进两化深度融合、推进航空工业转型升级创新发展、提升航空高端装备设计制造能力提供有力支撑。

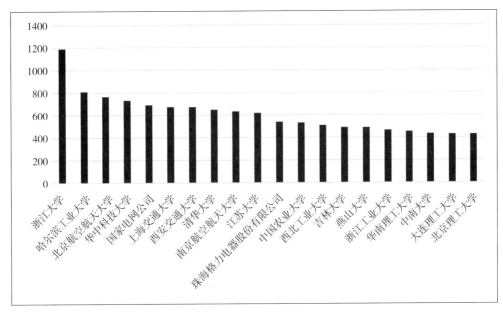

图4-5　智能制造装备方向全国专利授权量前二十主要创新主体

（2）创新主体类型分析。

①按机构类型划分。企业和大专院校是中国智能制造装备方向的主要创新主体。如图4-6所示，企业和大专院校分别以73126件和35166件专利占据中国智能制造装备方向专利总量的56%和26.93%。科研单位、个人及机关团体分别以10905件、10299件、1151件专利占到专利总量的8.35%、7.83%及0.88%。

企业创新主体：如图4-7所示，中国智能制造装备方向的企业类创新主体专利授权量前三的为国家电网公司、珠海格力电器股份有限公司以及中联重科股份有限公司。国家电网公司一直致力于全面建设电力物联网，实现业务协同和数据贯通，推进落实"三型两网，世界一流"的战略目标。珠海格力电器积极推进智能制造升级，努力实现高质量发展，相继进军智能装备、通信设备、模具等领域，已经从专业空调生产延伸至多元化的高

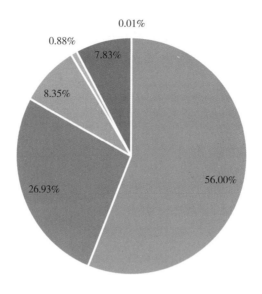

图4-6　我国智能制造装备方向按机构类型划分的创新主体分布

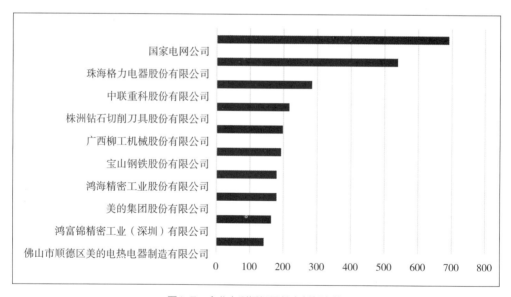

图4-7　企业专利授权量前十创新主体

端技术产业，格力智能装备不仅为自身自动化改造提供先进设备，同时也为家电、汽车、食品、3C数码、建材卫浴等众多行业提供服务。中联重科股份有限公司通过移动互联网、云计算、大数据、物联网等与工程机械制造行业的结合，推进智能制造，促进企业转型升级，通过"互联网+智能制造"战略，加速从传统生产制造业向高端智能制造服务业的转型升级，实现信息化和工业化的两化融合。

高校创新主体：中国智能制造装备方向排名第一高校的专利授权量显著超过其他大专院校。如图4-8所示，专利授权量前三的高校为浙江大学、哈尔滨工业大学以及北京航空航天大学。

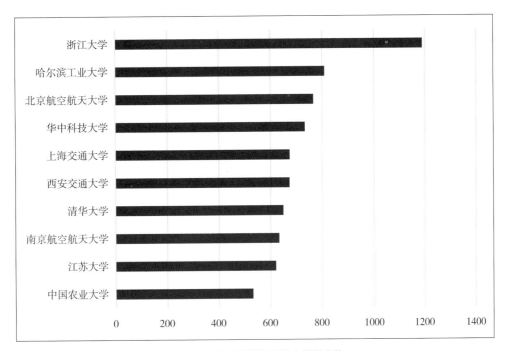

图4-8 高校专利授权量前十创新主体

科研机构创新主体：中国智能制造装备方向的科研单位主要服务于农业、电力、航空航天等领域。如图4-9所示，专利授权量前三的单位为中国运载火箭技术研究院、农业农村部南京农业机械化研究所和中国科学院自动化研究所。中国运载火箭技术研究院在天津市滨海新区联合举办"首届中国航天先进制造技术与装备发展论坛"，论坛以"智能制造，融合发展，共筑航天梦"为主题，就大型运载火箭箭体薄壁结构制造技术、增材制造技术在航天工程中的应用、精密加工与精密测量技术、航天大型构件制造、金属结构件增材制造技术、智慧制造云建设、机器人智能钻铆技术、先进复合材料制造、火箭大型金属结构件制造技术、复杂曲面薄壁构件流体压力成形技术、工业大数据平台等主题作了大会报告。农业农村部南京农业机械化研究所是国务院1957年批准成立的农机科研院所，是中国农业科学院农业工程学科群的主要依托单位之一。研究所成立之初研制了世界上第一台水稻插秧机，此外还研制了沤田绳索牵引机、远程喷雾机、畜力水田犁、手扶拖拉机、旋耕机和脱粒机等农田作业机械。中科院自动化研究所泰州智能制造研究院是泰州市与中科院自动化所合作共建的重大科技创新载体，研究院以智能制造为主线，紧盯智能制造产业链，围绕产品与装备、工程与系统技术、咨询与职业教育等方面开展产业技术研发与设计、成果转移转化、企业科技服务和产业投资孵化等工作，开发和汇聚了一批智能制造领域相关的、拥有自主知识产权的高科技项目，服务高港区及泰州市经济社会发展。

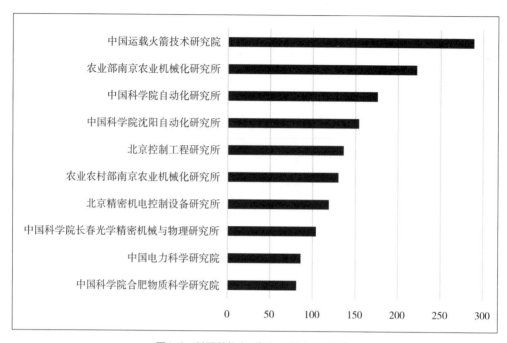

图4-9　科研单位专利授权量前十创新主体

个人创新主体：如图4-10所示，中国智能制造装备方向的个人专利主体授权量前三位分别是高福强、江俊逢和冯世英，其中高福强、江俊逢的专利授权量超过20件。高福强是岳阳市阿尔法科技有限公司的法定代表人，公司经营范围包括环保技术推广服务、节能技术推广服务、互联网广告服务、科技技术服务、上网服务、民用净水设备、计算机应用电子设备、物联网智能产品、电子产品互联网、软件互联网销售等。江俊逢是武汉海力电子技术开发有限公司的法定代表人，该公司主要负责经营光机电一体化设备、计算机软、硬件开发、研制；机械电子产品设计、生物医学工程、环保技术的技术服务。冯世英来自安徽，其在智能制造装备方向授权的专利主要与枸杞采收机相关。

机关创新主体：中国智能制造装备方向前二机关团体的专利授权量显著超过其他机关。如图4-11所示，专利授权量前三的单位为广西壮族自治区药用植物园、中国科学院华南植物园和中国科学院西双版纳热带植物园。广西药用植物园占地面积202公顷，是中国对外（国际）开放的21个大型植物园之一，建园52年来，共收集、保存活体药用植物品种5600多种，其中珍稀濒危药用植物100多种。中国科学院华南植物园是中国重要的植物科学与生态科学研究机构之一，拥有1200平方米的实验室和300平方米的仪器维修、设计制作车间及相关的机械加工设备，是广东省规模最大、设备最先进的植物学大型分析仪器开放共享的技术支撑平台。中国科学院西双版纳热带植物园是中国面积最大、收集物种最丰

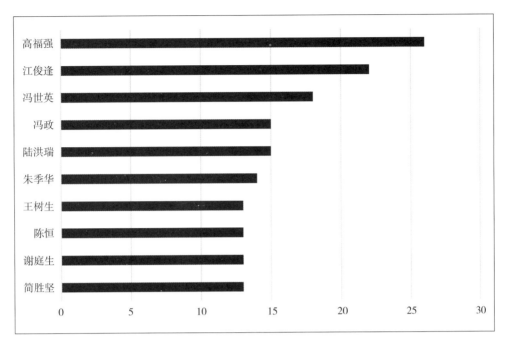

图4-10　个人专利授权量前十创新主体

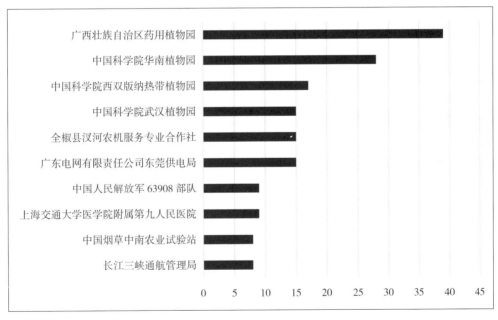

图4-11　机关单位专利授权量前十创新主体

富、植物专类园区最多的植物园，也是集科学研究、物种保存和科普教育为一体的综合性研究机构和风景名胜区。

②按主体研发情况划分。智能制造装备方向全国专利研发情况划分中（去除个人创新主体及仅有一年授权专利，依据创新主体最早授权专利的年份、最晚授权专利的年份以及

年均授权专利数量对不同类型从创新主体进行布局），强力型创新主体和潜力型创新主体较少，大部分创新主体为老牌型创新主体和新晋型创新主体。如图4-12所示，大部分创新主体在2000年之后才授权第一个专利，在2010年之后授权最后一个专利，并且只有少数企业的年均专利授权量在20件以上。

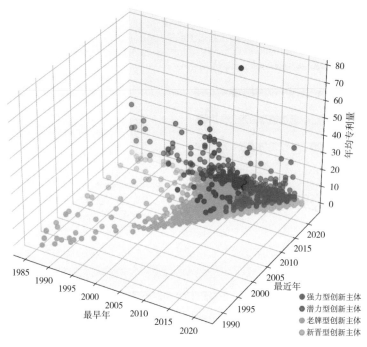

图4-12　按研发能力划分的创新主体类型分布

统计智能制造装备方向全国专利各研发能力前10位的主要创新主体，具体见表4-5。

表4-5　智能制造装备方向全国各研发能力主要创新主体统计

强力型	潜力型	老牌型	新晋型
浙江大学	中国运载火箭技术研究院	湖南大学	广西壮族自治区药用植物园
哈尔滨工业大学	佛山市顺德区美的电热电器制造有限公司	西安电子科技大学	徐州工程学院
北京航空航天大学	农业农村部南京农业机械化研究所	南京农业大学	浙江中烟工业有限责任公司
华中科技大学	国家电网有限公司	上海工程技术大学	重庆市农业科学院
国家电网公司	三纬国际立体列印科技股份有限公司	华侨大学	北京配天技术有限公司
上海交通大学	珠海格力智能装备有限公司	西北有色金属研究院	齐鲁工业大学
西安交通大学	大族激光科技产业集团股份有限公司	安泰科技股份有限公司	宝鸡石油机械有限责任公司

强力型	潜力型	老牌型	新晋型
清华大学	中国广核集团有限公司	中国石油化工股份有限公司	上海华兴数字科技有限公司
南京航空航天大学	苏州艾隆科技股份有限公司	财团法人工业技术研究院	中国民航大学
江苏大学	深圳市优必选科技有限公司	中国科学技术大学	重庆文理学院

强力型创新主体：中国智能制造装备方向强力型创新主体以高校为主。如表4-6所示，专利授权量前三主体分别为浙江大学、哈尔滨工业大学和北京航空航天大学。

表4-6　前十强力型创新主体

创新主体	最早专利授权年	最晚专利授权年	授权专利总量
浙江大学	1985	2021	1190
哈尔滨工业大学	1987	2022	810
北京航空航天大学	1994	2022	766
华中科技大学	2000	2021	733
国家电网公司	2010	2018	691
上海交通大学	1985	2021	674
西安交通大学	1988	2021	673
清华大学	1985	2022	649
南京航空航天大学	1996	2021	633
江苏大学	2002	2021	620

潜力型创新主体：中国智能制造装备方向潜力型创新主体以企业和科研单位为主。如表4-7所示，专利授权量前三的主体为中国运载火箭技术研究院、佛山市顺德区美的电热电器制造有限公司和农业农村部南京农业机械化研究所。中国运载火箭技术研究院隶属于中国航天科技集团有限公司，是我国历史最久、规模最大的导弹武器和运载火箭研制、试验和生产基地，研究院始终践行军民融合深度发展战略，依托航天先进技术，大力发展航天技术应用及服务产业，以共享理念打造"航天+"产业服务平台。佛山市顺德区美的电热电器制造有限公司主要从事家用电器、家居用品的生产，依托在厨房电器产品的优势，公司在智能制造装备方向授权的专利主要与烹饪器具控制相关。农业农村部南京农业机械化研究所是中国农业科学院九大学科群中农业工程学科群的主要依托单位之一，是农业工程科研领域国家级研究所，在2019年开始进入智能制造装备方向后，不到4年时间就已经

授权了130件专利，主要授权的专利与农用机械以及农业测量方法相关。

表4-7 前十潜力型创新主体

创新主体	最早专利授权年	最晚专利授权年	授权专利总量
中国运载火箭技术研究院	2011	2020	289
佛山市顺德区美的电热电器制造有限公司	2014	2019	142
农业农村部南京农业机械化研究所	2019	2022	130
国家电网有限公司	2017	2021	130
三纬国际立体列印科技股份有限公司	2013	2017	130
珠海格力智能装备有限公司	2015	2021	119
大族激光科技产业集团股份有限公司	2011	2022	106
中国广核集团有限公司	2011	2020	106
苏州艾隆科技股份有限公司	2011	2021	96
深圳市优必选科技有限公司	2014	2019	88

老牌型创新主体：中国智能制造装备方向老牌型创新主体以高校、企业和科研机构为主。如表4-8，专利授权量前三的主体为湖南大学、西安电子科技大学和南京农业大学。湖南大学是最早一批在智能制造装备方向授权专利的创新主体之一，其机械与运载工程学院拥有汽车车身先进设计制造国家重点实验室、国家高效磨削工程技术研究中心等2个国家级科研基地，学院新设的智能制造工程新专业是为适应国家制造业转型升级，满足现代制造业智能化、数字化、网络化的发展需求而设立的新兴专业。西安电子科技大学机电工程学院的智能制造与工业大数据研究团队围绕国家智能制造与中国制造2025的军民重大需求，逐步将智能制造成果拓展应用于航空航天、电子电器、高端装备智能制造、城市地下空间工程智慧建造等领域。南京农业大学工学院瞄准国际科技发展前沿和国家重大战略、产业需求，围绕农业装备现代设计理论与技术、土壤-机器系统、精细种植与收获技术装置、拖拉机电液控制技术、设施农业环境模拟与控制、先进制造技术、生物质转化技术与装备、精准农业以及农业机器人等科研领域开展攻关。

表4-8 前十老牌型创新主体

创新主体	最早专利授权年	最晚专利授权年	授权专利总量
湖南大学	1985	2021	120
西安电子科技大学	1993	2021	107

续表

创新主体	最早专利授权年	最晚专利授权年	授权专利总量
南京农业大学	1993	2021	101
上海工程技术大学	1992	2021	100
华侨大学	1998	2021	82
西北有色金属研究院	1993	2021	78
安泰科技股份有限公司	2000	2020	77
中国石油化工股份有限公司	2000	2020	75
财团法人工业技术研究院	1996	2019	75
中国科学技术大学	2000	2021	72

新晋型创新主体：中国智能制造装备方向新晋型创新主体以企业、高校和机关团体为主。如表4-9所示，专利授权量前三的主体为广西壮族自治区药用植物园、徐州工程学院和浙江中烟工业有限责任公司。徐州工程学院工程机械智能制造产业学院对接江苏省先进制造业集群中的工程机械产业，依托徐州地缘优势及"双徐工"校企合作办学基础，将智能制造理念与工程机械产业链无缝对接，培养"厚基础、善实践、能创新、高素质"的应用型人才、促进企业技术积累和创新、服务地方经济高质量发展。浙江中烟工业有限责任公司是中国烟草总公司的全资子公司，主要经营卷烟生产销售业务，公司聚焦智能制造、推动"智慧工厂"建设，提出以智能制造为目标、以精益管理为指导、以生产协同为基础，构建传统架构和云架构深度融合的智能制造平台，全面探索和推进数字化转型。

表4-9 前十新晋型创新主体

创新主体	最早专利授权年	最晚专利授权年	授权专利总量
广西壮族自治区药用植物园	2012	2021	39
徐州工程学院	2011	2020	36
浙江中烟工业有限责任公司	2011	2020	36
重庆市农业科学院	2011	2021	33
北京配天技术有限公司	2011	2020	33
齐鲁工业大学	2013	2021	33
宝鸡石油机械有限责任公司	2011	2020	33
上海华兴数字科技有限公司	2012	2020	33
中国民航大学	2012	2020	32
重庆文理学院	2013	2021	32

（3）主要创新主体技术布局分析。

发明专利数量排名前20的专利权人主要IPC（2/8法则）分布、技术主题分布以及同族专利所布局的国家见表4-10。从全国角度统计发现，TOP20专利权人的主要IPC共涉及109个技术，其中G05（4968）、B25（2135）、A01（1346）、B22（1274）和B23（1027）是主要技术；前二十专利权人包含大学（18家）、企业（2家），排名前三的专利权人为浙江大学、哈尔滨工业大学、北京航空航天大学。创新主体海外布局专利数量较少。

表4-10　智能制造方向全国主要创新主体技术领域分布及布局国家

创新主体	IPC	数量	含义	主题	数量	布局	数量
浙江大学	G05	453	控制；调节	智能制造仿真和测试系统	312	CN	1190
	A01	197	农业；林业；畜牧业；狩猎；诱捕；捕鱼	增材制造技术	257	US	13
	F15	189	流体压力执行机构；一般液压技术和气动技术	智能制造控制装置	210	WO	13
	B25	127	手动工具；轻便机动工具；手动器械的手柄；车间设备；机械手	智能制造检测系统	147	EP	2
	B29	124	塑料的加工；一般处于塑性状态物质的加工	智能农业装备	98	JP	2
	B33	114	增材制造技术	智能路径规划方法	93	KR	1
	G01	56	测量；测试	智能制造传动系统	73	DE	1
	F16	44	工程元件或部件；为产生和保持机器或设备的有效运行的一般措施；一般绝热				
	B23	38	机床；其他类目中不包括的金属加工				
	B22	38	铸造；粉末冶金				
	B65	37	输送；包装；贮存；搬运薄的或细丝状材料				
哈尔滨工业大学	G05	265	控制；调节	增材制造技术	246	CN	810
	B25	238	手动工具；轻便机动工具；手动器械的手柄；车间设备；机械手	智能制造仿真和测试系统	176	US	7
	B23	124	机床；其他类目中不包括的金属加工	智能制造控制装置	106	WO	6
	B22	97	铸造；粉末冶金	智能路径规划方法	103	JP	1

续表

创新主体	IPC	数量	含义	主题	数量	布局	数量
哈尔滨工业大学	F15	54	流体压力执行机构；一般液压技术和气动技术	智能制造传动系统	90	GB	1
	B33	54	增材制造技术	智能制造检测系统	82		
	C22	38	冶金；黑色或有色金属合金；合金或有色金属的处理	智能农业装备	7		
	B29	36	塑料的加工；一般处于塑性状态物质的加工				
	G06	17	计算；推算或计数				
北京航空航天大学	G05	481	控制；调节	智能制造仿真和测试系统	330	CN	766
	B25	107	手动工具；轻便机动工具；手动器械的手柄；车间设备；机械手	增材制造技术	127	US	5
	F15	80	流体压力执行机构；一般液压技术和气动技术	智能制造检测系统	124		
	B23	59	机床；其他类目中不包括的金属加工	智能制造控制装置	70		
	G01	35	测量；测试	智能路径规划方法	56		
	B22	27	铸造；粉末冶金	智能制造传动系统	56		
	G06	23	计算；推算或计数	智能农业装备	3		
华中科技大学	G05	287	控制；调节	增材制造技术	282	CN	733
	B33	156	增材制造技术	智能制造仿真和测试系统	173	US	14
	B22	148	铸造；粉末冶金	智能路径规划方法	107	WO	10
	B25	130	手动工具；轻便机动工具；手动器械的手柄；车间设备；机械手	智能制造检测系统	83	JP	6
	B29	87	塑料的加工；一般处于塑性状态物质的加工	智能制造控制装置	62	EP	3
	B23	76	机床；其他类目中不包括的金属加工	智能制造传动系统	19	CA	1
	G06	34	计算；推算或计数	智能农业装备	7	AU	1
	C22	33	冶金；黑色或有色金属合金；合金或有色金属的处理				
国家电网公司	G05	483	控制；调节	智能制造检测系统	305	CN	691
	B65	85	输送；包装；贮存；搬运薄的或细丝状材料	智能制造仿真和测试系统	177	WO	13

创新主体	IPC	数量	含义	主题	数量	布局	数量
国家电网公司	G01	70	测量；测试	智能制造控制装置	119	US	2
	B25	59	手动工具；轻便机动工具；手动器械的手柄；车间设备；机械手	增材制造技术	37	EP	1
	H02	52	发电、变电或配电	智能路径规划方法	31	IN	1
				智能制造传动系统	16		
				智能农业装备	6		
上海交通大学	G05	271	控制；调节	智能制造仿真和测试系统	150	CN	674
	B25	172	手动工具；轻便机动工具；手动器械的手柄；车间设备；机械手	增材制造技术	127	WO	5
	B23	94	机床；其他类目中不包括的金属加工	智能制造控制装置	116	US	3
	B22	58	铸造；粉末冶金	智能制造检测系统	115	EP	1
	A01	46	农业；林业；畜牧业；狩猎；诱捕；捕鱼	智能路径规划方法	77		
	B33	30	增材制造技术	智能制造传动系统	63		
	C22	27	冶金；黑色或有色金属合金；合金或有色金属的处理	智能农业装备	26		
	B65	27	输送；包装；贮存；搬运薄的或细丝状材料				
	G01	26	测量；测试				
	G06	23	计算；推算或计数				
西安交通大学	G05	187	控制；调节	增材制造技术	287	CN	673
	B33	166	增材制造技术	智能制造仿真和测试系统	139	WO	8
	B22	152	铸造；粉末冶金	智能制造控制装置	94	US	4
	B29	146	塑料的加工；一般处于塑性状态物质的加工	智能制造检测系统	61		
	B25	89	手动工具；轻便机动工具；手动器械的手柄；车间设备；机械手	智能路径规划方法	49		
	B23	59	机床；其他类目中不包括的金属加工	智能制造传动系统	40		
	C22	42	冶金；黑色或有色金属合金；合金或有色金属的处理	智能农业装备	3		

续表

创新主体	IPC	数量	含义	主题	数量	布局	数量
西安交通大学	F15	34	流体压力执行机构；一般液压技术和气动技术				
	G01	27	测量；测试				
清华大学	G05	277	控制；调节	智能制造仿真和测试系统	174	CN	649
	B25	197	手动工具；轻便机动工具；手动器械的手柄；车间设备；机械手	增材制造技术	108	WO	25
	B22	56	铸造；粉末冶金	智能制造检测系统	106	US	25
	B23	48	机床；其他类目中不包括的金属加工	智能路径规划方法	95	EP	7
	B33	46	增材制造技术	智能制造控制装置	79	JP	5
	B65	36	输送；包装；贮存；搬运薄的或细丝状材料	智能制造传动系统	69	RU	3
	B29	36	塑料的加工；一般处于塑性状态物质的加工	智能农业装备	18	TW	2
	G01	35	测量；测试			KR	2
	G06	35	计算；推算或计数			PL	2
	H02	18	发电、变电或配电			DE	2
	C22	16	冶金；黑色或有色金属合金；合金或有色金属的处理			BR	2
						HK	2
						GB	2
						AU	1
						FR	1
						IN	1
						ES	1
南京航空航天大学	G05	390	控制；调节	智能制造仿真和测试系统	266	CN	633
	B25	93	手动工具；轻便机动工具；手动器械的手柄；车间设备；机械手	增材制造技术	124	WO	5
	B23	65	机床；其他类目中不包括的金属加工	智能路径规划方法	80	US	3

创新主体	IPC	数量	含义	主题	数量	布局	数量
南京航空航天大学	B33	44	增材制造技术	智能制造检测系统	72	KR	1
	B22	38	铸造；粉末冶金	智能制造控制装置	47		
	G06	24	计算；推算或计数	智能制造传动系统	40		
	F15	24	流体压力执行机构；一般液压技术和气动技术	智能农业装备	4		
江苏大学	A01	353	农业；林业；畜牧业；狩猎；诱捕；捕鱼	智能制造控制装置	227	CN	620
	G05	138	控制；调节	增材制造技术	100	WO	37
	B25	54	手动工具；轻便机动工具；手动器械的手柄；车间设备；机械手	智能制造仿真和测试系统	95	US	25
	B22	51	铸造；粉末冶金	智能制造检测系统	74	GB	5
	B23	41	机床；其他类目中不包括的金属加工	智能路径规划方法	45	CH	2
	B65	25	输送；包装；贮存；搬运薄的或细丝状材料	智能制造传动系统	45	EP	1
	B33	22	增材制造技术	智能农业装备	34	JP	1
	G01	22	测量；测试			DE	1
珠海格力电器股份有限公司	G05	305	控制；调节	智能制造检测系统	246	CN	539
	B25	110	手动工具；轻便机动工具；手动器械的手柄；车间设备；机械手	智能路径规划方法	99	WO	17
	B65	63	输送；包装；贮存；搬运薄的或细丝状材料	智能制造控制装置	90	US	5
	F25	41	制冷或冷却；加热和制冷的联合系统；热泵系统；冰的制造或储存；气体的液化或固化	智能制造仿真和测试系统	61	EP	4
	B23	33	机床；其他类目中不包括的金属加工	增材制造技术	23	AU	2
	A47	31	家具；家庭用的物品或设备；咖啡磨；香料磨；一般吸尘器	智能制造传动系统	15	CA	2
				智能农业装备	5	IN	1
						JP	1

续表

创新主体	IPC	数量	含义	主题	数量	布局	数量
中国农业大学	A01	476	农业；林业；畜牧业；狩猎；诱捕；捕鱼	智能制造控制装置	267	CN	531
	G05	45	控制；调节	智能农业装备	123		
	G01	20	测量；测试	智能制造检测系统	42		
				智能制造传动系统	36		
				智能路径规划方法	30		
				智能制造仿真和测试系统	18		
				增材制造技术	15		
西北工业大学	G05	332	控制；调节	智能制造仿真和测试系统	264	CN	508
	B25	72	手动工具；轻便机动工具；手动器械的手柄；车间设备；机械手	增材制造技术	106	GB	2
	B22	50	铸造；粉末冶金	智能路径规划方法	66	WO	1
	B23	49	机床；其他类目中不包括的金属加工	智能制造检测系统	33		
	B33	33	增材制造技术	智能制造控制装置	31		
				智能制造传动系统	6		
				智能农业装备	2		
吉林大学	A01	173	农业；林业；畜牧业；狩猎；诱捕；捕鱼	智能制造控制装置	165	CN	489
	G05	119	控制；调节	增材制造技术	136	US	2
	B33	68	增材制造技术	智能制造仿真和测试系统	74		
	B22	56	铸造；粉末冶金	智能制造检测系统	63		
	B29	53	塑料的加工；一般处于塑性状态物质的加工	智能制造传动系统	19		
	B23	37	机床；其他类目中不包括的金属加工	智能路径规划方法	18		
	B25	30	手动工具；轻便机动工具；手动器械的手柄；车间设备；机械手	智能农业装备	14		
	G01	25	测量；测试				

创新主体	IPC	数量	含义	主题	数量	布局	数量
吉林大学	F15	25	流体压力执行机构；一般液压技术和气动技术				
	C22	18	冶金；黑色或有色金属合金；合金或有色金属的处理				
燕山大学	B25	234	手动工具；轻便机动工具；手动器械的手柄；车间设备；机械手	智能制造传动系统	148	CN	488
	F15	77	流体压力执行机构；一般液压技术和气动技术	智能制造控制装置	113	US	8
	B23	52	机床；其他类目中不包括的金属加工	增材制造技术	95	WO	4
	B22	50	铸造；粉末冶金	智能制造仿真和测试系统	53	JP	4
	G05	47	控制；调节	智能农业装备	41	EP	1
	B65	31	输送；包装；贮存；搬运薄的或细丝状材料	智能路径规划方法	20		
	C22	23	冶金；黑色或有色金属合金；合金或有色金属的处理	智能制造检测系统	18		
浙江工业大学	G05	247	控制；调节	智能制造仿真和测试系统	221	CN	464
	B25	91	手动工具；轻便机动工具；手动器械的手柄；车间设备；机械手	智能制造控制装置	77		
	F15	55	流体压力执行机构；一般液压技术和气动技术	智能路径规划方法	56		
	A01	27	农业；林业；畜牧业；狩猎；诱捕；捕鱼	智能制造检测系统	43		
	B23	21	机床；其他类目中不包括的金属加工	增材制造技术	38		
	B65	20	输送；包装；贮存；搬运薄的或细丝状材料	智能制造传动系统	24		
	G06	19	计算；推算或计数	智能农业装备	5		
华南理工大学	G05	151	控制；调节	增材制造技术	140	CN	452
	B22	117	铸造；粉末冶金	智能制造仿真和测试系统	107	WO	21
	B25	117	手动工具；轻便机动工具；手动器械的手柄；车间设备；机械手	智能路径规划方法	83	US	12

续表

创新主体	IPC	数量	含义	主题	数量	布局	数量
华南理工大学	B33	49	增材制造技术	智能制造检测系统	50	JP	4
	B23	44	机床；其他类目中不包括的金属加工	智能制造控制装置	39	EP	2
	C22	42	冶金；黑色或有色金属合金；合金或有色金属的处理	智能制造传动系统	28	SG	2
	B29	32	塑料的加工；一般处于塑性状态物质的加工	智能农业装备	5	DE	1
	G01	19	测量；测试			AU	1
中南大学	B22	225	铸造；粉末冶金	增材制造技术	251	CN	433
	C22	161	冶金；黑色或有色金属合金；合金或有色金属的处理	智能制造仿真和测试系统	93	WO	8
	G05	111	控制；调节	智能制造检测系统	29	US	5
	B33	70	增材制造技术	智能制造控制装置	27	EP	1
	B25	27	手动工具；轻便机动工具；手动器械的手柄；车间设备；机械手	智能路径规划方法	24		
	B23	26	机床；其他类目中不包括的金属加工	智能制造传动系统	6		
	B29	26	塑料的加工；一般处于塑性状态物质的加工	智能农业装备	3		
	F15	21	流体压力执行机构；一般液压技术和气动技术				
大连理工大学	G05	182	控制；调节	增材制造技术	152	CN	428
	B23	96	机床；其他类目中不包括的金属加工	智能制造仿真和测试系统	114	US	16
	B25	57	手动工具；轻便机动工具；手动器械的手柄；车间设备；机械手	智能制造控制装置	50	WO	14
	B22	48	铸造；粉末冶金	智能制造检测系统	46	EP	1
	B33	44	增材制造技术	智能路径规划方法	46	JP	1
	B29	34	塑料的加工；一般处于塑性状态物质的加工	智能制造传动系统	18	AU	1
	G06	27	计算；推算或计数	智能农业装备	2		
	F15	17	流体压力执行机构；一般液压技术和气动技术				

续表

创新主体	IPC	数量	含义	主题	数量	布局	数量
大连理工大学	G01	15	测量；测试				
北京理工大学	G05	197	控制；调节	智能制造仿真和测试系统	140	CN	427
	B25	113	手动工具；轻便机动工具；手动器械的手柄；车间设备；机械手	智能路径规划方法	82	WO	9
	B22	40	铸造；粉末冶金	增材制造技术	77	US	4
	F15	40	流体压力执行机构；一般液压技术和气动技术	智能制造检测系统	49		
	B23	30	机床；其他类目中不包括的金属加工	智能制造控制装置	45		
	C22	20	冶金；黑色或有色金属合金；合金或有色金属的处理	智能制造传动系统	31		
	G06	19	计算；推算或计数	智能农业装备	3		
	G01	14	测量；测试				

2. 辽宁情况分析

（1）主要创新主体统计。辽宁省智能制造装备技术创新主体主要是企业和高校，且相对集中，如图4-13所示，前20名创新主体所授权的专利数量占辽宁省智能制造专利总量的54.6%。专利授权数量前三的创新主体为大连理工大学、东北大学和中国科学院沈阳自动化研究所。大连理工大学在智能制造方面，依托"面向新工科的机械工程实践教育体系与平台构建""面向新经济的机械类专业改造升级路径探索与实践"两个新工科项目，从生产制造和管理全流程优化出发，采用现代信息技术和人工智能技术，研究智能优化制造理论方法与关键技术。东北大学工业人工智能与优化研究所面向基于工业互联网、大数据的智能制造战略，发挥团队原有的理论结合实际优势，将新一代人工智能、信息技术与制造业深度融合，培养高水平学术和技术人才，推进我国制造业全生命周期智能化，实现制造业的数字化、网络化、智能化与绿色化。中国科学院沈阳自动化研究所是"机器人技术国家工程研究中心""机器人学国家重点实验室"等国家技术研究依托单位，主要从事双臂机器人和智能制造系统产业技术研究及产业化工作，建有双臂机器人装配等多个实验环境。

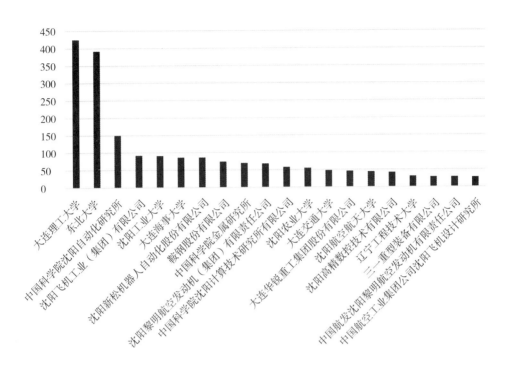

图4-13　智能制造装备方向辽宁省专利授权量前20主要创新主体

（2）创新主体类型分析。

①按机构类型划分。企业、大专院校是辽宁省智能制造装备方向的主要创新主体。如图4-14所示，企业、大专院校分别以1719件、1409件专利占据辽宁省智能制造装备方向

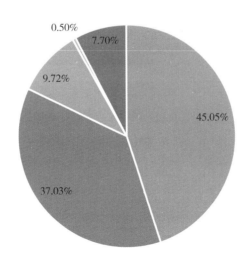

■ 企业 ■ 大专院校 ■ 科研单位 ■ 机关团体 ■ 个人

图4-14　辽宁省智能制造装备方向按机构类型划分的创新主体分布

专利总量的45.05%、37.03%。科研单位、个人分别以370件、293件专利占到专利总量的9.72%和7.7%。

企业创新主体：辽宁智能制造装备方向的企业专利授权量主要集中于重工业。如图4-15所示，专利授权量前三的企业为沈阳飞机工业（集团）有限公司、沈阳新松机器人自动化有限公司和鞍钢股份有限公司。沈阳飞机工业（集团）有限公司深刻重视航空智能制造的发展趋势，通过突破一系列现场应用共性难题，形成了满足航制造领域关键零件加工需求的系列化高档数控系统和成套解决方案，填补了国内空白，为公司探索了一条替代进口数控系统和老旧数控系统升级改造的新途径。沈阳新松机器人自动化股份有限公司是一家以先进制造技术为核心，拥有自主知识产权和核心技术的高科技企业，2000年成立伊始，一直引领机器人产业的发展，现已成为中国最大的机器人产业化基地。鞍钢股份有限公司矿业的智能制造建设以"创新驱动"为抓手，结合制造强国战略规范标准，遵循"互联网+"思维主线，充分运用"云计算、大数据、物联网、移动应用、智能控制"等新一代信息技术，在数字化、无人化基础上，以智能感知与智能认知为核心，建立多层级工业大脑，重点开展智慧生产、智慧管理、智慧服务三部分建设。

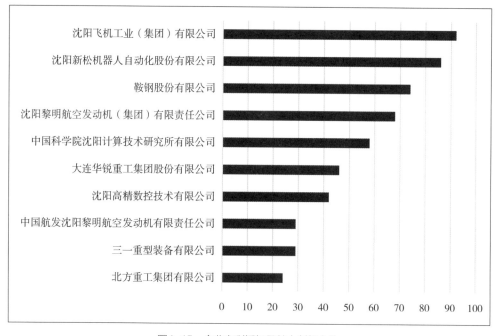

图4-15　企业专利授权量前十创新主体

高校创新主体：辽宁省智能制造装备方向前二高校的专利授权量远超其他大专院校。如图4-16所示，专利授权量前三的高校为大连理工大学、东北大学和沈阳工业大学。沈阳工业大学工业智能自主网络实验室致力于为辽宁装备制造业和冶金等智能制造产业赋能，围绕"三篇大文章"，加快"标准引领""设备换芯""智能网联"，推动高端自主可控芯片和网络技术等在制造企业的应用。

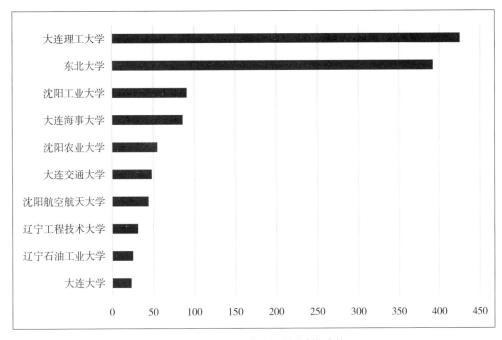

图4-16 高校专利授权量前十创新主体

科研院所创新主体：辽宁省智能制造装备方向科研单位授权的专利主要集中在中国科学院沈阳自动化研究所和中国科学院金属研究所。如图4-17所示，专利授权量前三的科研单位为中国科学院沈阳自动化研究所、中国科学院金属研究所、沈阳铸造研究所。中国科

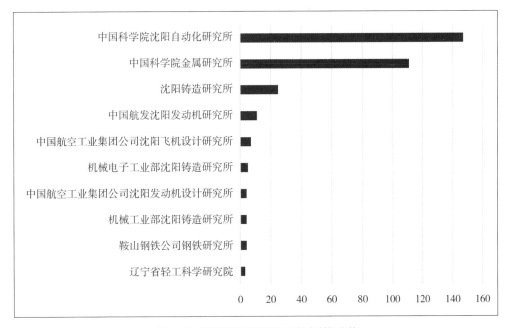

图4-17 科研单位专利授权量前十创新主体

学院金属研究所建有1个国家重点实验室，1个国家（联合）实验室，2个国家工程中心，此外还拥有沈阳先进材料研究发展中心、材料环境腐蚀研究中心，主要学科方向和研究领域包括纳米尺度下超高性能材料的设计与制备、耐苛刻环境超级结构材料、金属材料失效机理与防护技术、材料制备加工技术、基于计算的材料与工艺设计、新型能源材料与生物材料等。沈阳铸造研究所成立于1957年，是我国唯一的国家级铸造技术专业研究所。全国铸造学会、铸造标准化技术委员会、铸造行业生产力促进中心、机械工业造型材料重要铸件产品质量监督检测中心均设在研究所，隶属于机械科学研究总院。

个人创新主体：辽宁省智能制造装备方向个人创新主体授权的专利数量普遍较少。如图4-18所示，专利授权量前三的个人创新主体为李东炬、王广武和郑军武。李东炬，担任大连大友高技术陶瓷有限公司、大友精密轴承（重庆）有限公司、大连大友精密陶瓷轴承有限公司等公司法定代表人，拥有多项专利。王广武在智能制造装备方向授权的专利主要与输送带相关。郑军武在智能制造领域研究成果丰富，担任天津市新天马企业发展有限公司生物技术研究中心等公司法定代表人，担任沈阳未来之源生物工程有限公司、重庆惜源生物工程有限公司等公司股东，担任沈阳万民生物态食品有限公司、重庆惜源生物工程有限公司、天津市新天马企业发展有限公司生物技术研究中心等公司高管。

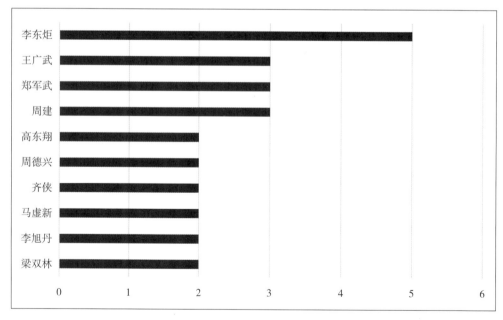

图4-18　个人专利授权量前十创新主体

机关类型创新主体：如图4-19所示，辽宁省智能制造装备方向授权专利的主要机关团体大体上较少，只有专利授权量第一的中国人民解放军65185部队的是2件，其余均为1件。中国人民解放军65185部队在智能制造装备方向有组网火控雷达目标跟踪仿真系统设计等成果。

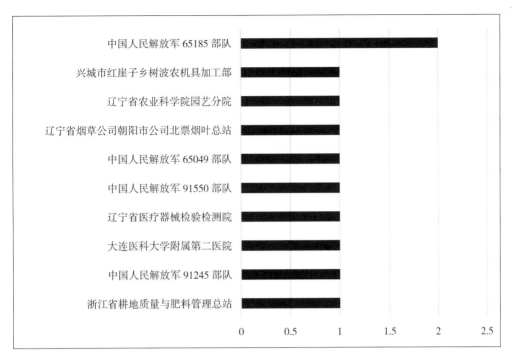

图4-19　机关团体专利授权量前十创新主体

②按主体研发情况划分。辽宁省创新主体主要为老牌型创新主体和新晋型创新主体，大部分创新主体在2000年之后才授权获得第一件专利。如图4-20所示，辽宁省大部分创新主体的年均专利授权量小于4件，强力型创新主体和潜力型创新主体分别只有10个和6个。

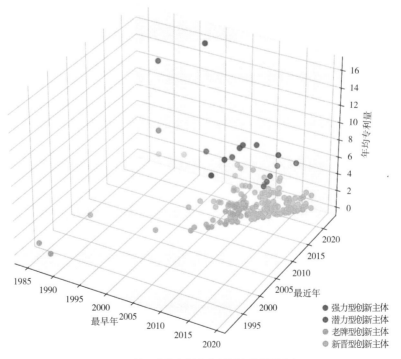

图4-20　按研发能力划分的创新主体类型分布

统计智能制造装备方向辽宁省各专利研发能力前十位的主要创新主体，具体见表4-11。

表4-11　智能制造装备方向辽宁省各研发能力主要创新主体统计

强力型	潜力型	老牌型	新晋型
大连理工大学	沈阳航空航天大学	中国科学院金属研究所	中国航空工业集团公司沈阳飞机设计研究所
东北大学	中国航发沈阳黎明航空发动机有限责任公司	中国科学院沈阳计算技术研究所有限公司	辽宁石油化工大学
中国科学院沈阳自动化研究所	北方重工集团有限公司	沈阳农业大学	沈阳高精数控智能技术股份有限公司
沈阳飞机工业（集团）有限公司	渤海大学	大连交通大学	沈阳中北通磁科技股份有限公司
沈阳工业大学	大连楼兰科技股份有限公司	大连华锐重工集团股份有限公司	中车大连电力牵引研发中心有限公司
大连海事大学	沈阳远大科技园有限公司	辽宁工程技术大学	科德数控股份有限公司
沈阳新松机器人自动化股份有限公司		三一重型装备有限公司	国家电网公司
鞍钢股份有限公司		大连大学	辽宁大学
沈阳黎明航空发动机（集团）有限责任公司		鞍钢集团矿业公司	沈阳建筑大学
沈阳高精数控技术有限公司		辽宁科技大学	中航沈飞民用飞机有限责任公司

强力型创新主体：辽宁省智能制造装备方向的强力型创新主体以高校和企业为主。如表4-12所示，专利授权量前三的创新主体为大连理工大学、东北大学以及中国科学院沈阳自动化研究所。

表4-12　强力型创新主体

创新主体	最早专利授权年	最晚专利授权年	授权专利总量
大连理工大学	1989	2021	425
东北大学	1998	2021	392
中国科学院沈阳自动化研究所	1989	2021	150
沈阳飞机工业（集团）有限公司	2006	2020	92
沈阳工业大学	1999	2020	91

创新主体	最早专利授权年	最晚专利授权年	授权专利总量
大连海事大学	2008	2021	86
沈阳新松机器人自动化股份有限公司	2006	2019	86
鞍钢股份有限公司	2004	2020	74
沈阳黎明航空发动机（集团）有限责任公司	2005	2016	68
沈阳高精数控技术有限公司	2005	2012	42

潜力型创新主体：辽宁省智能制造装备方向的潜力型创新主体以国有企业和高校为主。如表4-13所示，专利授权量前三的主体为沈阳航空航天大学、中国航发沈阳黎明航空发动机有限责任公司和北方重工集团有限公司。沈阳航空航天大学机电工程学院拥有先进通用飞机设计与制造省部共建国家协同创新中心，航空制造工艺数字化国防重点学科实验室等7个科研平台，与航空制造行业翘楚共建4个技术平台，在数控加工与智能制造、增材制造与激光加工、机器人与航空装备形成了学科方向、人才团队和科研平台的体系化，研究成果在最新型舰载机、先进航空发动机、火星探测器上成功应用。中国航发沈阳黎明航空发动机有限责任公司主要从事发动机的生产和修理，形成了较为完整的航发技术体系和工业制造体系，满足了先进产品的生产与科研。北方重工集团有限公司主导产品包括隧道工程装备、矿山装备、冶金装备等，其在智能制造装备方向授权的专利主要与采矿装置相关。

表4-13　潜力型创新主体

创新主体	最早专利授权年	最晚专利授权年	授权专利总量
沈阳航空航天大学	2012	2021	44
中国航发沈阳黎明航空发动机有限责任公司	2016	2020	29
北方重工集团有限公司	2013	2017	24
渤海大学	2013	2016	18
大连楼兰科技股份有限公司	2015	2016	16
沈阳远大科技园有限公司	2013	2015	13

老牌型创新主体：辽宁省智能制造装备方向的老牌型创新主体以高校和企业为主。如表4-14所示，专利授权量前三的老牌型创新主体为中国科学院金属研究所、中国科学院沈阳计算技术研究所有限公司和沈阳农业大学。中国科学院沈阳计算技术研究所有限公司以数字化、信息化和智能化技术为主要研发方向，以技术、产品和服务创新及规模产业化为

创新主体	IPC	数量	含义	主题	数量	布局	数量
东北大学	G05	173	控制；调节	智能制造仿真和测试系统	128	CN	392
	B22	99	铸造；粉末冶金	增材制造技术	102	WO	12
	B25	52	手动工具；轻便机动工具；手动器械的手柄；车间设备；机械手	智能制造检测系统	57	US	7
	C22	44	冶金；黑色或有色金属合金；合金或有色金属的处理	智能制造控制装置	54	RU	2
	B23	31	机床；其他类目中不包括的金属加工	智能路径规划方法	24	EP	2
	G06	22	计算；推算或计数	智能制造传动系统	21	BR	1
	B33	19	增材制造技术	智能农业装备	6	LU	1
	B65	17	输送；包装；贮存；搬运薄的或细丝状材料			JP	1
	C21	17	铁的冶金				
中国科学院沈阳自动化研究所	G05	77	控制；调节	智能制造仿真和测试系统	41	CN	150
	B25	46	手动工具；轻便机动工具；手动器械的手柄；车间设备；机械手	智能制造检测系统	34	WO	5
	B33	8	增材制造技术	智能路径规划方法	26	US	3
	B22	8	铸造；粉末冶金	智能制造传动系统	21		
	B65	7	输送；包装；贮存；搬运薄的或细丝状材料	增材制造技术	17		
	F15	7	流体压力执行机构；一般液压技术和气动技术	智能制造控制装置	10		
	G06	7	计算；推算或计数	智能农业装备	1		
	B23	7	机床；其他类目中不包括的金属加工				
	G01	4	测量；测试				
中国航发沈阳黎明航空发动机有限责任公司	B23	70	机床；其他类目中不包括的金属加工	增材制造技术	64	CN	97
	G05	28	控制；调节	智能制造控制装置	16		
				智能制造仿真和测试系统	8		
				智能制造检测系统	4		
				智能路径规划方法	3		
				智能制造传动系统	1		
				智能农业装备	1		

创新主体	IPC	数量	含义	主题	数量	布局	数量
沈阳飞机工业（集团）有限公司	B23	53	机床；其他类目中不包括的金属加工	增材制造技术	47	CN	92
	G05	35	控制；调节	智能制造控制装置	16	WO	1
				智能路径规划方法	16		
				智能制造检测系统	8		
				智能制造仿真和测试系统	4		
				智能制造传动系统	1		
沈阳工业大学	G05	49	控制；调节	智能制造仿真和测试系统	37	CN	91
	B22	15	铸造；粉末冶金	增材制造技术	23		
	B23	14	机床；其他类目中不包括的金属加工	智能制造控制装置	14		
	C22	9	冶金；黑色或有色金属合金；合金或有色金属的处理	智能路径规划方法	8		
	B33	8	增材制造技术	智能制造检测系统	4		
	B65	6	输送；包装；贮存；搬运薄的或细丝状材料	智能制造传动系统	3		
				智能农业装备	2		
大连海事大学	G05	61	控制；调节	智能制造仿真和测试系统	54	CN	86
	F15	16	流体压力执行机构；一般液压技术和气动技术	智能制造检测系统	11		
	B23	3	机床；其他类目中不包括的金属加工	增材制造技术	7		
				智能制造控制装置	5		
				智能制造传动系统	5		
				智能路径规划方法	3		
				智能农业装备	1		
沈阳新松机器人自动化股份有限公司	B25	64	手动工具；轻便机动工具；手动器械的手柄；车间设备；机械手	智能路径规划方法	29	CN	86
	G05	15	控制；调节	智能制造控制装置	22	WO	2
	B65	9	输送；包装；贮存；搬运薄的或细丝状材料	智能制造传动系统	15	US	1
	A61	5	医学或兽医学；卫生学	智能制造检测系统	13		
				智能制造仿真和测试系统	5		

创新主体	IPC	数量	含义	主题	数量	布局	数量
				增材制造技术	1		
				智能农业装备	1		
鞍钢股份有限公司	B22	27	铸造；粉末冶金	增材制造技术	31	CN	74
	G05	21	控制；调节	智能制造仿真和测试系统	15		
	C21	14	铁的冶金	智能制造控制装置	13		
	B21	13	基本上无切削的金属机械加工；金属冲压	智能制造检测系统	9		
	B23	12	机床；其他类目中不包括的金属加工	智能制造传动系统	4		
	C22	9	冶金；黑色或有色金属合金；合金或有色金属的处理	智能路径规划方法	2		
中国科学院金属研究所	B22	40	铸造；粉末冶金	增材制造技术	62	CN	70
	C22	23	冶金；黑色或有色金属合金；合金或有色金属的处理	智能制造控制装置	3	WO	4
	B23	21	机床；其他类目中不包括的金属加工	智能制造检测系统	3	US	3
	B33	13	增材制造技术	智能制造仿真和测试系统	1	ES	1
	C23	4	对金属材料的镀覆；用金属材料对材料的镀覆；表面化学处理；金属材料的扩散处理；真空蒸发法、溅射法、离子注入法或化学气相沉积法的一般镀覆；金属材料腐蚀或积垢的一般抑制	智能农业装备	1	EP	1
	B21	4	基本上无切削的金属机械加工；金属冲压			JP	1
						KR	1
						PL	1
中国科学院沈阳计算技术研究所有限公司	G05	54	控制；调节	智能制造仿真和测试系统	19	CN	58
				智能制造检测系统	18		
				智能路径规划方法	14		
				增材制造技术	5		
				智能制造控制装置	1		
				智能制造传动系统	1		

创新主体	IPC	数量	含义	主题	数量	布局	数量
沈阳农业大学	A01	51	农业；林业；畜牧业；狩猎；诱捕；捕鱼	智能制造控制装置	26	CN	55
	C05	9	肥料；肥料制造	智能农业装备	24	WO	1
	C12	6	生物化学；啤酒；烈性酒；果汁酒，醋；微生物学；酶学；突变或遗传工程	增材制造技术	3	US	1
				智能制造仿真和测试系统	1		
				智能制造检测系统	1		
大连交通大学	B23	20	机床；其他类目中不包括的金属加工	智能制造控制装置	23	CN	48
	B22	8	铸造；粉末冶金	增材制造技术	17		
	B33	7	增材制造技术	智能制造检测系统	5		
	G05	7	控制；调节	智能路径规划方法	2		
	A01	5	农业；林业；畜牧业；狩猎；诱捕；捕鱼	智能制造传动系统	1		
	C22	4	冶金；黑色或有色金属合金；合金或有色金属的处理				
	B29	4	塑料的加工；一般处于塑性状态物质的加工				
	B25	4	手动工具；轻便机动工具；手动器械的手柄；车间设备；机械手				
	A61	3	医学或兽医学；卫生学				
大连华锐重工集团股份有限公司	B65	38	输送；包装；贮存；搬运薄的或细丝状材料	智能制造控制装置	26	CN	46
	B61	3		增材制造技术	5		
	F15	3	流体压力执行机构；一般液压技术和气动技术	智能农业装备	5		
				智能制造传动系统	4		
				智能路径规划方法	3		
				智能制造仿真和测试系统	2		
				智能制造检测系统	1		

创新主体	IPC	数量	含义	主题	数量	布局	数量
沈阳航空航天大学	B23	17	机床；其他类目中不包括的金属加工	增材制造技术	17	CN	44
	G05	14	控制；调节	智能制造控制装置	12		
	B22	8	铸造；粉末冶金	智能制造仿真和测试系统	8		
	B33	7	增材制造技术	智能路径规划方法	3		
	B65	2	输送；包装；贮存；搬运薄的或细丝状材料	智能制造检测系统	3		
	B29	2	塑料的加工；一般处于塑性状态物质的加工	智能制造传动系统	1		
沈阳高精数控技术有限公司	G05	42	控制；调节	智能制造检测系统	16	CN	42
				智能制造仿真和测试系统	13		
				智能路径规划方法	8		
				增材制造技术	5		
辽宁工程技术大学	B65	15	输送；包装；贮存；搬运薄的或细丝状材料	智能制造控制装置	11	CN	31
	G05	9	控制；调节	智能制造传动系统	8		
	E21	5	土层或岩石的钻进；采矿	智能制造检测系统	4		
	B23	3	机床；其他类目中不包括的金属加工	智能制造仿真和测试系统	4		
				增材制造技术	3		
				智能路径规划方法	1		
三一重型装备有限公司	B65	17	输送；包装；贮存；搬运薄的或细丝状材料	智能制造控制装置	12	CN	29
	F15	10	流体压力执行机构；一般液压技术和气动技术	智能制造传动系统	8		
	E21	3	土层或岩石的钻进；采矿	增材制造技术	7		
	F16	2	工程元件或部件；为产生和保持机器或设备的有效运行的一般措施；一般绝热	智能制造检测系统	2		
	G05	2	控制；调节				

创新主体	IPC	数量	含义	主题	数量	布局	数量
中国航空工业集团公司沈阳飞机设计研究所	G05	22	控制；调节	智能制造检测系统	12	CN	28
	B22	4	铸造；粉末冶金	智能制造仿真和测试系统	9		
				增材制造技术	5		
				智能制造控制装置	1		
				智能路径规划方法	1		
辽宁石油化工大学	G05	19	控制；调节	智能制造仿真和测试系统	17	CN	25
	B23	4	机床；其他类目中不包括的金属加工	智能制造检测系统	2		
				增材制造技术	2		
				智能制造控制装置	2		
				智能路径规划方法	2		

（五）主要专利发明人分析

1. 全国情况分析

中国智能制造领域智能制造装备方向专利首位发明人主要来自高校与民营企业，全国专利发明人专利数量Top100中（表4–17），属于高校的专利发明人有67人，属于民营企业的专利发明人有28人。专利发明数量前三的发明人为陆洪瑞（北京银融科技有限责任公司），刘均（深圳市元征科技股份有限公司）、陈强（浙江工业大学）。陆洪瑞担任北京银融科技有限责任公司法定代表人，其所在公司主要从事技术开发、技术推广、技术服务；销售机械设备、电子产品、五金交电、计算机、软件及辅助设备。刘均为深圳市元征科技股份有限公司的法定代表人，其所在公司主要从事汽车诊断检测、维修、养护设备与相关软件的开发、生产、销售及租赁；汽车电子产品的开发、生产、销售及租赁；自有物业的租赁；从事广告业务；信息网络服务。陈强为浙江工业大学副教授、博士生导师，研究方向为自适应与学习控制理论及应用。针对如何提高系统响应速度和稳态精度等问题，研究有限时间自适应控制、自适应迭代/重复学习控制等智能自适应控制新方法和技术，并应用于无人飞行器、胶囊机器人、物流机器人等实际系统，提升其工程实用性。其中辽宁省位于全国专利发明人专利数量Top100的发明人有马建伟（大连理工大学）、康仁科

（大连理工大学）、赵海滨（东北大学）。马建伟为大连理工大学机械工程学院副教授、博士生导师，围绕机械制造方向，主要从事难加工材料曲面加工与过程控制、激光精密加工与过程控制、机器人辅助加工规划及控制方面的研究工作。康仁科为大连理工大学教授、博士生导师。研究方向包括精密和超精密加工技术、半导体制造工艺与装备、特种和复合加工技术、数字化制造装备。赵海滨为东北大学机械工程与自动化学院教师。

表4-17　智能制造装备方向全国专利发明人专利数量Top100统计

序号	姓名	机构	数量
1	陆洪瑞	北京银融科技有限责任公司	107
2	刘均	深圳市元征科技股份有限公司	78
3	陈强	浙江工业大学	76
4	熊友军	深圳市优必选科技有限公司	75
5	贾洪雷	吉林大学	70
6	李迎光	南京航空航天大学	57
7	江爱胜	株洲钻石切削刀具股份有限公司	54
8	黄晓军	江苏金荣森制冷科技有限公司	52
9	李其昀	山东理工大学	52
10	刘兴高	浙江大学	51
11	郭志东	山东理工大学	50
12	朱延河	哈尔滨工业大学	49
13	黄攀峰	西北工业大学	46
14	权龙	太原理工大学	46
15	蔡敢为	广西大学	45
16	胡建平	江苏大学	45
17	邵海波	重庆嘉木机械有限公司	45
18	许斌	西北工业大学	44
19	廖庆喜	华中农业大学	42
20	张日东	杭州电子科技大学	40
21	史忠科	西安费斯达自动化工程有限公司	39
22	黄田	天津大学	38
23	杨仲雄	莱恩农业装备有限公司	38
24	卢建刚	浙江大学	37
25	史忠科	西北工业大学	37

序号	姓名	机构	数量
26	高国华	北京工业大学	36
27	李洪文	中国农业大学	36
28	沈惠平	常州大学	36
29	万连步	山东金正大生态工程股份有限公司	36
30	田小永	西安交通大学	34
31	王俊	浙江大学	34
32	王庆杰	中国农业大学	34
33	许小曙	湖南华曙高科技有限责任公司	33
34	张月秋	浙江乐客来机械有限公司	33
35	郭志猛	北京科技大学	32
36	刘辛军	清华大学	32
37	马建伟	大连理工大学	32
38	肖宏儒	农业部南京农业机械化研究所	32
39	李涤尘	西安交通大学	31
40	刘继展	江苏大学	31
41	谢磊	浙江大学	31
42	杨跞	中科新松有限公司	31
43	郭雷	北京航空航天大学	30
44	何进	中国农业大学	30
45	王金武	东北农业大学	30
46	赵匀	浙江理工大学	30
47	吴明亮	湖南农业大学	29
48	张嘉泰	徐州盛斗士生物科技有限公司	29
49	姜飞龙	嘉兴学院	28
50	孙良	浙江理工大学	28
51	张铁	华南理工大学	28
52	贡仲林	江苏迅捷装具科技有限公司	27
53	孙明轩	浙江工业大学	27
54	王胜	潍坊友容实业有限公司	27
55	张好明	江苏若博机器人科技有限公司	27
56	吕绍林	苏州博众精工科技有限公司	26

序号	姓名	机构	数量
57	杨永强	华南理工大学	26
58	姚力军	宁波江丰电子材料股份有限公司	26
59	易小刚	三一重工股份有限公司	26
60	黄强	北京理工大学	25
61	王红州	江西省机械科学研究所	25
62	苑进	山东农业大学	25
63	赵升吨	西安交通大学	25
64	包崇玺	东睦新材料集团股份有限公司	24
65	李耀明	江苏大学	24
66	罗锡文	华南农业大学	24
67	苏克	宁波大叶园林设备有限公司	24
68	佟金	吉林大学	24
69	俞高红	浙江理工大学	24
70	张好明	苏州工业园区职业技术学院	24
71	赵匀	东北农业大学	24
72	焦宗夏	北京航空航天大学	23
73	刘伟	西安工程大学	23
74	唐忠	江苏大学	23
75	王德成	中国农业大学	23
76	王汝贵	广西大学	23
77	徐文福	哈尔滨工业大学（深圳）	23
78	杨芳	北京科技大学	23
79	张智军	华南理工大学	23
80	董辉	浙江工业大学	22
81	龚国芳	浙江大学	22
82	江俊逢	江俊逢	22
83	康仁科	大连理工大学	22
84	李振瀚	华中科技大学	22
85	刘培超	深圳市越疆科技有限公司	22
86	路懿	燕山大学	22
87	苏健强	珠海天威飞马打印耗材有限公司	22

序号	姓名	机构	数量
88	王社权	株洲钻石切削刀具股份有限公司	22
89	张斌	浙江大学	22
90	张东兴	中国农业大学	22
91	章军	江南大学	22
92	赵海滨	东北大学	22
93	赵铁石	燕山大学	22
94	朱泽春	九阳股份有限公司	22
95	曾达幸	燕山大学	21
96	胡志超	农业部南京农业机械化研究所	21
97	罗建军	西北工业大学	21
98	马旭	华南农业大学	21
99	汪立平	江苏恒立液压科技有限公司	21
100	汪满新	南京理工大学	21

2. 辽宁情况分析

辽宁省智能制造领域智能制造装备方向专利首位发明人主要来自高校与民营企业，辽宁省专利发明人专利数量Top100中（表4-18），属于高校的专利发明人有60人，属于民营企业的专利发明人有30人。专利发明数量前三的发明人为马建伟（大连理工大学）、康仁科（大连理工大学）、赵海滨（东北大学）。

表4-18　智能制造装备方向辽宁省专利发明人专利数量Top100统计

序号	姓名	机构	数量
1	马建伟	大连理工大学	32
2	康仁科	大连理工大学	22
3	赵海滨	东北大学	22
4	张颖伟	东北大学	19
5	田雨农	大连楼兰科技股份有限公司	16
6	王福吉	大连理工大学	16
7	杜宝瑞	沈阳飞机工业（集团）有限公司	15
8	贾振元	大连理工大学	14
9	刘阔	大连理工大学	14

序号	姓名	机构	数量
10	孙宝玉	沈阳中北通磁科技股份有限公司	14
11	彭周华	大连海事大学	13
12	孙玉文	大连理工大学	13
13	关广丰	大连海事大学	12
14	王金福	大连华锐重工集团股份有限公司	12
15	房立金	东北大学	11
16	李学威	沈阳新松机器人自动化股份有限公司	11
17	吴东江	大连理工大学	11
18	徐方	沈阳新松机器人自动化股份有限公司	11
19	林浒	中国科学院沈阳计算技术研究所有限公司	10
20	王永青	大连理工大学	10
21	于东	沈阳高精数控技术有限公司	10
22	陈岁元	东北大学	9
23	董志刚	大连理工大学	9
24	郝丽娜	东北大学	9
25	祭程	东北大学	9
26	孙平	沈阳工业大学	9
27	王丽梅	沈阳工业大学	9
28	周平	东北大学	9
29	高国鸿	大连三高集团有限公司	8
30	郭锐锋	中国科学院沈阳计算技术研究所有限公司	8
31	李晖	东北大学	8
32	曲道奎	沈阳新松机器人自动化股份有限公司	8
33	于东	中国科学院沈阳计算技术研究所有限公司	8
34	于占东	渤海大学	8
35	蔡雨升	中国科学院金属研究所	7
36	陈虎	科德数控股份有限公司	7
37	杜佳璐	大连海事大学	7
38	关守平	东北大学	7
39	刘宝军	沈阳东北电力调节技术有限公司	7
40	刘增乾	中国科学院金属研究所	7

序号	姓名	机构	数量
41	桑勇	大连理工大学	7
42	唐立新	东北大学	7
43	王大志	大连理工大学	7
44	王金福	大连华锐股份有限公司	7
45	姚山	大连理工大学	7
46	尹柏林	大连佳林设备制造有限公司	7
47	邹凤山	沈阳新松机器人自动化股份有限公司	7
48	柴天佑	东北大学	6
49	姜雨	大连光洋科技集团有限公司	6
50	李铁山	大连海事大学	6
51	刘冬	大连理工大学	6
52	刘伟嵬	大连理工大学	6
53	刘玉旺	中国科学院沈阳自动化研究所	6
54	曲迎东	沈阳工业大学	6
55	施惠元	辽宁石油化工大学	6
56	唐臣升	沈阳飞机工业（集团）有限公司	6
57	王立敏	辽宁石油化工大学	6
58	陈树林	沈阳飞机工业（集团）有限公司	5
59	陈忠林	辽宁大学	5
60	丛明	大连理工大学	5
61	董桂馥	大连大学	5
62	段玉玺	沈阳农业大学	5
63	高航	大连理工大学	5
64	李东炬	李东炬	5
65	李东栓	大连四达高技术发展有限公司	5
66	李振才	沈阳远大科技园有限公司	5
67	林静	沈阳农业大学	5
68	刘巍	大连理工大学	5
69	刘新涛	大连隆星新材料有限公司	5
70	邵安林	鞍钢集团矿业公司	5
71	佟伟平	东北大学	5

序号	姓名	机构	数量
72	王元刚	大连大学	5
73	魏兆成	大连理工大学	5
74	吴丙恒	鞍钢股份有限公司	5
75	辛明金	沈阳农业大学	5
76	徐金亭	大连理工大学	5
77	杨光	沈阳航空航天大学	5
78	于德海	大连光洋科技工程有限公司	5
79	袁国	东北大学	5
80	赵明扬	中国科学院沈阳自动化研究所	5
81	周代忠	沈阳黎明航空发动机（集团）有限责任公司	5
82	朱建宁	大连交通大学	5
83	邹平	东北大学	5
84	邹涛	中国科学院沈阳自动化研究所	5
85	安希忠	东北大学	4
86	陈洪月	辽宁工程技术大学	4
87	程红太	东北大学	4
88	迟长泰	中国科学院金属研究所	4
89	崔灿	中国航空工业集团公司沈阳飞机设计研究所	4
90	杜宪	大连理工大学	4
91	郭江	大连理工大学	4
92	韩敏	大连理工大学	4
93	郝立颖	大连海事大学	4
94	姜健	大连民族学院	4
95	乐启炽	东北大学	4
96	李斌	中国科学院沈阳自动化研究所	4
97	李东坡	中国科学院沈阳应用生态研究所	4
98	李小彭	东北大学	4
99	林浒	沈阳高精数控智能技术股份有限公司	4
100	刘春芳	沈阳工业大学	4

紧随其后的为张颖伟（东北大学）、田雨农（大连楼兰科技股份有限公司）、王福吉（大连理工大学）。张颖伟为东北大学信息科学与工程学院教授、博士生导师。她的研

究领域包括智能建模、故障诊断和优化控制等。田雨农为大连楼兰科技股份有限公司的法定代表人。该公司主要从事计算机软硬件及辅助设备的技术开发、技术咨询、技术转让、技术服务；增值电信服务；集成电路设计；计算机系统集成；安全技术防范工程设计、施工；企业管理咨询；投资咨询；货物、技术进出口等。王福吉是大连理工大学机械工程学院教授，现代制造技术实验室主任；主要研究方向：难加工材料高速切削机理及加工工具，加工过程检测与控制，功能材料传感器与执行器，连续碳纤维增强树脂基复合材料增材制造技术及装备等。

（六）结论

辽宁省智能制造装备技术专利获得授权同样起步于20世纪80年代，进入21世纪开始进入增长期，至2016年一直保持增长态势，但在2018年前后进入稳定期，再至2020年开始进入瓶颈期，专利授权数量呈下降态势，这与我国智能制造装备技术专利的总体授权趋势基本吻合。增长率的比较分析得出，辽宁省授权专利变化率波动较大，整体增长率更高，增长期基本与全国保持一致。

辽宁省智能制造装备技术专利主要集中在G05（控制；调节）、B23（机床；其他类目中不包括的金属加工）、B65（输送；包装；贮存；搬运薄的或细丝状材料）、A01（农业；林业；畜牧业；狩猎；诱捕；捕鱼）、B25（手动工具；轻便机动工具；手动器械的手柄；车间设备；机械手）、B22（铸造；粉末冶金）、F15（流体压力执行机构；一般液压技术和气动技术）、C22（冶金；黑色或有色金属合金；合金或有色金属的处理）、B29（塑料的加工；一般处于塑性状态物质的加工）和G01（测量；测试）大类，该前十项IPC大类号授权专利占总量的88.3%，其中辽宁省在G05、B23、B22、C22和G01大类较全国占比具有一定的优势。

辽宁省智能制造装备技术主题分布主要集中在主题4智能制造控制装置、主题7增材制造技术、主题2智能制造仿真和测试系统和主题5智能制造检测系统4个方向上，其中在主题7和主题2方向上较全国授权专利占比更多，具有一定的技术创新优势。

辽宁省智能制造装备技术的创新主体主要是企业和高校，且相对集中。前20名创新主体所授权的专利数量占辽宁省智能制造装备总量的54.6%。其中，授权数量前三的创新主体为大连理工大学、东北大学和中国科学院沈阳自动化研究所。

辽宁省智能制造装备技术创新主体主要为老牌型创新主体和新晋型创新主体，大部分创新主体在2000年之后才授权获得第一件专利。强力型创新主体包括大连理工大学、东北大学以及中国科学院沈阳自动化研究所；潜力型创新主体有沈阳航空航天大学、中国航发沈阳黎明航空发动机有限责任公司和北方重工集团有限公司等；老牌型创新主体包括中国科学院金属研究所、中国科学院沈阳计算技术研究所有限公司和沈阳农业大学；新晋型创新主体有中国航空工业集团公司沈阳飞机设计研究所、辽宁石油化工大学和沈阳高精数控智能技术股份有限公司。

辽宁省智能制造装备技术主要创新主体技术布局分析中，各主要创新主体，如大连理工大学、东北大学、中国科学院沈阳自动化研究所等所涉及技术主题和IPC分布均较为广泛，主要的IPC和七大技术主题均有布局。但各创新主体整体海外布局专利数量较少，仅在WO、US、JP等专利局有零星专利布局。

辽宁省智能制造装备技术发明人统计结果显示，发明人主要来自高校与民营企业，专利数量Top100中，属于高校的专利发明人有60人，属于民营企业的专利发明人有30人。主要为马建伟（大连理工大学）、康仁科（大连理工大学）、赵海滨（东北大学）、张颖伟（东北大学）、田雨农（大连楼兰科技股份有限公司）、王福吉（大连理工大学）等人。

二、自动化系统专利分析

（一）数据来源

以国家知识产权局发布的《战略性新兴产业分类与国际专利分类参照关系表（2021）（试行）》文件中"2.1智能制造装备产业国际专利分类对照关系"为依据，整合文件内容，梳理IPC对应关系，制定自动化系统专利检索式如表4-19所示。利用检索式在incoPat专利数据库中共检索到国家知识产权局获批授权的"自动化系统"中国发明专利68924件（检索时间截至2022年5月26日）。

表4-19　自动化系统专利检索式及数量

检索式	全国数量	辽宁省数量	占比
（IPC=B21D37/10 ORB23D17* ORB23D23* ORB23D47* ORB23F11* ORB23F13* ORB23F3* ORB23F9* ORB30B12* OR 21D53/28 ORB21H5* ORB21J13* ORB21K27* ORB23D1* ORB23D19* ORB23D21* ORB23D25* ORB23D27* ORB23D3* ORB23D37* ORB23D41* ORB23D5* ORB23D53* ORB23D55* ORB23F* ORB23F1* ORB23F15* ORB23G1* ORB23H7* ORB24B11* ORB24B13* ORB24B17* ORB24B37* ORB24B5* ORB24B51* ORB30B1* ORG01R33* ORG02B5* ORG05D19* ORG05G1* ORG05G17* ORG05G21* ORG05G5* ORG05G7* ORG05G9* ORB23Q5* ORB66C1* ORB66C13* ORB66C19* ORE21B33* ORE21C41* ORG01B11* ORG01M11* ）NOT（IPC=B21K27/02 orB23D17/08 orB23D21/06 orB23D27/02 orB23F1* orB23F3* orB23F9* orB23F11* orB23F13* orB23F15* orB23G1/26 orB23H7/04 orB30B1/04 orB30B1/12 orB30B1/20 orG01R33/00 orG05G9/047）	68924	1737	2.52%

（二）技术构成分析

1. 主要IPC分布

全国自动化系统技术专利共68924项，涉及119类IPC大类，其中前35个大类号下共有专利67682项，占比98.20%，具体IPC大类含义及专利数量统计见表4-20。

我国68924项自动化系统技术专利主要分布在IPC大类号G01（测量；测试）中，共

表4-20　自动化系统技术主要IPC分布统计

数量排名	IPC大类及含义	全国		辽宁省			序差	占比差
		数量	占比	排序	数量	占比		
1	G01：测量；测试	20342	29.51%	1	480	27.63%	0	-1.88%
2	B23：机床；其他类目中不包括的金属加工	8746	12.69%	2	259	14.91%	0	2.22%
3	B24：磨削；抛光	8423	12.22%	4	204	11.74%	-1	-0.48%
4	B66：卷扬；提升；牵引	6619	9.60%	3	247	14.22%	1	4.62%
5	B21：基本上无切削的金属机械加工；金属冲压	5859	8.50%	6	135	7.77%	-1	-0.73%
6	E21：土层或岩石的钻进；采矿	4937	7.16%	5	184	10.59%	1	3.43%
7	G02：光学	4561	6.62%	8	30	1.73%	-1	-4.89%
8	B30：压力机	2797	4.06%	7	48	2.76%	1	-1.30%
9	G05：控制；调节	675	0.98%	10	20	1.15%	-1	0.17%
10	G06：计算；推算或计数	660	0.96%	9	27	1.55%	1	0.59%
11	H01：基本电气元件	602	0.87%	11	9	0.52%	0	-0.35%
12	G03：摄影术；电影术；利用了光波以外其他光波的类似技术；电记录术；全息摄影术	465	0.67%	20	3	0.17%	-8	-0.50%
13	C09：染料；涂料；抛光剂；天然树脂；黏合剂；其他类目不包含的组合物；其他类目不包含的材料的应用	330	0.48%	13	6	0.35%	0	-0.13%
14	F16：工程元件或部件；为产生和保持机器或设备的有效运行的一般措施；一般绝热	299	0.43%	12	8	0.46%	2	0.03%
15	H04：电通信技术	201	0.29%	24	2	0.12%	-9	-0.17%
16	B65：输送；包装；贮存；搬运薄的或细丝状材料	191	0.28%	21	3	0.17%	-5	-0.11%

数量排名	IPC大类及含义	全国		辽宁省			序差	占比差
		数量	占比	排序	数量	占比		
17	F15：流体压力执行机构；一般液压技术和气动技术	169	0.25%	16	4	0.23%	1	−0.02%
18	A61：医学或兽医学；卫生学	160	0.23%	15	5	0.29%	3	0.06%
19	B25：手动工具；轻便机动工具；手动器械的手柄；车间设备；机械手	155	0.22%	17	4	0.23%	2	0.01%
20	H02：发电、变电或配电	130	0.19%	36	1	0.06%	−16	−0.13%
21	C08：有机高分子化合物；其制备或化学加工；以其为基料的组合物	126	0.18%	53	0	0.00%	−32	−0.18%
22	B28：加工水泥、黏土或石料	123	0.18%	18	4	0.23%	4	0.05%
23	B02：破碎、磨粉或粉碎；谷物碾磨的预处理	122	0.18%	25	2	0.12%	−2	−0.06%
24	B29：塑料的加工；一般处于塑性状态物质的加工	119	0.17%	26	2	0.12%	−2	−0.05%
25	B09：固体废物的处理；被污染土壤的再生	90	0.13%	37	1	0.06%	−12	−0.07%
26	E04：建筑物	88	0.13%	19	4	0.23%	7	0.10%
27	B26：手动切割工具；切割；切断	87	0.13%	22	3	0.17%	5	0.04%
28	G09：教育；密码术；显示；广告；印鉴	86	0.12%	54	0	0.00%	−26	−0.12%
29	E02：水利工程；基础；疏浚	85	0.12%	27	2	0.12%	2	0.00%
30	B61：铁路	78	0.11%	28	2	0.12%	2	0.01%
31	E01：道路、铁路或桥梁的建筑	76	0.11%	38	1	0.06%	−7	−0.05%
32	C23：对金属材料的镀覆；用金属材料对材料的镀覆；表面化学处理；金属材料的扩散处理；真空蒸发法、溅射法、离子注入法或化学气相沉积法的一般镀覆；金属材料腐蚀或积垢的一般抑制	76	0.11%	39	1	0.06%	−7	−0.05%
33	B22：铸造；粉末冶金	71	0.10%	55	0	0.00%	−22	−0.10%
34	B05：一般喷射或雾化；对表面涂覆液体或其他流体的一般方法	68	0.10%	56	0	0.00%	−22	−0.10%
35	B27：木材或类似材料的加工或保存；一般钉钉机或钉U形钉机	66	0.10%	40	1	0.06%	−5	−0.04%
	合并	67682	98.20	1702		97.99%		

20342项（占29.51%）；其次为B23（机床；其他类目中不包括的金属加工）类，共8746项（占12.69%）；第三位的B24（磨削；抛光）大类，共8432项专利（占12.22%）。辽宁省1737项自动化系统技术专利也主要分布在这三大IPC类中，分别为480项（占27.63%）、259项（占14.91%）和247项（占14.22%）。

对比分析可知，辽宁省在B66（卷扬；提升；牵引）、E21（土层或岩石的钻进；采矿）和B23（机床；其他类目中不包括的金属加工）3个方向具有2%~5%的占比优势；而在G02（光学）、G01（测量；测试）和B30（压力机）3个技术方向具有1%~5%的占比劣势，其余IPC大类占比差距在上下1%以内，大致相当。

2. 主要技术主题分析

将68924项自动化系统专利，使用LDA主题模型进行主要技术主题分析，共聚类为8个技术主题，即1检测和测量装置、2冲压和锻造方法、3测试和监测系统、4激光测量与传感装置、5数控加工系统、6抛光打磨装置、7光学滤光装置和8自动化制造装备，具体见图4-21。

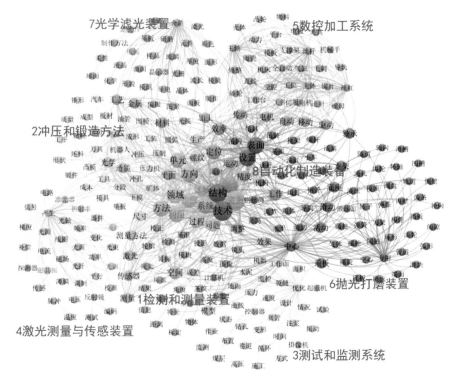

图4-21 自动化系统方向专利主题聚类结果

（1）技术主题1检测和测量装置。该技术主题主要专利涉及自动化系统的检测和测量装置。在计算机数控机床系统内，检测装置通过直接或间接测量检测出执行部件的实际的位移量，然后反馈到数控装置，并与指令位移进行比较，检测数控机床移动的数据差值，并不断移动消除差值，实现对数控系统进行检测和测量。基于数控机床控制系统可分为半闭环和闭环控制两种类型。

（2）技术主题2冲压和锻造方法。该技术主题是自动化系统中锻造和冲压技术的专利集合，主要是在工业机件制造中，利用锻压机械的锤头、砧块、冲头或通过模具对坯料施加压力，使之产生塑性变形，从而获得所需形状和尺寸的制件的成形加工方法。具体依据锻压技术的使用场景又可分为飞机锻压、柴油机锻压、船用锻压、兵器锻压、矿山锻压、核电锻压、石油化工锻压等不同分类。

（3）技术主题3测试和监测系统。该技术主题专利主要涉及自动化系统中的测试与检测系统部件，其主要是为对自动化系统进行测试和监测而组合起来的各类设备。具体包括自动测试设备、测试程序集、计量和校准设备、机内测试设备、通用电子测试设备、专用电子测试设备、机械测试设备和仪器以及进行测试监测的硬件和软件等。

（4）技术主题4激光测量与传感装置。该技术主题专利主要涉及自动化系统中的激光测量与传感装置，其技术原理为由激光二极管对准目标发射激光脉冲，经目标反射后激光向各方向散射，部分散射光返回到传感器接收器，被光学系统接收后成像到雪崩光电二极管上，由此记录并处理从光脉冲发出到返回被接收所经历的时间，即可测定目标距离。通过使用激光测量与传感装置可以提升测量精度，增加测量范围，节约测量时间。

（5）技术主题5数控加工系统。该技术主题专利主要涵盖自动化系统中的数控加工设备与方法。通过使用数控机床对零件进行加工，使用数字信息控制零件和刀具位移的一种机械加工方法。它是解决零件品种多变、批量小、形状复杂、精度高等问题和实现高效化和自动化加工的有效途径。具有工序集中、自动化、柔性化高以及加工能力强的特点。

（6）技术主题6抛光打磨装置。该技术主题专利主要涵盖自动化系统中的抛光和打磨两类设备和方法。抛光是指利用机械、化学或电化学的作用，使工件表面粗糙度降低，以获得光亮、平整表面的加工方法。而打磨一般指借助粗糙物体（含有较高硬度颗粒的砂纸等）来通过摩擦改变材料表面物理性能的一种加工方法，主要目的是获取特定表面粗糙度。抛光和打磨设备多应用于模具行业的精加工及表面抛光处理，能够有效提高生产效率、降低劳动强度，节约生产成本，提高产品质量，减少产品质量差异。

（7）技术主题7光学滤光装置。该技术主题专利主要涵盖自动化系统中的光学滤光装置和设备。滤光器通常是指仅透射入射光中具有预定特性的光（例如，特定波长范围的光）而不透射其他光的光学元件。滤光装置通常在化工、摄影、医疗、机器人、汽车、手机等行业具有重要使用价值。

（8）技术主题8自动化制造装备。该技术主题具体专利涉及自动化系统方向的诸多生产和制造装备，其广泛存在于工业、农业、军事、科学研究、交通运输、商业、医疗、服务和家庭等领域。通过使用自动化制造设备不仅可以把人从繁重的体力劳动、部分脑力劳动以及恶劣、危险的工作环境中解放出来，而且能扩展人的器官功能，极大地提高劳动生产率，增强人类认识世界和改造世界的能力。

基于聚类结果，统计不同技术主题的专利数量及占比情况，具体结果见表4-21。

表4-21　自动化系统方向各技术主题数量及占比统计

技术主题	主题名称	全国专利数量	全国数量占比	辽宁省专利数量	辽宁省数量占比	占比差距
1	检测和测量装置	12631	18.33%	361	20.78%	2.45%
2	冲压和锻造方法	6899	10.01%	219	12.61%	2.60%
3	测试和监测系统	6362	9.23%	221	12.72%	3.49%
4	激光测量与传感装置	8876	12.88%	166	9.56%	−3.32%
5	数控加工系统	6593	9.57%	232	13.36%	3.79%
6	抛光打磨装置	3946	5.73%	75	4.32%	−1.41%
7	光学滤光装置	6836	9.92%	75	4.32%	−5.60%
8	自动化制造装备	16781	24.35%	388	22.34%	−2.01%

我国自动化系统技术专利主要分布于主题8自动化制造装备方向，为16781项（占24.35%），其次为技术主题1检测和测量装置，共12631项（占18.33%）；专利数量最少的主题为技术主题6抛光打磨装置的3946项（占5.73%）。

辽宁省自动化系统专利集中在技术主题8自动化制造装备方向，为388项，（占22.34%）；其次为技术主题1检测和测量装置，为361项（占20.78%）；辽宁省专利数量最少的技术主题为主题6抛光打磨装置和主题7光学滤光装置，均为75项（各占4.32%）。

对比分析可得，辽宁省在技术主题5数控加工系统、技术主题3测试和监测系统、技术主题2冲压和锻造方法以及技术主题1检测和测量装置共4个方向的专利授权数量占比较多，具有2%～4%的占比优势；而在技术主题7光学滤光装置、技术主题4激光测量与传感装置、技术主题8自动化制造装备和技术主题6抛光打磨装置4个方向，数量占比仍稍显不足，有1%～6%不等的占比差距。

3.各主题技术构成分析

基于八大技术主题分析结果，对各技术主题下专利的主要IPC分布情况进行统计，以明确各主题领域的技术构成。具体统计结果见表4-22。

由表4-22可知，全国自动化系统方向专利的技术构成中，技术主题1检测和测量装置、主题2冲压和锻造方法、主题4激光测量与传感装置和技术主题7光学滤光装置4个方向的技术构成较为集中，各自主要IPC大类分别为B21（基本上无切削的金属机械加工；金属冲压）、G01（测量；测试）和G02（光学）。而主题3测试和监测系统、主题5数控加工系统、主题6抛光打磨装置、主题8自动化制造装备共4个技术主题的技术构成则较为分

表4-22 各技术主题IPC分布统计

技术主题	全国数量	主要IPC大类及含义	全国数量	辽宁省量	主要IPC大类及含义	辽宁省量
1 检测和测量装置	12631	G01：测量；测试	9885	361	G01	274
		G06：计算；推算或计数	475		G06	19
		B66：卷扬；提升；牵引	472		B66	15
		B24：磨削；抛光	290		B24	13
		B23：机床；其他类目中不包括的金属加工	237		B23	10
2 冲压和锻造方法	6899	B21：基本上无切削的金属机械加工；金属冲压	3880	219	B21	102
		B23：机床；其他类目中不包括的金属加工	797		B23	38
		B30：压力机	555		E21	36
		E21：土层或岩石的钻进；采矿	517		B24	18
		B24：磨削；抛光	435		B30	10
3 测试和监测系统	6362	E21：土层或岩石的钻进；采矿	2974	221	E21	105
		B66：卷扬；提升；牵引	1124		B66	36
		G01：测量；测试	745		G01	25
		B24：磨削；抛光	253		B23	10
		B23：机床；其他类目中不包括的金属加工	181		B24	7
4 激光测量与传感装置	8876	G01：测量；测试	6986	166	G01	116
		G02：光学	623		B66	11
		H01：基本电气元件	176		G05	9
		B66：卷扬；提升；牵引	171		H01	7
		G05：控制；调节	121		A61（含义见表底）	4
5 数控加工系统	6593	B23：机床；其他类目中不包括的金属加工	2580	232	B23	99
		B24：磨削；抛光	2166		B24	81
		B30：压力机	397		G01	13
		B21：基本上无切削的金属机械加工；金属冲压	391		B21	10
		G01：测量；测试	349		E21	6

续表

技术主题	全国数量	主要IPC大类及含义	全国数量	辽宁省量	主要IPC大类及含义	辽宁省量
6 抛光打磨装置	3946	B23：机床；其他类目中不包括的金属加工	783	75	B66	17
		B24：磨削；抛光	748		B23工	16
		B30：压力机	453		B24：	13
		B66：卷扬；提升；牵引	428		B30	9
		B21：基本上无切削的金属机械加工；金属冲压	418		G01	8
7 光学滤光装置	6836	G02：光学	3497	75	B24	30
		B24：磨削；抛光	1113		G02	17
		G01：测量；测试	960		G01	14
		H01：基本电气元件	240		B66	5
		G03：摄影术；电影术；利用了光波以外其他波的类似技术；电记录术；全息摄影术	224		G03	2
8 自动化制造装备	16781	B66：卷扬；提升；牵引	4124	388	B66	158
		B23：机床；其他类目中不包括的金属加工	4012		B23	82
		B24：磨削；抛光	3317		B24	40
		B30：压力机	1095		E21	28
		G01：测量；测试	993		G01	23

注：A61：医学或兽医学；卫生学。

散，共涉及E21（土层或岩石的钻进；采矿）、B66（卷扬；提升；牵引）、B23（机床；其他类目中不包括的金属加工）、B24（磨削；抛光）等多个技术IPC大类。

辽宁省自动化系统方向专利的技术构成中，表现与全国专利的各技术主题IPC构成大致类似，同样为技术主题1、2、4的IPC构成较为集中，均集中在G01（测量；测试）、B21（基本上无切削的金属机械加工；金属冲压）方向上；而技术主题3、5、6、7、8的IPC构成较为分散，分别由E21（土层或岩石的钻进；采矿）、B66（卷扬；提升；牵引）、B23（机床；其他类目中不包括的金属加工）、B24（磨削；抛光）等共同构成。

（三）技术创新趋势分析

1. 总体趋势分析

我国智能制造领域自动化系统方向的技术创新起始于1985年，专利授权数量整体上呈先升后降的趋势（图4-22），辽宁省智能制造领域自动化系统方向也于1985年开始获得专利授权，专利授权数量趋势同我国一样呈先升后降趋势。中国与辽宁省在智能制造领域自动化系统方向专利产出趋势均存在明显的4个阶段，且各阶段的时间节点基本吻合：平稳起步期（1985—1998）、快速增长期（1999—2014）、缓冲期（2015—2018）、衰退期（2019—2021）。中国和辽宁省在智能制造领域自动化系统方向技术创新的平稳起步期间，授权数量一直较少，我国在该方向的专利授权数量基本维持在100以内，而辽宁省基本维持在10以内。在1999年进入快速发展期后直至2014年均保持上升态势，专利授权数量有了明显的增长。2015年我国与辽宁省在该领域的技术创新进入缓冲期，专利授权数量逐渐降低，至2018年专利授权数量有些许增长。但2019年后我国与辽宁省在该领域的技术创新进入衰退期，专利授权数量逐渐降低。之所以显示为进入衰退期，部分原因是所获取的数据并不完备。

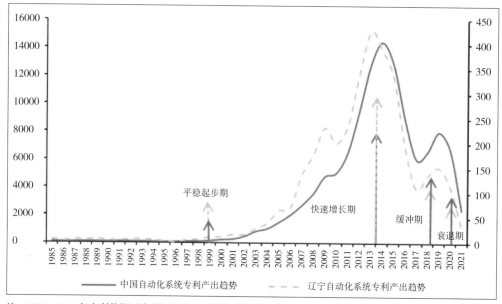

注：2020—2021年专利数据因专利制度故数据可能获取不完备。

图4-22　中国与辽宁省智能制造领域自动化系统方向专利产出趋势

依据我国与辽宁省智能制造领域自动化系统方向专利产出数据统计我国与辽宁省智能制造领域自动化系统方向专利年均增长率（图4-23），辽宁省在该方向授权专利的逐年增长率除1996年出现较大的波动外，一直较为平稳。在2000年以前辽宁省授权专利增长速度相比于全国稍高，2000年后辽宁省授权专利增长速度相比于全国稍低，且辽宁省在该方向授权专利的增长期相比于全国稍短，辽宁省在自动化系统方向的技术创新发展相比于机器人方向和智能制造装备方向不够活跃。

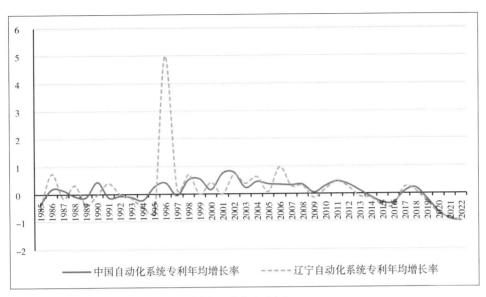

注：2020—2021年专利数据因专利制度故数据可能获取不完备。

图4-23 我国与辽宁省智能制造领域自动化系统方向专利年均增长率

2. 各主题趋势分析

我国智能制造领域自动化系统方向的主要技术领域有"检测和测量装置""冲压和锻造方法""测试和监测系统""激光测量与传感装置""数控加工系统""抛光打磨装置""光学滤光装置""自动化制造装备"，各主题专利产出趋势如图4-24所示。

我国最先开始发展的是"检测和测量装置""冲压和锻造方法""测试和监测系统""激光测量与传感装置""数控加工系统""抛光打磨装置""光学滤光装置"这7个技术领域，均是从1985年开始发展。自动化制造装备在1986年开始获得专利授权。虽然中国这7个领域起步时间较早，但直至2000年专利数量始终在个位数，随后进入战略调整期，专利授权数量有所增加。辽宁省最先开始发展的是冲压和锻造方法、测试和监测系统、激光测量与传感装置、数控加工系统这4个技术领域，是从1985年开始发展，但与其他4个技术领域相同的是，直至2003年8个技术领域的专利授权数量均是1个左右，专利授权数量非常少。虽然中国与辽宁省在智能制造领域自动化系统方向8个技术主题领域中的发展时间点不同，但在一开始均处于平稳起步期，在度过一段比较长时间的平稳起步期后进入战略调整期。随后中国与辽宁省在8个技术主题领域中呈现出不同的专利增长趋势（图4-24）。

检测和测量装置领域中，中国整体的专利产出呈现出平稳起步期—战略调整期—快速增长期—衰退期的发展趋势，而辽宁在该领域的专利产出呈现出平稳起步期—战略调整期—第一快速增长期—第二快速增长期—衰退期的发展趋势。冲压和锻造方法领域中，中国整体的专利产出呈现出平稳起步期—战略调整期—衰退期的发展趋势，而辽宁在该领域

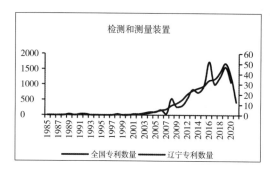
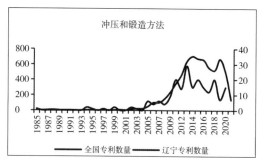
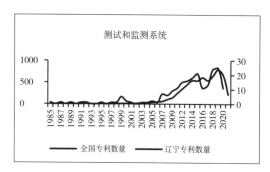
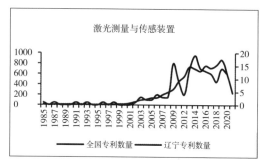
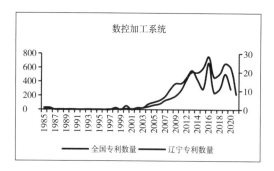
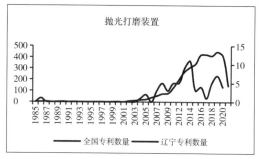
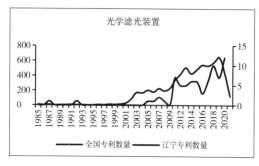
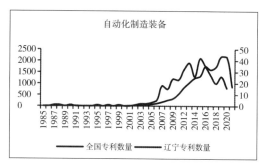

注：2020—2021年专利数据因专利制度故数据可能获取不完备。

图4-24　我国与辽宁省智能制造领域自动化系统方向8个技术主题专利产出趋势

的专利产出呈现出平稳起步期—战略调整期—衰退期的发展趋势。测试和监测系统领域中，中国整体的专利产出呈现出平稳起步期—战略调整期—慢速增长期—衰退期的发展趋势，而辽宁在该领域的专利产出呈现出平稳起步期—战略调整期—快速增长期—衰退期的发展趋势。激光测量与传感装置领域中，中国整体的专利产出呈现出平稳起步期—战略调整期—慢速增长期—衰退期的发展趋势，而辽宁在该领域的专利产出呈现出平稳起步期—战略调整期—衰退期的发展趋势。数控加工系统领域中，中国整体的专利产出呈现出平稳起步期—战略调整期—慢速增长期—衰退期的发展趋势，而辽宁在该领域的专利产出呈现出平稳起步期—战略调整期—慢速增长期—衰退期的发展趋势。抛光打磨装置领域中，中国整体的专利产出呈现出平稳起步期—战略调整期—衰退期的发展趋势，而辽宁在该领域的专利产出呈现出平稳起步期—战略调整期—衰退期的发展趋势。光学滤光装置领域中，中国整体的专利产出呈现出平稳起步期—战略调整期—衰退期的发展趋势，而辽宁在该领域的专利产出呈现出平稳起步期—战略调整期—衰退期的发展趋势。自动化制造装备领域中，中国整体的专利产出呈现出平稳起步期—战略调整期—快速增长期—衰退期的发展趋势，而辽宁在该领域的专利产出呈现出平稳起步期—战略调整期—快速增长期—衰退期的发展趋势。

（四）主要创新主体分析

1. 全国情况分析

（1）主要创新主体统计。我国自动化系统获得授权专利数量最多的创新主体类型主要为高校、科研单位和企业，但较为分散，如图4-25所示，前20名创新主体所授权的专利数量占全国自动化系统方向专利总量的12.5%。其中，专利授权数量前三的创新主体为哈尔滨工业大学、清华大学和中国科学院长春光学精密机械与物理研究所。哈尔滨工业大学电气工程及自动化学院科研实力雄厚，面向国家重大需求和国际学术前沿，在微特电机系统、高精度伺服控制系统、电器与电子系统可靠性等研究领域不断创新突破，取得一批国际先进水平的重大创新成果。清华大学自动化系注重原创性交叉性基础研究，紧密围绕国家需求，服务国家重大科技创新，取得了一批原创性成果，在国家迫切需求的技术领域做出了突出贡献，具有强大的科学研究实力。在2016年全国一级学科评估中，其"控制科学与工程"学科被评为A+全国最高水准。中国科学院长春光学精密机械与物理研究所是新中国在光学领域建立的第一个研究所，主要从事发光学、应用光学、光学工程、精密机械与仪器的研发生产，先后参加了"两弹一星""载人航天工程"等多项国家重大工程项目。

（2）创新主体类型分析。

①按机构类型划分。企业和大专院校是我国自动化系统方向的主要创新主体。如图4-26所示，企业和高校分别以46403件和18662件专利占据我国自动化系统方向专利总量的60.85%和24.47%。科研单位、个人分别以6689件、4191件专利占到专利总量的8.77%和5.5%。

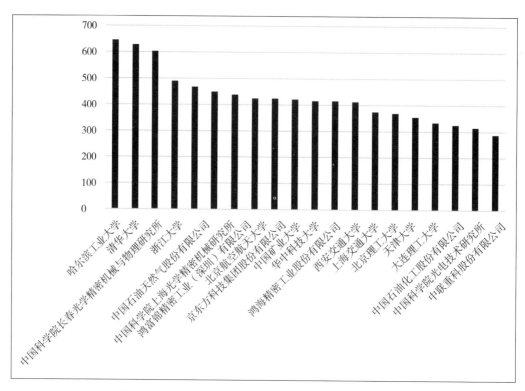

图4-25　自动化系统方向全国专利授权量前二十主要创新主体

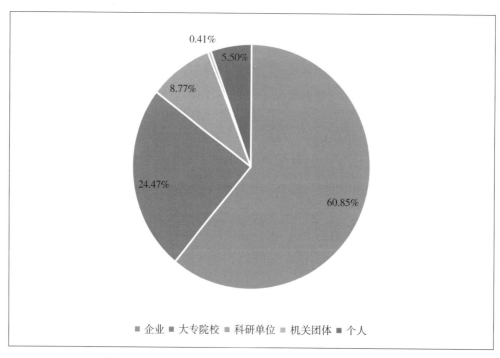

图4-26　我国自动化系统方向按机构类型划分的创新主体分布

企业创新主体：我国自动化系统方向的企业创新主体以工业类企业为主。如图4-27所示，专利授权量前三的企业为中国石油天然气股份有限公司、鸿富精密工业股份有限公司以及京东方科技集团股份有限公司。中国石油天然气股份有限公司致力于发展成为具有较强竞争力的国际能源公司，成为全球石油石化产品重要的生产和销售商之一。中国石油广泛从事与石油、天然气有关的各项业务，主要包括：原油和天然气的勘探、开发、生产和销售；原油和石油产品的炼制、运输、储存和销售；基本石油化工产品、衍生化工产品及其他化工产品的生产和销售；天然气、原油和成品油的输送及天然气的销售。鸿富精密工业股份有限公司自动化应用组建设了13个CNC无人化车间，此项目是国内电子信息行业第一个规模化、大批量投入使用有轨台车（RGV）工业机械人（ROBOT）的行业。此外，作为企业的核心技术团队，接连解决攻克了集成供电轨道稳定性问题、ODT无线通信问题等。京东方科技集团股份有限公司（BOE）创立于1993年4月，是一家为信息交互和人类健康提供智慧端口产品和专业服务的物联网公司。京东方的核心事业包括端口器件、物联网创新、智慧医工。端口器件产品广泛应用于手机、平板电脑、笔记本电脑、显示器、电视、车载、可穿戴设备等领域；物联网创新为新零售、交通、金融、教育、艺术、医疗等领域搭建物联网平台，提供"硬件产品+软件平台+场景应用"整体解决方案；在智慧医工领域，京东方通过移动健康管理平台和数字化医院为用户提供了全面的健康服务。

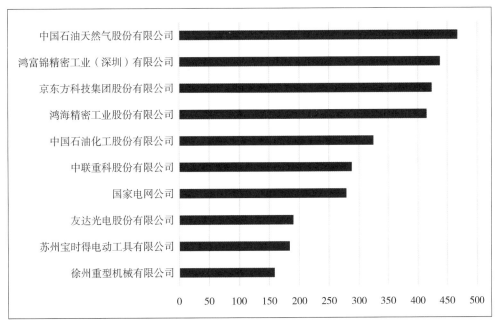

图4-27 企业专利授权量前十创新主体

高校创新主体：中国自动化系统方向高校的专利授权量整体水平较高。如图4-28所示，专利授权量前三的高校为哈尔滨工业大学、清华大学以及浙江大学。浙江大学制造技术及装备自动化研究所所属机械工程学科入选国家"双一流"建设学科，是流体动力与机电系统国家重点实验室的主要组成单位之一，建有浙江省三维打印工艺与装备重点实验室、浙江省先进制造技术重点实验室。研究所是机械工程国家级实验教学示范中心、工程训练国家级实验教学示范中心等国家级教学实践基地的主要承担单位。

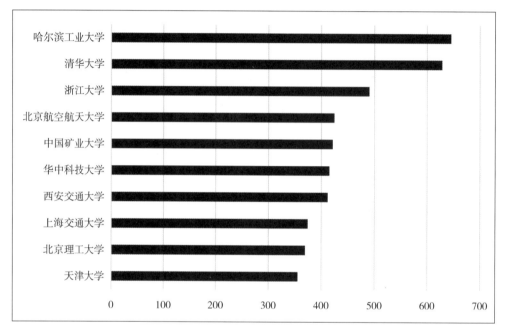

图4-28　大专院校专利授权量前十创新主体

科研机构创新主体：我国自动化系统方向授权专利数量排在前位的科研单位主要集中在中国科学院相关研究所。如图4-29所示，专利授权量前三的科研单位为中国科学院长春光学精密机械与物理研究所、中国科学院上海光学精密机械研究所和中国科学院光电技术研究所。中国科学院长春光学精密机械与物理研究所、季华实验室发挥科研创新及自动化、数字化、智能化优势，深入对接企业需求，与省属和地方企业形成战略合作，支持服务产业转型升级。中国科学院上海光学精密机械研究所（简称中科院上海光机所）是中国建立最早、规模最大的激光专业研究所，成立于1964年，已发展成为以探索现代光学重大基础及应用基础前沿研究、发展大型激光工程技术并开拓激光与光电子高技术应用为重点的综合性研究所。中国科学院光电技术研究所，是中国科学院在西南地区规模最大的研究所，研究所围绕国家重大战略需求，聚焦世界科技前沿开展光电领域基础性、前瞻性、颠覆性的创新研究，逐步成为国家科技战略体系中不可或缺的光电科技力量。

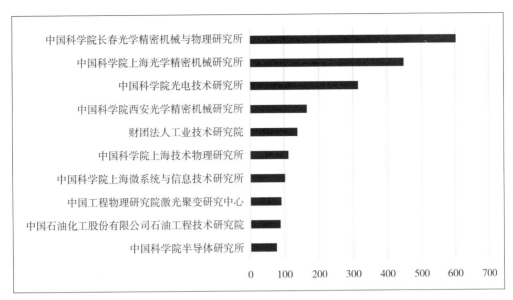

图4-29 科研单位专利授权量前十创新主体

个人创新主体：如图4-30所示，中国自动化系统方向的个人专利主体授权量前三位分别是严培义、陈美青和虞雅仙。严培义是宁波汇众粉末机械制造有限公司法定代表人，公司经营范围包括粉末机械、粉末冶金制品、五金配件、电器零件等，在自动化系统方向授权的专利主要与粉末烧结零件相关。陈美青是安徽正义研磨环保科技有限公司法定代表人，公司主要从事除尘环保设备、抛光机、环境保护设备等设备的研发与生产，在自动化

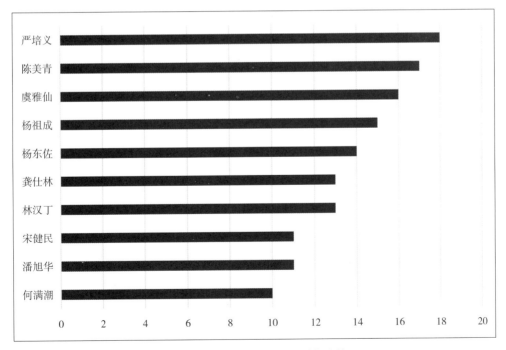

图4-30 个人专利授权量前十创新主体

系统方向授权的专利主要与除尘装置相关。虞雅仙来自浙江，其在自动化系统方向授权的专利主要与磨抛系统相关。

机关创新主体：如图4-31所示，中国自动化系统方向专利授权量前二机关团体为广东电网有限责任公司东莞供电局、北京空间飞行器总体设计部。广东电网为了提升配网自动化水平，一方面通过理论教学、实操培训、技能竞赛等方式，提升自动化运维人员技能水平。另一方面策划开展终端定值核查整改、"建而未投"终端再并网、通信加密改造等多个专项工作，解决多年历史欠账，累计完成539台自动化终端定值整改、74台未投运终端再并网、1575个三遥开关挂三遥牌，还积极强化配网自动化设备增量管控，本地化修编区局自动化终端并网工作指引，明确管理要求和工作标准，提升并网验收质量。北京空间飞行器总体设计部成立于1968年8月16日，是我国航天器总体领域最多、专业技术最齐备的空间飞行器研制总体单位，承担着以高分辨率对地观测系统、第二代卫星导航系统、载人航天与探月工程三大国家重大科技专项为代表的航天器研制任务，在牵引和推动我国空间事业领域和专业发展方面发挥着重要作用。

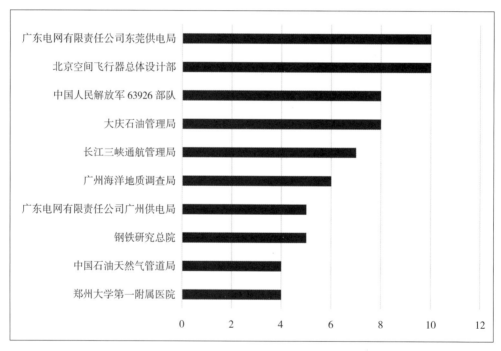

图4-31　机关单位专利授权量前十创新主体

②按主体研发情况划分。自动化系统方向全国专利研发主体划分中（去除个人创新主体及仅有一年授权专利的创新主体，依据创新主体最早授权专利的年份、最晚授权专利的年份以及年均授权专利数量对不同类型从创新主体进行划分），强力型创新主体和潜力型创新主体较少，大部分创新主体为老牌型创新主体和新晋型创新主体。如图4-32所示，大

部分创新主体在2000年之后才授权第一个专利，在2010年之后授权最后一个专利，并且只有少数企业的年均专利授权量在10件以上。

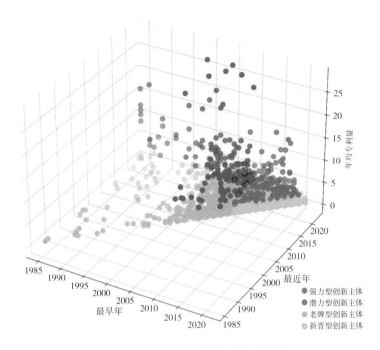

图4-32　按研发能力划分的创新主体类型分布

统计自动化系统方向全国专利各研发能力前十位主要创新主体，具体见表4-23。

表4-23　自动化系统方向全国各研发能力主要创新主体统计

强力型	潜力型	老牌型	新晋型
哈尔滨工业大学	上海联影医疗科技有限公司	北京科技大学	河南卫华重型机械股份有限公司
清华大学	安徽江淮汽车集团股份有限公司	中国科学院电工研究所	中船华南船舶机械有限公司
中国科学院长春光学精密机械与物理研究所	上海微电子装备（集团）股份有限公司	中国科学技术大学	中国建筑第八工程局有限公司
浙江大学	中国运载火箭技术研究院	河海大学	浙江工商大学
中国石油天然气股份有限公司	中国石油天然气集团有限公司	中国科学院沈阳自动化研究所	温州大学
中国科学院上海光学精密机械研究所	上海联影医疗科技股份有限公司	复旦大学	华电重工股份有限公司
鸿富锦精密工业（深圳）有限公司	中国计量大学	华东师范大学	衢州学院
北京航空航天大学	国家电网有限公司	奇美实业股份有限公司	中国五冶集团有限公司

强力型	潜力型	老牌型	新晋型
京东方科技集团股份有限公司	中国人民解放军国防科技大学	中国科学院物理研究所	中煤科工集团重庆研究院有限公司
中国矿业大学	中国海洋石油集团有限公司	中国科学院武汉物理与数学研究所	中海石油（中国）有限公司湛江分公司

强力型创新主体：我国自动化系统方向强力型创新主体以高校、科研机构和企业为主。如表4-24所示，专利授权数量前三的主体为哈尔滨工业大学、清华大学和中国科学院长春光学精密机械与物理研究所。

表4-24　前十强力型创新主体

创新主体	最早专利授权年	最晚专利授权年	授权专利总量
哈尔滨工业大学	1987	2021	645
清华大学	1985	2021	628
中国科学院长春光学精密机械与物理研究所	2000	2021	603
浙江大学	1985	2021	490
中国石油天然气股份有限公司	2004	2021	467
中国科学院上海光学精密机械研究所	1985	2021	449
鸿富锦精密工业（深圳）有限公司	2002	2018	438
北京航空航天大学	2002	2021	424
京东方科技集团股份有限公司	2006	2020	424
中国矿业大学	1996	2021	421

潜力型创新主体：中国自动化系统方向潜力型创新主体以企业和高校为主。如表4-25所示，专利授权数量前三的主体为上海联影医疗科技有限公司、安徽江淮汽车集团股份有限公司和上海微电子装备（集团）股份有限公司。上海联影医疗科技有限公司主要从事高性能医学影像、放疗产品、生命科学仪器及医疗数字化产品的研发与生产，并与多所高校和医院共建实验室，将人工智能与自动化应用于医疗科技领域。安徽江淮汽车集团股份有限公司是一家集全系列商用车、乘用车及动力总成研产销于一体、以"先进节能汽车、新能源汽车、智能网联汽车"并举，涵盖汽车出行、金融服务等众多领域的综合型汽车企业集团，已形成整车、核心动力总成、自动变速箱及软件系统等关键零部件研发、试验验证和标定开发等完整的正向研发体系。上海微电子装备（集团）股份有限公司主要致力于半导体装备、泛半导体装备、高端智能装备的开发、设计、制造、销售及技术服务。

表4-25 前十潜力型创新主体

创新主体	最早专利授权年	最晚专利授权年	授权专利总量
上海联影医疗科技有限公司	2011	2018	128
安徽江淮汽车集团股份有限公司	2015	2021	109
上海微电子装备（集团）股份有限公司	2013	2019	82
中国运载火箭技术研究院	2011	2020	74
中国石油天然气集团有限公司	2016	2021	72
上海联影医疗科技股份有限公司	2015	2020	64
中国计量大学	2013	2020	64
国家电网有限公司	2015	2021	61
中国人民解放军国防科技大学	2017	2021	61
中国海洋石油集团有限公司	2014	2020	61

老牌型创新主体：中国自动化系统方向老牌型创新主体以高校和科研单位为主。如表4-26所示，专利授权数量前三的主体为北京科技大学、中国科学院电工研究所和中国科学技术大学。北京科技大学自动化学院在冶金自动化领域处于领先地位，在流程工业先进控制技术、复杂非线性系统理论与控制方法、智能控制新理论新方法、新能源控制关键技术、新型传感器网络及信息融合等方向均拥有重要研究成果。中国科学院电工研究所是中国科学院唯一以电气工程学科为主要研究方向的专业研究所，也是中国科学院能源领域核心研究所之一，主要从事新能源技术、新型电力技术及电气科学前沿交叉的研究。中国科

表4-26 前十老牌型创新主体

创新主体	最早专利授权年	最晚专利授权年	授权专利总量
北京科技大学	1988	2021	101
中国科学院电工研究所	1985	2020	76
中国科学技术大学	1997	2021	74
河海大学	1995	2020	71
中国科学院沈阳自动化研究所	1998	2021	71
复旦大学	1987	2021	66
华东师范大学	1985	2021	63
奇美实业股份有限公司	1999	2019	52
中国科学院物理研究所	1997	2020	52
中国科学院武汉物理与数学研究所	1997	2019	52

学技术大学自动化系承担国家重要科研任务，是国家工程实验室"类脑智能技术及应用国家工程实验室"和国家重大科技基础设施"未来网络试验设施"合肥分中心建设单位，并取得了一系列高水平研究成果。

新晋型创新主体：中国自动化系统方向新晋型创新主体以企业和高校为主。如表4-27所示，专利授权数量前三的主体为河南卫华重型机械股份有限公司、中船华南船舶机械有限公司和中国建筑第八工程局有限公司。河南卫华重型机械股份有限公司主营各类起重运输机械的设计、制造、安装和相关服务，产品广泛应用于机械制造、钢铁冶金、核能工业、矿山采掘、水利水电等物料搬运的各种领域。中船华南船舶机械有限公司是我国华南地区最大的海洋工程设备和船用甲板机械研究开发和生产企业，自主设计生产的产品涵盖海洋平台起重机、船用起重机、舰用特辅机、船用甲板机械设备四大系列，其在自动化系统方向授权的专利主要与起重装置相关。中国建筑第八工程局有限公司是国家首批"三特三甲"资质企业，以投资、建造、运营为核心业务，其在自动化系统方向授权的专利主要与工程设备以及建筑检测相关。

表4-27　前十新晋型创新主体

创新主体	最早专利授权年	最晚专利授权年	授权专利总量
河南卫华重型机械股份有限公司	2011	2021	31
中船华南船舶机械有限公司	2012	2021	26
中国建筑第八工程局有限公司	2012	2020	25
浙江工商大学	2013	2021	24
温州大学	2011	2020	24
华电重工股份有限公司	2013	2020	23
衢州学院	2014	2021	23
中国五冶集团有限公司	2013	2020	23
中煤科工集团重庆研究院有限公司	2012	2020	23
中海石油（中国）有限公司湛江分公司	2012	2021	22

（3）主要创新主体技术布局分析。自动化系统技术中，发明专利数量排名前20专利权人的主要IPC（2/8法则）分布、技术主题分布以及同族专利所布局的国家见表4-28。从全国角度统计发现，Top20专利权人的主要IPC共涉及87个技术，其中G01（4673）、G02（1632）、E21（1113）、B24（487）和B23（395）是主要技术；前二十专利权人包含大学（11家）、企业（7家）、研究所（3家），排名前三的专利权人为哈尔滨工业大学、清华大学、中国科学院长春光学精密机械与物理研究所。创新主体海外布局专利数量较少。

表4-28 全国主要创新主体技术领域分布及布局国家

创新主体	IPC	数量	含义	主题	数量	布局	数量
哈尔滨工业大学	G01	466	测量；测试	激光测量与传感装置	270	CN	645
	G02	66	光学	检测和测量装置	155	WO	7
	B21	65	基本上无切削的金属机械加工；金属冲压	冲压和锻造方法	70	US	5
	B24	43	磨削；抛光	光学滤光装置	57	DE	3
				数控加工系统	52	JP	2
				自动化制造装备	19	AU	1
				抛光打磨装置	14	GB	1
				测试和监测系统	8		
清华大学	G01	418	测量；测试	激光测量与传感装置	216	CN	628
	G02	95	光学	检测和测量装置	167	US	49
	B24	72	磨削；抛光	光学滤光装置	110	WO	40
	B23	47	机床；其他类目中不包括的金属加工	数控加工系统	46	TW	16
	H01	40	基本电气元件	测试和监测系统	40	JP	12
				自动化制造装备	30	AU	2
				冲压和锻造方法	14	DE	1
				抛光打磨装置	5	IN	1
						HK	1
中国科学院长春光学精密机械与物理研究所	G01	428	测量；测试	检测和测量装置	192	CN	603
	G02	173	光学	激光测量与传感装置	180	WO	13
	B24	39	磨削；抛光	光学滤光装置	149	US	2
				自动化制造装备	37	JP	1
				数控加工系统	23	DE	1
				冲压和锻造方法	9		
				抛光打磨装置	7		
				测试和监测系统	6		
浙江大学	G01	354	测量；测试	激光测量与传感装置	163	CN	490
	G02	77	光学	检测和测量装置	155	WO	26
	G06	33	计算；推算或计数	光学滤光装置	61	US	14

创新主体	IPC	数量	含义	主题	数量	布局	数量
浙江大学	B23	24	机床；其他类目中不包括的金属加工	自动化制造装备	34	JP	1
	B66	22	卷扬；提升；牵引	测试和监测系统	28		
	B30	19	压力机	数控加工系统	23		
	B24	13	磨削；抛光	冲压和锻造方法	16		
				抛光打磨装置	10		
中国石油天然气股份有限公司	E21	435	土层或岩石的钻进；采矿	测试和监测系统	221	CN	467
	C09	81	染料；涂料；抛光剂；天然树脂；黏合剂；其他类目不包含的组合物；其他类目不包含的材料的应用	自动化制造装备	94	US	1
				抛光打磨装置	59		
				冲压和锻造方法	48		
				检测和测量装置	16		
				激光测量与传感装置	12		
				光学滤光装置	12		
				数控加工系统	5		
中国科学院上海光学精密机械研究所	G01	286	测量；测试	激光测量与传感装置	201	CN	449
	G02	164	光学	光学滤光装置	126	US	12
	G03	50	摄影术；电影术；利用了光波以外其他波的类似技术；电记录术；全息摄影术〔4〕	检测和测量装置	92	WO	8
				自动化制造装备	12	EP	2
				数控加工系统	10	DE	1
				冲压和锻造方法	4	JP	1
				测试和监测系统	2		
				抛光打磨装置	2		
鸿富锦精密工业（深圳）有限公司	G02	261	光学	光学滤光装置	219	CN	438
	G01	154	测量；测试	检测和测量装置	106	US	228
	G03	48	摄影术；电影术；利用了光波以外其他波的类似技术；电记录术；全息摄影术〔4〕	激光测量与传感装置	41	TW	29

续表

创新主体	IPC	数量	含义	主题	数量	布局	数量
鸿富锦精密工业（深圳）有限公司	B24	29	磨削；抛光	自动化制造装备	27	JP	23
	B23	23	机床；其他类目中不包括的金属加工	数控加工系统	17		
	H01	20	基本电气元件	抛光打磨装置	11		
				冲压和锻造方法	9		
				测试和监测系统	8		
京东方科技集团股份有限公司	G02	312	光学	光学滤光装置	322	CN	424
	G01	115	测量；测试	检测和测量装置	62	US	191
	G03	50	摄影术；电影术；利用了光波以外其他波的类似技术；电记录术；全息摄影术〔4〕	激光测量与传感装置	18	WO	144
	G09	30	教育；密码术；显示；广告；印鉴	自动化制造装备	11	EP	38
				数控加工系统	4	JP	13
				抛光打磨装置	3	KR	12
				冲压和锻造方法	3	IN	3
				测试和监测系统	1		
北京航空航天大学	G01	344	测量；测试	检测和测量装置	181	CN	424
	G06	38	计算；推算或计数	激光测量与传感装置	148	WO	5
	B23	28	机床；其他类目中不包括的金属加工	数控加工系统	24	US	5
	G05	24	控制；调节	测试和监测系统	22	GB	1
				光学滤光装置	20		
				自动化制造装备	16		
				冲压和锻造方法	9		
				抛光打磨装置	4		
中国矿业大学	E21	346	土层或岩石的钻进；采矿	测试和监测系统	335	CN	421
	G01	57	测量；测试	自动化制造装备	23	WO	57
	B66	17	卷扬；提升；牵引	检测和测量装置	20	AU	35
				激光测量与传感装置	17	US	16
				数控加工系统	10	CA	10
				抛光打磨装置	9	ZA	6

创新主体	IPC	数量	含义	主题	数量	布局	数量
中国矿业大学				光学滤光装置	4	RU	6
				冲压和锻造方法	3	JP	3
						IN	1
鸿海精密工业股份有限公司	G02	214	光学	光学滤光装置	173	CN	415
	G01	153	测量；测试	检测和测量装置	108	US	220
	G03	46	摄影术；电影术；利用了光波以外其他波的类似技术；电记录术；全息摄影术〔4〕	激光测量与传感装置	39	TW	37
	B23	40	机床；其他类目中不包括的金属加工	自动化制造装备	37	JP	24
	B24	33	磨削；抛光	数控加工系统	26	EP	7
	H01	19	基本电气元件	抛光打磨装置	12		
				冲压和锻造方法	11		
				测试和监测系统	9		
华中科技大学	G01	287	测量；测试	激光测量与传感装置	148	CN	415
	G02	51	光学	检测和测量装置	135	WO	7
	B24	29	磨削；抛光	光学滤光装置	50	US	4
	B21	26	基本上无切削的金属机械加工；金属冲压	数控加工系统	23	JP	1
	G06	23	计算；推算或计数	冲压和锻造方法	22	EP	1
				自动化制造装备	18	BR	1
				测试和监测系统	15	KR	1
				抛光打磨装置	4	DE	1
西安交通大学	G01	271	测量；测试	检测和测量装置	164	CN	412
	B23	50	机床；其他类目中不包括的金属加工	激光测量与传感装置	90	US	2
	B21	43	基本上无切削的金属机械加工；金属冲压	数控加工系统	51		
	B30	36	压力机	冲压和锻造方法	40		
	G06	32	计算；推算或计数	自动化制造装备	21		
				光学滤光装置	19		
				抛光打磨装置	14		
				测试和监测系统	13		

创新主体	IPC	数量	含义	主题	数量	布局	数量
上海交通大学	G01	205	测量；测试	检测和测量装置	117	CN	374
	B21	61	基本上无切削的金属机械加工；金属冲压	激光测量与传感装置	80	WO	6
	B23	40	机床；其他类目中不包括的金属加工	冲压和锻造方法	53	US	5
	G02	34	光学	数控加工系统	45	JP	2
	B24	28	磨削；抛光	自动化制造装备	38	EP	2
	G06	23	计算；推算或计数	光学滤光装置	29		
	G05	21	控制；调节	测试和监测系统	7		
				抛光打磨装置	5		
北京理工大学	G01	313	测量；测试	激光测量与传感装置	145	CN	369
	G02	42	光学	检测和测量装置	144	WO	5
	G06	21	计算；推算或计数	光学滤光装置	35	US	3
				测试和监测系统	17	EP	3
				数控加工系统	11		
				冲压和锻造方法	9		
				自动化制造装备	8		
天津大学	G01	309	测量；测试	检测和测量装置	188	CN	355
	G02	22	光学	激光测量与传感装置	101	WO	9
	G06	22	计算；推算或计数	光学滤光装置	24	US	6
				数控加工系统	15	IN	2
				自动化制造装备	12	JP	2
				冲压和锻造方法	7	KR	2
				测试和监测系统	6	EP	2
				抛光打磨装置	2		
大连理工大学	G01	185	测量；测试	检测和测量装置	126	CN	334
	B24	62	磨削；抛光	激光测量与传感装置	47	US	7
	B23	39	机床；其他类目中不包括的金属加工	数控加工系统	42	WO	6
	B66	27	卷扬；提升；牵引	测试和监测系统	35	AU	1
	G06	23	计算；推算或计数	自动化制造装备	30		

创新主体	IPC	数量	含义	主题	数量	布局	数量
大连理工大学	E21	13	土层或岩石的钻进；采矿	光学滤光装置	28		
				冲压和锻造方法	21		
				抛光打磨装置	5		
	E21	305	土层或岩石的钻进；采矿	测试和监测系统	149	CN	325
中国石油化工股份有限公司	C09	38	染料；涂料；抛光剂；天然树脂；黏合剂；其他类目不包含的组合物；其他类目不包含的材料的应用	自动化制造装备	87		
				抛光打磨装置	39		
				冲压和锻造方法	23		
				检测和测量装置	10		
				光学滤光装置	7		
				激光测量与传感装置	5		
				数控加工系统	5		
中国科学院光电技术研究所	G01	253	测量；测试	激光测量与传感装置	113	CN	315
	G02	65	光学	检测和测量装置	109	US	12
				光学滤光装置	72	DE	2
				数控加工系统	9	WO	2
				冲压和锻造方法	5	EP	1
				自动化制造装备	4	GB	1
				测试和监测系统	3	NL	1
						JP	1
中联重科股份有限公司	B66	263	卷扬；提升；牵引	测试和监测系统	133	CN	288
	G01	30	测量；测试	自动化制造装备	77	WO	29
				检测和测量装置	55	EP	1
				激光测量与传感装置	13	IN	1
				数控加工系统	4		
				冲压和锻造方法	4		
				抛光打磨装置	2		

2. 辽宁情况分析

（1）主要创新主体统计。辽宁省自动化系统技术的创新主体主要是高校和企业，且相对集中，排名第一的创新主体的专利授权量远超其他创新主体。如图4-33所示，前20名创新主体所授权的专利数量占辽宁省自动化系统方向专利总量的52.8%。专利授权数量前三的创新主体为大连理工大学、东北大学和中国科学院沈阳自动化研究所。大连理工大学控制科学与工程学院下设自动化、智能控制等多个研究所，以流程工业建模与集成优化控制、复杂工业过程综合自动化、工业以太网现场总线控制系统、模糊控制、智能机器人和无线传感器网络为主要研究方向，取得了一系列高水平研究成果。东北大学机械工程与自动化学院在传统优势和特色基础上，服务国家战略和东北老工业基地振兴，围绕我国高端装备智能化、精密化和绿色化的重大需求，逐步形成"机械振动与可靠性、超精密加工与智能制造、智能装备与机器人、新能源车辆与安全、真空及环保等特种装备设计制造"5个特色方向，在高端装备动力学与可靠性设计的前沿理论创新、高端装备核心零部件超精密制造技术及装备研发等方面具有独特优势，取得一批具有影响力的原创性成果。中国科学院沈阳自动化研究所主要研究方向是机器人、智能制造和光电信息技术，研究所在自动化科学与工程领域不断探索，为国民经济、社会发展和国家安全作出了突出贡献，获得国家、中科院、各部委及地方奖励300余项。

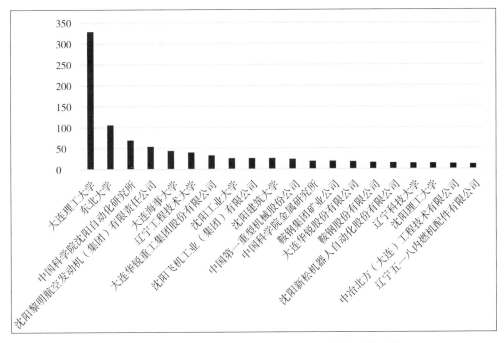

图4-33 自动化系统方向辽宁省专利授权量前二十主要创新主体

（2）创新主体类型分析。

①按机构类型划分。企业和大专院校是辽宁省自动化系统的主要创新主体。如图4-34所示，企业、大专院校分别以891件、695件专利占据辽宁省自动化系统方向专利总量的47.57%、37.53%。科研单位和个人分别以137件和121件专利占到专利总量的7.4%、6.53%。

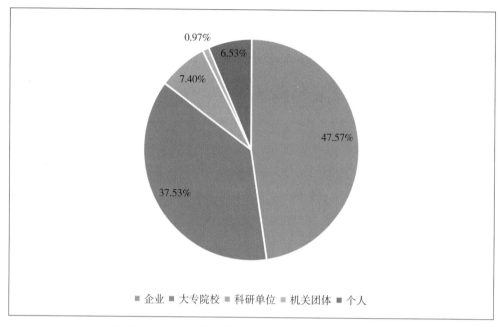

图4-34　辽宁省自动化系统方向按机构类型划分的创新主体分布

企业创新主体：辽宁自动化系统方向的企业主要是工业类企业。如图4-35所示，专利授权量前三的企业为沈阳黎明航空发动机（集团）有限责任公司、大连华锐重工集团有限责任公司和沈阳飞机工业（集团）有限公司。中国航发沈阳黎明航空发动机（集团）有限责任公司始建于1954年，是国家"一五"时期建立的第一家航空发动机制造企业。沈阳黎明航空发动机集团有限责任公司隶属于中国航空工业第一集团公司，是新中国第一个航空涡轮喷气发动机制造企业，中国大、中型航空喷气式发动机科研生产基地。大连华锐重工集团股份有限公司是大连重工起重集团有限公司的控股子公司，是国家重机行业的大型重点骨干企业和新能源设备制造重点企业，在2021年7月入选国有重点企业管理标杆创建行动标杆企业名单。被誉为"中国歼击机摇篮"的沈阳飞机工业（集团）有限公司是中国创建最早、规模最大的现代化歼击机设计、制造基地。公司以科技为先导，以创新求生存，每年在科技进步方面的总投资都占总投入的3.6%。强大的生产、开发、制造和技术创新能力，使得沈飞公司成为新产品开发与制造的佼佼者，在国内外市场上赢得了更加广阔的发展空间。

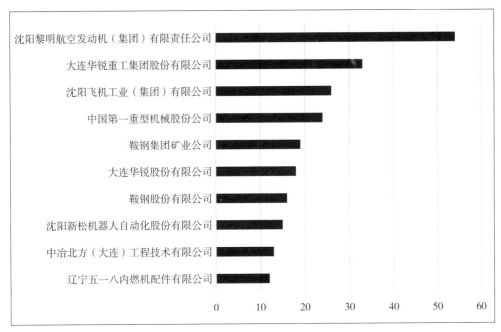

图4-35　企业专利授权量前十创新主体

高校创新主体：辽宁省自动化系统方向，高校的专利授权量首位大连理工大学远超其他单位。如图4-36所示，专利授权量前三的高校为大连理工大学、东北大学和大连海事大学。大连海事大学自动化专业拥有完备的实验教学仪器设备，为学生学习提供了极为便利的条件，在2009年被评为大连海事大学示范专业，2012年被评为辽宁省普通高等学校本

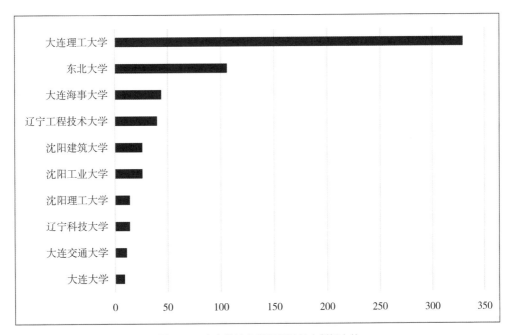

图4-36　大专院校专利授权量前十创新主体

科工程人才培养模式改革试点专业，所建"大连海事大学—锦州航星集团工程实践教育中心"获批为辽宁省大学生实践教育基地。

科研院所创新主体：辽宁省自动化系统方向的科研单位授权的专利主要集中在中国科学院沈阳自动化研究所和中国科学院金属研究所。如图4-37所示，专利授权量前三的单位为中国科学院沈阳自动化研究所、中国科学院金属研究所、中国科学院大连化学物理研究所。中国科学院沈阳自动化研究所主要研究方向是机器人、工业自动化和光电信息处理技术。中国科学院沈阳自动化研究所在水下机器人、工业机器人、工业自动化技术、信息技术方面取得多项有显示度的创新成果。其中"'CR-01'6000米无缆自治水下机器人"科研成果被评为1997年中国十大科技进展之一，并获得1998年国家科技进步一等奖。中国科学院金属研究所，总部位于沈阳市沈河区，成立于1953年，前身是中国科学院金属研究所与中国科学院金属腐蚀与防护研究所整合建立，是新中国成立后中国科学院新创建的首批研究所之一。建所初期，金属研究所致力于我国钢铁冶金工业的恢复和振兴，现在专注于新材料领域，为国家若干重大工程提供了关键材料。金属研究所为载人航天、大飞机、航空发动机、高速铁路、三峡工程、核电工程等一系列国之重器提供关键材料和技术支持，获得过国家科技进步特等奖。中国科学院大连化学物理研究所创建于1949年，是一个基础研究与应用研究并重、应用研究和技术转化相结合，以任务带学科为主要特色的综合性研究所。

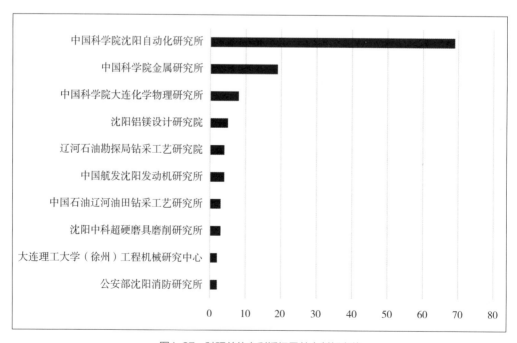

图4-37 科研单位专利授权量前十创新主体

个人创新主体：辽宁省自动化系统方向个人创新主体授权的专利数量普遍较少。如图4-38，专利授权量前三的个人为梁伟成、刘洪云和李东炬。梁伟成担任辽宁新华仪器有限公司、沈阳市源河绿色食品有限公司、沈阳华伟科技有限公司等公司法定代表人。刘洪云在自动化系统方向授权的专利主要与激光检测装置相关。李东炬担任大连大友高技术陶瓷有限公司、大友精密轴承（重庆）有限公司、大连大友精密陶瓷轴承有限公司等公司法定代表人，拥有多项专利。

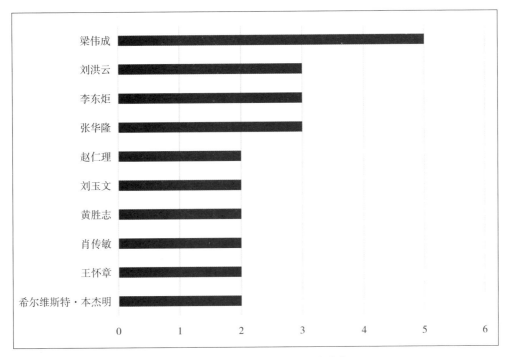

图4-38 个人专利授权量前十创新主体

机关类型创新主体：辽宁省自动化系统方向授权专利的主要机关团体大体上较少，数量均为1，如图4-39所示。具体，国家大容量第一计量站由国家授权，从1984年起开展全国大容量计量监督管理、计量仲裁、计量检定、校准和检测工作，几十年来，圆满地完成了国家交给的700余家企业的检定任务，完成了国家石油储备基地国家重点项目、重点工程的检定工作；完成了壳牌精炼厂、阿尔及利亚索纳信炼油厂、斯基克达凝析油炼厂等国外检测任务，并参与了多起国内、国际油品贸易纠纷仲裁。为国家和企业培训了大量的大容量油品计量工作人员。辽宁省土壤肥料总站始建于1987年4月，是隶属于省农业厅的处级事业单位，十几年来，经过全省土肥人的不懈努力，土肥事业不断发展壮大。

②按主体研发情况划分。辽宁省创新主体主要为老牌型创新主体和新晋型创新主体，大部分创新主体在2000年之后才授权了第一件专利。如图4-40所示，辽宁省大部分创新主

体的年均专利授权量小于2件，强力型创新主体和潜力型创新主体分别只有7个和1个。

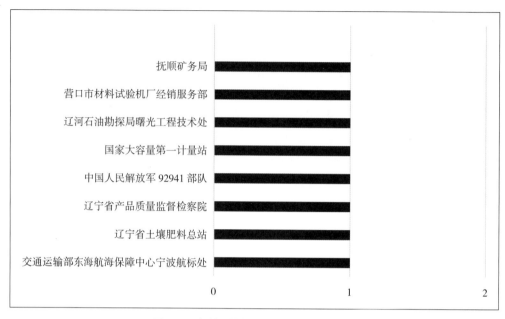

图4-39 机关团体专利授权量前八创新主体

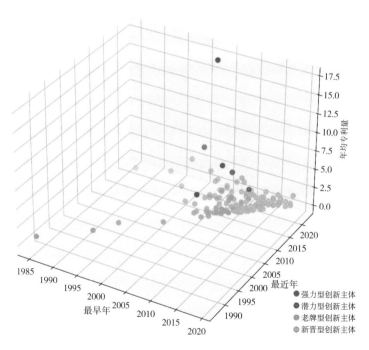

图4-40 按研发能力划分的创新主体类型分布

统计自动化系统方向辽宁省专利各研发能力前十位主要创新主体，具体见表4-29。

表4-29 自动化系统方向辽宁省各研发能力主要创新主体统计

强力型	潜力型	老牌型	新晋型
大连理工大学	大连益联金属成型有限公司	中国科学院沈阳自动化研究所	辽宁科技大学
东北大学		辽宁工程技术大学	中冶北方（大连）工程技术有限公司
沈阳黎明航空发动机（集团）有限责任公司		大连华锐重工集团股份有限公司	辽宁五一八内燃机配件有限公司
大连海事大学		沈阳工业大学	鞍钢集团矿业有限公司
大连华锐股份有限公司		沈阳飞机工业（集团）有限公司	沈阳仪表科学研究院有限公司
		沈阳建筑大学	大连民族大学
		中国第一重型机械股份公司	本钢板材股份有限公司
		中国科学院金属研究所	大连益利亚工程机械有限公司
		鞍钢集团矿业公司	一重集团大连工程技术有限公司
		鞍钢股份有限公司	大连海洋大学

强力型创新主体：辽宁省自动化系统方向强力型创新主体以高校和企业为主。如表4-30所示，专利授权量前三的主体为大连理工大学、东北大学和沈阳黎明航空发动机（集团）有限责任公司，其中大连理工大学远超其他创新主体。沈阳黎明航空发动机（集团）有限责任公司是国家"一五"期间156项重点工程项目之一，新中国第一个航空涡轮喷气发动机制造企业，中国大、中型航空喷气式发动机科研生产基地，其在自动化系统方向授权的专利主要与航空发动机各个组件相关。

表4-30 强力型创新主体

创新主体	最早专利授权年	最晚专利授权年	授权专利总量
大连理工大学	2003	2021	329
东北大学	2000	2022	106
沈阳黎明航空发动机（集团）有限责任公司	2007	2016	54
大连海事大学	2007	2020	44
大连华锐股份有限公司	2005	2010	18

潜力型创新主体：如表4-31所示，辽宁省自动化系统方向只有一个潜力型创新主体，为大连益联金属成型有限公司。大连益联金属成型有限公司主要从事金属冲压件、模具材料、机械零部件的加工，但该公司在2015年之后就没有再授权相关专利，其在自动化系统方向授权的专利主要与金属模具相关。

表4-31　潜力型创新主体

创新主体	最早专利授权年	最晚专利授权年	授权专利总量
大连益联金属成型有限公司	2013	2015	11

老牌型创新主体：辽宁省自动化系统方向老牌型创新主体以企业、科研单位和高校为主。如表4-32所示，专利授权量前三的主体为中国科学院沈阳自动化研究所、辽宁工程技术大学和大连华锐重工集团股份有限公司。辽宁工程技术大学电气与控制工程学院设有电气工程及其自动化、智能电网信息工程、电气工程与智能控制、自动化、机器人工程、测控技术与仪器等6个本科专业，其中电气工程及其自动化、测控技术与仪器2个专业为国家一流专业，自动化专业为辽宁省一流专业。大连华锐重工集团股份有限公司主要为冶金、港口、能源、矿山、工程、交通、航空航天、造船、环保等国民经济基础产业提供大型高端装备和全生命周期智能服务解决方案，现已形成冶金机械、起重机械、散料装卸机械、港口机械、能源机械、传动与控制系统、船用零部件、工程机械、海工机械等九大产品结构，其在自动化系统方向授权的专利主要与起重装置相关。

表4-32　前十老牌型创新主体

创新主体	最早专利授权年	最晚专利授权年	授权专利总量
中国科学院沈阳自动化研究所	1998	2021	69
辽宁工程技术大学	2002	2021	40
大连华锐重工集团股份有限公司	2009	2020	33
沈阳工业大学	2004	2020	26
沈阳飞机工业（集团）有限公司	2008	2020	26
沈阳建筑大学	2004	2019	26
中国第一重型机械股份公司	2009	2021	24
中国科学院金属研究所	1994	2020	19
鞍钢集团矿业公司	2008	2014	19
鞍钢股份有限公司	2006	2020	16

新晋型创新主体：辽宁省自动化系统方向新晋型创新主体以企业和高校为主。如表4-33所示，专利授权量前三的主体为辽宁科技大学、中冶北方（大连）工程技术有限公

司和辽宁五一八内燃机配件有限公司。辽宁科技大学机械工程与自动化学院依托"辽宁省科技厅复杂工件表面特种加工重点实验室"、"辽宁省高校冶金设备及过程控制重点实验室"和"辽宁省科技厅冶金装备和智能控制重点实验室"3个省级重点实验室和"机械设计制造及其自动化省级实验教学示范中心"，现拥有数控加工中心、机电一体化、冶金装备、机械基础实验、液压传动与控制、CAD/CAM中心等现代化的教学和实验平台。中冶北方（大连）工程技术有限公司是中央直属的大型科技型企业、全国首批勘察设计综合实力百强单位，主要从事冶金矿山、非金属矿山、黄金矿山、选矿、烧结、球团、冶金工厂、工业与民用建筑、热电、建材、自动控制、市政工程等行业领域的技术咨询、工程设计、设备成套和工程总承包，并承揽工程建设监理、科技开发、非标设备设计制造、环境治理与环境评价等业务。辽宁五一八内燃机配件有限公司是集产品研发、生产制造、服务国内外市场于一体的中国大马力发动机曲轴和锻件的专业生产企业，船用发动机曲轴骨干生产企业，国家级高新技术企业，产品覆盖汽车、工程机械、船舶、石油、矿山、铁路、压缩机、鼓风机和发电机组等领域。

表4-33　前十新晋型创新主体

创新主体	最早专利授权年	最晚专利授权年	授权专利总量
辽宁科技大学	2011	2020	14
中冶北方（大连）工程技术有限公司	2014	2020	13
辽宁五一八内燃机配件有限公司	2012	2018	12
鞍钢集团矿业有限公司	2016	2021	9
沈阳仪表科学研究院有限公司	2014	2019	9
大连民族大学	2016	2019	7
本钢板材股份有限公司	2013	2020	7
大连益利亚工程机械有限公司	2012	2016	7
一重集团大连工程技术有限公司	2019	2021	6
大连海洋大学	2012	2020	6

（3）主要创新主体技术布局分析。同样统计辽宁省内重点专利权人所布局的技术领域，揭示其技术研发重点和技术优势。发明专利数量排名前二十的专利权人的主要IPC（2/8法则）分布、技术主题分布以及同族专利所布局的国家见表4-34。从辽宁省角度统计发现，Top20专利权人的主要IPC共涉及52个技术，其中G01（375）、B66（130）、B23（126）、B24（123）和E21（99）是主要技术；前20专利权人包含大学（8家）、研究所（2家）和企业（11家），排名前3的专利权人为：大连理工大学、东北大学、中国科学院沈阳自动化研究所。创新主体海外布局专利数量较少。

表4-34 辽宁省专利权人技术领域分布及布局国家

创新主体	IPC	数量	含义	主题	数量	布局	数量
大连理工大学	G01	183	测量；测试	检测和测量装置	124	CN	329
	B24	62	磨削；抛光	激光测量与传感装置	47	US	7
	B23	38	机床；其他类目中不包括的金属加工	数控加工系统	42	WO	6
	B66	27	卷扬；提升；牵引	测试和监测系统	35	AU	1
	G06	23	计算；推算或计数	自动化制造装备	30		
	E21	13	土层或岩石的钻进；采矿	光学滤光装置	28		
				冲压和锻造方法	18		
				抛光打磨装置	5		
东北大学	G01	37	测量；测试	测试和监测系统	31	CN	106
	E21	29	土层或岩石的钻进；采矿	检测和测量装置	18	US	1
	B24	21	磨削；抛光	激光测量与传感装置	14	AU	1
	B23	12	机床；其他类目中不包括的金属加工	数控加工系统	14		
	G06	8	计算；推算或计数	自动化制造装备	10		
	B66	6	卷扬；提升；牵引	冲压和锻造方法	9		
				光学滤光装置	6		
				抛光打磨装置	4		
中国科学院沈阳自动化研究所	G01	47	测量；测试	检测和测量装置	37	CN	69
	G06	9	计算；推算或计数	自动化制造装备	20	WO	3
	B66	9	卷扬；提升；牵引	数控加工系统	4	AU	1
	B23	7	机床；其他类目中不包括的金属加工	测试和监测系统	3		
				激光测量与传感装置	3		
				冲压和锻造方法	2		
中国航发沈阳黎明航空发动机有限责任公司	B21	29	基本上无切削的金属机械加工；金属冲压	冲压和锻造方法	40	CN	60
	B23	21	机床；其他类目中不包括的金属加工	自动化制造装备	6		
	G01	8	测量；测试	数控加工系统	6		
				检测和测量装置	5		
				测试和监测系统	2		
				光学滤光装置	1		

续表

创新主体	IPC	数量	含义	主题	数量	布局	数量
大连海事大学	G01	24	测量；测试	检测和测量装置	16	CN	44
	B66	9	卷扬；提升；牵引	激光测量与传感装置	16		
	G05	8	控制；调节	冲压和锻造方法	3		
	B01	3	一般的物理或化学的方法或装置	自动化制造装备	3		
	B23	3	机床；其他类目中不包括的金属加工	测试和监测系统	3		
				数控加工系统	2		
				光学滤光装置	1		
辽宁工程技术大学	E21	19	土层或岩石的钻进；采矿	测试和监测系统	17	CN	40
	G01	17	测量；测试	检测和测量装置	14		
	G06	6	计算；推算或计数	自动化制造装备	4		
	B24	3	磨削；抛光	激光测量与传感装置	2		
				抛光打磨装置	2		
				数控加工系统	1		
大连华锐重工集团股份有限公司	B66	32	卷扬；提升；牵引	自动化制造装备	24	CN	33
				测试和监测系统	3		
				检测和测量装置	3		
				抛光打磨装置	2		
				激光测量与传感装置	1		
沈阳飞机工业（集团）有限公司	G01	10	测量；测试	冲压和锻造方法	13	CN	26
	B24	7	磨削；抛光	检测和测量装置	6		
	B21	7	基本上无切削的金属机械加工；金属冲压	自动化制造装备	3		
	B23	4	机床；其他类目中不包括的金属加工	抛光打磨装置	2		
				数控加工系统	2		
沈阳工业大学	G01	15	测量；测试	检测和测量装置	10	CN	26
	B23	6	机床；其他类目中不包括的金属加工	数控加工系统	5		
	G06	3	计算；推算或计数	激光测量与传感装置	4		
	B21	2	基本上无切削的金属机械加工；金属冲压	冲压和锻造方法	2		
	E21	2	土层或岩石的钻进；采矿	自动化制造装备	2		

创新主体	IPC	数量	含义	主题	数量	布局	数量
沈阳工业大学				抛光打磨装置	1		
				测试和监测系统	1		
				光学滤光装置	1		
沈阳建筑大学	B66	11	卷扬；提升；牵引	自动化制造装备	11	CN	26
	G01	8	测量；测试	数控加工系统	5		
	B24	6	磨削；抛光	激光测量与传感装置	4		
	E04	3	建筑物	检测和测量装置	3		
	F16	2	工程元件或部件；为产生和保持机器或设备的有效运行的一般措施；一般绝热	抛光打磨装置	1		
	B23	2	机床；其他类目中不包括的金属加工	测试和监测系统	1		
				光学滤光装置	1		
中国第一重型机械股份公司	B30	12	压力机	自动化制造装备	12	CN	24
	B21	6	基本上无切削的金属机械加工；金属冲压	抛光打磨装置	5		
	B66	5	卷扬；提升；牵引	测试和监测系统	3		
	B24	2	磨削；抛光	数控加工系统	2		
				检测和测量装置	1		
				冲压和锻造方法	1		
鞍钢集团矿业公司	E21	15	土层或岩石的钻进；采矿	测试和监测系统	8	CN	19
	B66	3	卷扬；提升；牵引	冲压和锻造方法	8		
	F42	3	弹药；爆破	自动化制造装备	2		
				抛光打磨装置	1		
中国科学院金属研究所	B21	16	基本上无切削的金属机械加工；金属冲压	冲压和锻造方法	14	CN	19
	G06	3	计算；推算或计数	自动化制造装备	1		
	G01	2	测量；测试	数控加工系统	1		
	B30	2	压力机	检测和测量装置	1		
	H01	2	基本电气元件	激光测量与传感装置	1		
	B66	17	卷扬；提升；牵引	光学滤光装置	1		

创新主体	IPC	数量	含义	主题	数量	布局	数量
大连华锐股份有限公司				自动化制造装备	14	CN	18
				测试和监测系统	4		
鞍钢股份有限公司	G01	6	测量；测试	自动化制造装备	5	CN	16
	B23	6	机床；其他类目中不包括的金属加工	检测和测量装置	4		
	B66	3	卷扬；提升；牵引	测试和监测系统	3		
	B24	2	磨削；抛光	激光测量与传感装置	2		
				冲压和锻造方法	1		
				数控加工系统	1		
沈阳新松机器人自动化股份有限公司	G01	8	测量；测试	检测和测量装置	8	CN	15
	B66	3	卷扬；提升；牵引	自动化制造装备	4		
	G05	2	控制；调节	数控加工系统	2		
	B23	2	机床；其他类目中不包括的金属加工	激光测量与传感装置	1		
	B25	1	手动工具；轻便机动工具；手动器械的手柄；车间设备；机械手				
辽宁科技大学	E21	6	土层或岩石的钻进；采矿	测试和监测系统	4	CN	14
	B24	5	磨削；抛光	自动化制造装备	3		
	G01	2	测量；测试	数控加工系统	3		
	F42	2	弹药；爆破	冲压和锻造方法	2		
				检测和测量装置	1		
				光学滤光装置	1		
沈阳理工大学	B23	6	机床；其他类目中不包括的金属加工	检测和测量装置	5	CN	14
	G01	5	测量；测试	数控加工系统	4		
	G06	2	计算；推算或计数	自动化制造装备	2		
	G02	1	光学	光学滤光装置	2		
	B24	1	磨削；抛光	抛光打磨装置	1		
	A01	1	农业；林业；畜牧业；狩猎；诱捕；捕鱼				

创新主体	IPC	数量	含义	主题	数量	布局	数量
中冶北方（大连）工程技术有限公司	E21	13	土层或岩石的钻进；采矿	冲压和锻造方法	8	CN	13
				测试和监测系统	5		
辽宁五一八内燃机配件有限公司	B21	11	基本上无切削的金属机械加工；金属冲压	冲压和锻造方法	7	CN	12
				数控加工系统	2		
				检测和测量装置	1		
				自动化制造装备	1		
				抛光打磨装置	1		
中捷机床有限公司	B23	12	机床；其他类目中不包括的金属加工	数控加工系统	12	CN	12

（五）主要专利发明人分析

1. 全国情况分析

中国智能制造领域自动化系统方向专利首位发明人主要来自高校与民营企业，全国专利发明人专利数量Top100中（表4-35），属于高校的专利发明人有56人，属于民营企业的专利发明人有35人。专利发明数量前三的发明人为赵维谦（北京理工大学）、谭久彬（哈尔滨工业大学）、赵升吨（西安交通大学）。赵维谦是北京理工大学光电学院教授，博士生导师，他所在学科为仪器科学与技术，主要研究方向为精密光电测试技术与仪器。承担或完成了国家重大科学仪器设备开发专项项目、国家"863计划"主题项目、国家自然科学基金科学仪器研究专款项目等30余项科研项目。谭久彬是哈尔滨工业大学仪器科学与技术学科教授、博导，任精密仪器工程研究院院长。兼任国家计量战略专家咨询委员会委员，国际测量与仪器委员会（ICMI）常务委员等。他一直从事精密测量与仪器工程的科研与人才培养工作，致力于高端装备制造中的超精密测量与仪器工程研究，提出多模复合运动基准方法、多轴运动基准误差分离方法和主动负刚度隔微振方法等。赵升吨是西安交通大学机械电子工程专业博士生导师，他从事的主要的研究方向包括：机、电、液系统的计算机监控；人工智能与智能控制；流体传动系统及控制；超声加工；半固态精密加工；振动与噪声控制；数字式交流伺服及直线电动机驱动的机械设备；柔性可控机构学；绿色制造技术等。

其中辽宁省位于全国专利发明人专利数量Top100的发明人有刘巍（大连理工大学）、康仁科（大连理工大学）、凌四营（大连理工大学）。刘巍是大连理工大学机械工程学院副院长，教授、博士生导师。研究方向为复杂环境下几何量与物理量的精密测控、智能检测与智能制造，主要聚焦于基于多传感器融合和大数据的智能制造、复杂环境下几何量与物理量精密测控等方面的研究工作。康仁科是大连理工大学教授、博士生导师，他的研究方向包括精密和超精密加工技术、半导体制造工艺与装备、特种和复合加工技术、数字化制造装备。凌四营是机械工程学院副教授，硕士研究生导师，主要从事高性能零件超精密制造研究，研制成功了齿轮国际标准中最高精度（1级）的标准齿轮并提供给中国计量科学研究院，用于我国齿轮溯源与量值传递的实体基准。

表4-35 自动化系统方向全国专利发明人专利数量Top100统计

序号	姓名	机构	数量
1	赵维谦	北京理工大学	73
2	谭久彬	哈尔滨工业大学	65
3	赵升吨	西安交通大学	53
4	张旨光	鸿富锦精密工业（深圳）有限公司	51
5	周常河	中国科学院上海光学精密机械研究所	51
6	刘巍	大连理工大学	49
7	刘俭	哈尔滨工业大学	47
8	金亚东	宁波长阳科技股份有限公司	46
9	左忠斌	天目爱视（北京）科技有限公司	46
10	冯国瑞	太原理工大学	41
11	徐观	吉林大学	37
12	杨军	哈尔滨工程大学	37
13	唐根初	南昌欧菲光显示技术有限公司	33
14	王永良	中国科学院上海微系统与信息技术研究所	33
15	郭隐彪	厦门大学	32
16	刘浏	江苏理工学院	32
17	沃伦·布朗	苏州宝时得电动工具有限公司	32
18	詹纯新	中联重科股份有限公司	32

序号	姓名	机构	数量
19	张广军	北京航空航天大学	32
20	达飞鹏	东南大学	30
21	冯雪	清华大学	29
22	崔继文	哈尔滨工业大学	28
23	单增海	徐州重型机械有限公司	28
24	丁华锋	燕山大学	28
25	郝群	北京理工大学	28
26	林柏泉	中国矿业大学	28
27	石照耀	北京工业大学	28
28	谢惠民	清华大学	28
29	詹姆斯·G.迪克	江苏多维科技有限公司	28
30	张书练	清华大学	27
31	翟成	中国矿业大学	26
32	翟人宽	上海联影医疗科技有限公司	26
33	邱玉良	荣成华东锻压机床股份有限公司	26
34	谭欣然	哈尔滨工业大学	25
35	梁大伟	合肥市春华起重机械有限公司	24
36	章绍汉	鸿富锦精密工业（深圳）有限公司	23
37	伏燕军	南昌航空大学	22
38	胡鹏程	哈尔滨工业大学	22
39	康仁科	大连理工大学	22
40	赵慧洁	北京航空航天大学	22
41	吕昌岳	鸿富锦精密工业（深圳）有限公司	21
42	吕亮	安徽大学	21
43	周命端	北京建筑大学	21
44	李斌成	中国科学院光电技术研究所	20
45	刘凯	四川大学	20
46	罗培栋	宁波东旭成新材料科技有限公司	20
47	朱煜	清华大学	20
48	路新春	清华大学	19
49	罗先刚	中国科学院光电技术研究所	19

序号	姓名	机构	数量
50	曾捷	南京航空航天大学	18
51	陈洪芳	北京工业大学	18
52	陈杰良	鸿富锦精密工业（深圳）有限公司	18
53	房建成	北京航空航天大学	18
54	哈利·索默	苏州宝时得电动工具有限公司	18
55	匡翠方	浙江大学	18
56	严培义	严培义	18
57	余桂萍	苏州旭创精密模具有限公司	18
58	张吉雄	中国矿业大学	18
59	张迎年	安徽力源数控刃模具制造有限公司	18
60	周欣	中国科学院武汉物理与数学研究所	18
61	曾艺	重庆工商大学	17
62	陈美青	陈美青	17
63	施鑫铺	衢州市优德工业设计有限公司	17
64	王钦华	苏州大学	17
65	魏忠	无锡市中捷减震器有限公司	17
66	张永俊	广东工业大学	17
67	周群飞	蓝思科技（长沙）有限公司	17
68	陈钱	南京理工大学	16
69	贾书海	西安交通大学	16
70	刘东	浙江大学	16
71	陆昱森	宁波市鄞州风名工业产品设计有限公司	16
72	潘立友	山东科技大学	16
73	邱丽荣	北京理工大学	16
74	唐强	中芯国际集成电路制造（上海）有限公司	16
75	王运敏	中钢集团马鞍山矿山研究院有限公司	16
76	王占山	同济大学	16
77	王昭	西安交通大学	16
78	张白	北方民族大学	16
79	张士松	苏州宝时得电动工具有限公司	16
80	张淞源	大庆市天德忠石油科技有限公司	16

序号	姓名	机构	数量
81	赵欢	华中科技大学	16
82	郑青焕	深圳深蓝精机有限公司	16
83	樊仲维	北京国科世纪激光技术有限公司	15
84	凌四营	大连理工大学	15
85	刘世元	华中科技大学	15
86	陆卫	中国科学院上海技术物理研究所	15
87	倪敬	杭州电子科技大学	15
88	宁瑞鹏	华东师范大学	15
89	史波	宁波鑫晟工具有限公司	15
90	杨祖成	杨祖成	15
91	张效栋	天津大学	15
92	陈荣火	力山工业股份有限公司	14
93	邓君	东莞理工学院	14
94	高志山	南京理工大学	14
95	何鹏申	安徽江淮汽车集团股份有限公司	14
96	胡摇	北京理工大学	14
97	姜晨	上海理工大学	14
98	李兵	西安交通大学	14
99	李术才	山东大学	14
100	李中伟	华中科技大学	14

2. 辽宁情况分析

辽宁省智能制造领域自动化系统方向专利首位发明人主要来自高校与民营企业，辽宁省专利发明人专利数量Top100中（表4-36），属于民营企业的专利发明人有33人，属于高校的专利发明人有57人。专利发明数量前三位的发明人为刘巍（大连理工大学）、康仁科（大连理工大学）、凌四营（大连理工大学），均位于全国专利发明人专利数量前100位之列。紧随其后的为贾振元（大连理工大学）、董志刚（大连理工大学）、侯嘉（大连钛鼎重工有限公司）。贾振元是大连理工大学机械工程学院教授，博士生导师，他长期致力于高端装备高性能零部件控形控性机械加工理论、技术与装备研究。董志刚是大连理工大学机械工程学院教授，博士生导师，大连理工大学高性能精密制造科研创新团队成员，主要从事航空难加工材料高效加工技术、精密超精密加工技术研究工作。侯嘉是大连钛鼎重工有限公司的法定代表人，该公司主要经营范围包括起重吊具、夹钳制造、研发、销售；特种起重设备维修、货物进出口。

表4-36 自动化系统方向辽宁省专利发明人专利数量Top100统计

序号	姓名	机构	数量
1	刘巍	大连理工大学	49
2	康仁科	大连理工大学	22
3	凌四营	大连理工大学	15
4	贾振元	大连理工大学	13
5	董志刚	大连理工大学	9
6	侯嘉	大连钛鼎重工有限公司	9
7	邵安林	鞍钢集团矿业公司	9
8	王学滨	辽宁工程技术大学	9
9	张振宇	大连理工大学	8
10	郭江	大连理工大学	7
11	任凤玉	东北大学	7
12	关广丰	大连海事大学	6
13	孙冬生	大连益联金属成型有限公司	6
14	徐宏伟	大连华锐重工集团股份有限公司	6
15	赵吉宾	中国科学院沈阳自动化研究所	6
16	赵雪峰	大连理工大学	6
17	周平	大连理工大学	6
18	曹旭阳	大连理工大学	5
19	常丽	沈阳工业大学	5
20	高航	大连理工大学	5
21	李元辉	东北大学	5
22	梁伟成	梁伟成	5
23	梁正召	大连理工大学	5
24	齐忠昱	沈阳铝镁设计研究院	5
25	时军奎	大连华锐重工集团股份有限公司	5
26	孙明月	中国科学院金属研究所	5
27	王述红	东北大学	5
28	吴玉厚	沈阳建筑大学	5

序号	姓名	机构	数量
29	焉永才	辽宁五一八内燃机配件有限公司	5
30	张秀峰	大连民族大学	5
31	朱祥龙	大连理工大学	5
32	蔡引娣	大连理工大学	4
33	陈海泉	大连海事大学	4
34	陈晓青	辽宁科技大学	4
35	郭正刚	大连理工大学	4
36	李斌	沈阳建筑大学	4
37	刘威	东软集团股份有限公司	4
38	刘元利	大连博瑞重工有限公司	4
39	屈福政	大连理工大学	4
40	任亮	大连理工大学	4
41	孙丽	沈阳建筑大学	4
42	王兵	中国第一重型机械集团大连加氢反应器制造有限公司	4
43	熊木地	大连海事大学	4
44	姚红梅	沈阳黎明航空发动机（集团）有限责任公司	4
45	赵勇	东北大学	4
46	朱丽	沈阳飞机工业（集团）有限公司	4
47	朱思俊	中国科学院沈阳自动化研究所	4
48	陈秀艳	沈阳师范大学	3
49	戴恒震	大连理工大学	3
50	董再励	中国科学院沈阳自动化研究所	3
51	付柯	东北大学	3
52	高国鸿	大连三高集团有限公司	3
53	宫国慧	鞍钢集团矿业公司	3
54	郭子源	中冶北方（大连）工程技术有限公司	3
55	郝铁文	一重集团大连设计研究院有限公司	3
56	黄开宇	大连益联金属成型有限公司	3
57	金洙吉	大连理工大学	3
58	蓝益鹏	沈阳工业大学	3
59	李东炬	大连大友高技术陶瓷有限公司	3

序号	姓名	机构	数量
60	李东炬	李东炬	3
61	廖祖平	大连探索者科技有限公司	3
62	蔺帅宇	中冶北方（大连）工程技术有限公司	3
63	刘春时	中捷机床有限公司	3
64	刘海波	大连理工大学	3
65	刘洪云	刘洪云	3
66	刘浪	沈阳同联集团高新技术有限公司	3
67	刘志勇	辽宁抚挖重工机械股份有限公司	3
68	娄志峰	大连理工大学	3
69	罗怡	大连理工大学	3
70	齐忠昱	沈阳铝镁设计研究院有限公司	3
71	任少鹏	沈阳仪表科学研究院有限公司	3
72	任同群	大连理工大学	3
73	史建华	东软飞利浦医疗设备系统有限责任公司	3
74	王福吉	大连理工大学	3
75	王俊生	大连海事大学	3
76	王晓东	大连理工大学	3
77	王永青	大连理工大学	3
78	王元刚	大连大学	3
79	武湛君	大连理工大学	3
80	徐帅	东北大学	3
81	薛兴伟	沈阳建筑大学	3
82	闫英	大连理工大学	3
83	于德海	大连光洋科技工程有限公司	3
84	于天彪	东北大学	3
85	袁国东	葫芦岛天力工业有限公司	3
86	张承臣	沈阳隆基电磁科技股份有限公司	3
87	张殿华	东北大学	3
88	张华隆	张华隆	3
89	张珂	沈阳建筑大学	3
90	张强	辽宁工程技术大学	3

序号	姓名	机构	数量
91	张筠	沈阳飞机工业（集团）有限公司	3
92	郑师光	沈阳海默数控机床有限公司	3
93	周智	大连理工大学	3
94	邹德高	大连理工大学	3
95	邹媛媛	中国科学院沈阳自动化研究所	3
96	安毅	大连理工大学	2
97	蔡长宇	辽河石油勘探局	2
98	曹永泽	大连海事大学	2
99	陈珂	大连理工大学	2
100	陈晓东	沈阳中北真空磁电科技有限公司	2

（六）结论

辽宁省自动化系统技术专利获得授权同样起步于1980年代，2000年开始进入增长期，至2014年一直保持增长态势，但在2016年前后又有些许下降，再至2020年开始进入瓶颈期，专利授权数量呈波动下降态势，这与我国智能制造装备技术专利的总体授权趋势基本吻合。增长率的比较分析得出，辽宁省整体授权专利变化率波动不大，整体增长率相对平缓，增长期基本与全国保持一致，技术创新态势较为平稳。

辽宁省自动化系统技术专利主要集中在G01（测量；测试）、B23（机床；其他类目中不包括的金属加工）、B66（卷扬；提升；牵引）、B24（磨削；抛光）、E21（土层或岩石的钻进；采矿）、B21（基本上无切削的金属机械加工；金属冲压），该前六项IPC大类号授权专利占总量的86.86%，其中辽宁省在B23和E21大类较全国占比具有一定的优势。

辽宁省自动化系统技术主题分布主要集中在检测和测量装置、数控加工系统、测试和监测系统和冲压和锻造方法、自动化制造装备五个方向上，其中前4个方向上较全国授权专利占比更多，具有一定的技术创新优势。

辽宁省自动化系统技术的创新主体是企业和高校，且相对集中，排名第一的大连理工大学的专利授权量远超其他创新主体。前20名创新主体所授权的专利数量占辽宁省智能制造装备总量的52.8%。其中，授权数量前三的创新主体为大连理工大学、东北大学和中国科学院沈阳自动化研究所。

辽宁省自动化系统技术创新主体主要为老牌型创新主体和新晋型创新主体，大部分创新主体在2000年之后才授权获得第一件专利。强力型创新主体包括大连理工大学、东北大学以及沈阳黎明航空发动机（集团）有限责任公司；潜力型创新主体只有一个，为大连益联金属成型有限公司；老牌型创新主体包括中国科学院沈阳自动化研究所、辽宁工程技术大学和大连华锐重工集团股份有限公司；新晋型创新主体有辽宁科技大学、中冶北方（大连）工程技术有限公司和辽宁五一八内燃机配件有限公司。

辽宁省自动化系统技术主要创新主体技术布局分析中，各主要创新主体，如大连理工大学、东北大学、中国科学院沈阳自动化研究所等所涉及技术主题和IPC分布均较为广泛，主要的IPC和8大技术主题均有布局。但各创新主体整体海外布局专利数量较少，仅在WO、US、JP等专利局有零星专利布局。

辽宁省自动化系统技术发明人统计结果显示，发明人主要来自高校与民营企业，专利数量Top100中，属于高校的专利发明人有56人，属于民营企业的专利发明人有35人。主要为刘巍（大连理工大学）、康仁科（大连理工大学）、凌四营（大连理工大学）、贾振元（大连理工大学）、董志刚（大连理工大学）、侯嘉（大连钛鼎重工有限公司）等人。

三、机器人专利分析

（一）数据来源

以国家知识产权局发布的《战略性新兴产业分类与国际专利分类参照关系表（2021）（试行）》文件中"2.1智能制造装备产业国际专利分类对照关系"为依据，整合文件中划分内容，梳理IPC对应关系，制定机器人专利检索式如表4-37所示。利用检索式在incoPat专利数据库中共检索到国家知识产权局获批授权的"机器人"中国发明专利58532件（检索时间截至2022年5月26日）。

表4-37　机器人专利检索式及数量

检索式	全国数量	辽宁省数量	占比
（IPC=B25J11* ORB25J19* ORB23P19* ORB25J1* ORB25J13* ORB25J18* ORB25J21* ORB41J2* ORF16C* orB22C* ORB23K9* ORB23K11* ORB23K31* ORB23K37* ORB23K15* ORB23K28* ORB23K33* ORB23K26*）NOT（IPC=F16C33* orB23K37/00）	58532	1958	3.35%

（二）技术构成分析

1. 主要IPC分布

全国机器人技术专利共58532项，共涉及116类IPC大类，其中36个IPC大类下专利共有57326项，占比97.94%，具体IPC大类含义及专利数量统计见表4-38。

表4-38　机器人技术主要IPC分布统计

数量排序	IPC大类及含义	全国		辽宁			序差	占比差
		数量	占比	数量	占比	排序		
1	B23：机床；其他类目中不包括的金属加工	27799	47.49%	924	47.19%	1	0	−0.30%
2	B25：手动工具；轻便机动工具；手动器械的手柄；车间设备；机械手	9688	16.55%	309	15.78%	3	−1	−0.77%
3	B22：铸造；粉末冶金	5906	10.09%	375	19.15%	2	1	9.06%
4	F16：工程元件或部件；为产生和保持机器或设备的有效运行的一般措施；一般绝热	4116	7.03%	98	5.01%	4	0	−2.02%
5	B41：印刷；排版机；打字机；模印机	4083	6.98%	60	3.06%	5	0	−3.92%
6	H01：基本电气元件	594	1.01%	5	0.26%	15	−9	−0.75%
7	C22：冶金；黑色或有色金属合金；合金或有色金属的处理	446	0.76%	25	1.28%	6	1	0.52%
8	G01：测量；测试	402	0.69%	11	0.56%	9	−1	−0.13%
9	B65：输送；包装；贮存；搬运薄的或细丝状材料	372	0.64%	6	0.31%	14	−5	−0.33%
10	G06：计算；推算或计数	353	0.60%	8	0.41%	13	−3	−0.19%
11	H02：发电、变电或配电	338	0.58%	11	0.56%	10	1	−0.02%
12	B21：基本上无切削的金属机械加工；金属冲压	268	0.46%	15	0.77%	8	4	0.31%
13	G02：光学	225	0.38%	1	0.05%	37	−24	−0.33%
14	B24：磨削；抛光	218	0.37%	5	0.26%	16	−2	−0.11%
15	A61：医学或兽医学；卫生学	190	0.32%	3	0.15%	25	−10	−0.17%
16	C23：对金属材料的镀覆；用金属材料对材料的镀覆；表面化学处理；金属材料的扩散处理；真空蒸发法、溅射法、离子注入法或化学气相沉积法的一般镀覆；金属材料腐蚀或积垢的一般抑制	182	0.31%	19	0.97%	7	9	0.66%
17	B62：无轨陆用车辆	167	0.29%	8	0.41%	11	6	0.12%
18	B05：一般喷射或雾化；对表面涂覆液体或其他流体的一般方法	162	0.28%	5	0.26%	18	0	−0.02%

数量排序	IPC大类及含义	全国		辽宁			序差	占比差
		数量	占比	数量	占比	排序		
19	B29：塑料的加工；一般处于塑性状态物质的加工	148	0.25%	1	0.05%	39	−20	−0.20%
20	G05：控制；调节	139	0.24%	5	0.26%	17	3	0.02%
21	H05：其他类目不包含的电技术	136	0.23%	1	0.05%	44	−23	−0.18%
22	A47：家具；家庭用的物品或设备；咖啡磨；香料磨；一般吸尘器	133	0.23%	4	0.20%	21	1	−0.03%
23	F04：液体变容式机械；液体泵或弹性流体泵	126	0.22%	5	0.26%	19	4	0.04%
24	B08：清洁	119	0.20%	无	无	无		
25	B63：船舶或其他水上船只；与船有关的设备	113	0.19%	4	0.20%	20	5	0.01%
26	B66：卷扬；提升；牵引	110	0.19%	2	0.10%	31	−5	−0.09%
27	A01：农业；林业；畜牧业；狩猎；诱捕；捕鱼	108	0.18%	无	无	无		
28	C08：有机高分子化合物；其制备或化学加工；以其为基料的组合物	105	0.18%	2	0.10%	29	−1	−0.08%
29	B60：一般车辆	81	0.14%	1	0.05%	42	−13	−0.09%
30	H04：电通信技术	79	0.13%	1	0.05%	38	−8	−0.08%
31	F02：燃烧发动机；热气或燃烧生成物的发动机装置	78	0.13%	2	0.10%	33	−2	−0.03%
32	E04：建筑物	73	0.12%	无	无	无		
33	B64：飞行器；航空；宇宙航行	71	0.12%	2	0.10%	32	1	−0.02%
34	C21：铁的冶金	69	0.12%	3	0.15%	24	10	0.03%
35	C09：染料；涂料；抛光剂；天然树脂；黏合剂；其他类目不包含的组合物；其他类目不包含的材料的应用	65	0.11%	3	0.15%	23	12	0.04%
36	E21：土层或岩石的钻进；采矿	64	0.11%	2	0.10%	28	8	−0.01%
合计		57326	97.94%	1926	98.37%			

我国58532项机器人专利主要分布在IPC大类号B23（机床；其他类目中不包括的金属）中，共27799项（占47.49%），其次为B25（手动工具；轻便机动工具；手动器械的手柄；车间设备；机械手）类，共9688项（占16.55%），第三位的是B22（铸造；粉末冶金）大类，共5906项专利（占10.09%）。辽宁省1958项机器人专利也主要分布在这三大IPC类中，分别占比为924项（占47.19%）、309项（占15.78%）和375项（占19.15%）。

对比分析可知，辽宁省在B22（铸造；粉末冶金）方向上优势明显，具有9%左右的占比优势；而在B41（印刷；排版机；打字机；模印机）、F16（工程元件或部件；为产生和保持机器或设备的有效运行的一般措施；一般绝热）2个技术方向具有2%至4%左右的占比劣势，其余IPC大类占比差距在上下1%以内，大致相当。

2. 主要技术主题分析

将58532项机器人方向专利，使用LDA主题模型进行主要技术主题分析，共聚类为7个技术主题，即1工业机器人、2服务消费机器人、3特殊作业机器人、4激光切割和加工设备、5智能焊接设备、6连接装配设备和7智能铸造技术。具体见图4-41。

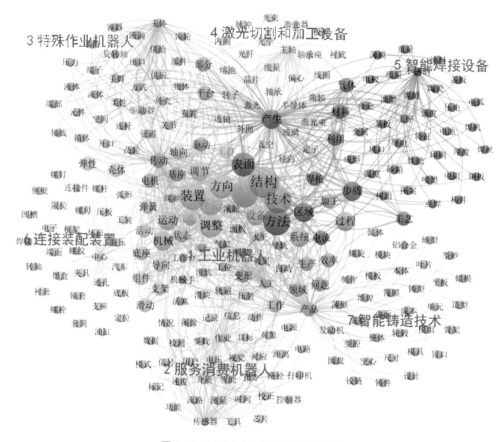

图4-41 机器人方向专利主题聚类结果

（1）技术主题1工业机器人。该技术主题具体专利涉及搬运、喷涂、焊接、装配等用途的工业用机器人设备，其并不仅仅为类人外貌的机械或电子装置，更多为具备自动控制或重复编程的机械结构，能够实现滑动、抓取或移动等功能的工具或工件。通常，工业机器人由6项基本元素所组成，包括：结构，臂端工具，电脑数码控制器，驱动器，量度回输系统和感应器。

（2）技术主题2服务消费机器人。该技术主题方向机器人除同工业机器人具备相似的结构和元素外，其设备用途更多偏向于服务消费类场景，如酒店、商场、卫生、医疗、家务等不同场景，提供送货、导航、清洁、提醒等不同服务。服务消费方向机器人作为近些年新兴的智能制造生产门类，具有巨大的商用市场潜力，受到越来越多的企业和消费群体关注。

（3）技术主题3特殊作业机器人。该技术主题具体指除工业机器人、服务消费型以外的机器人，一般应用于专门领域，经过专门培训的人员操纵或使用，辅助或替代人执行任务的机器人，依据应用行业，又可分为农业、电力、建筑、物流、医疗、护理、康复、安防与救援、军用、核工业、矿业、石油化工、市政工程等，常见的功能主要包括采掘、安装、检测、维护、维修、巡检、侦察、 排爆、搜救、输送、诊断、治疗、康复、清洁等。

（4）技术主题4激光切割和加工设备。该技术主题具体为激光切割和加工设备类专利技术，其主要利用经聚焦的高功率密度激光束照射工件，使被照射的材料迅速熔化、汽化、烧蚀或达到燃点，同时借助与光束同轴的高速气流吹除熔融物质，从而实现将工件割开，完成对材料的切割和加工。该类设备当前广泛应用于钣金加工、广告标牌字制作、高低压电器柜制作、机械零件、厨具、汽车、机械、金属工艺品、锯片、电器零件、眼镜行业、弹簧片、电路板、电水壶、医疗微电子、五金等行业。

（5）技术主题5智能焊接设备。该技术主题具体是指从事焊接（包括切割与喷涂）的工业用机械设备，一般由机器人和焊接设备两部分组成。机器人由机器人本体和控制柜（硬件及软件）组成；而焊接装备，则由焊接电源（包括其控制系统）、送丝机（弧焊）、焊枪（钳）等部分组成。该类设备的应用能够稳定和提高焊接质量、提高劳动生产率，降低了对工人操作技术的要求、改善了工人的劳动强度，可在有害环境下工作，目前已在各行各业已得到了广泛的应用。

（6）技术主题6连接装配装置。该技术主题具体指将多个与智能制造生产或加工相关的模块或设备连接装配成一个完整设备的工艺或方法，具有调节、控制、拆分、转向、拼接、焊接等不同功用或类型；随着智能制造产业的不断壮大，其应用范围和场景的不断衍生，连接装配设备类的技术也不断发展，以快速适应技术产品需求变化。

（7）技术主题7智能铸造技术。该技术主题主要是指融合信息化与铸造生产的智能铸造技术，包括智能铸造方法和智能铸造系统。铸造作为一种将金属熔炼成符合一定要求的液体并浇进铸型里，经冷却凝固、清整处理后得到有预定形状、尺寸和性能的铸件的工艺过程，具有悠久的工艺历史。而当代，将铸造技术融合数字化、智能化、绿色化、高端化，是通过智能铸造装备优化铸造生产流程和工艺参数的过程；智能铸造系统是具有学习能力的大数据知识库，能够通过对环境信息和自身信息的对比分析而进行自我规划、自我改善。具体智能铸造技术也涉及智能设计、智能生产和智能管理等环节。

基于聚类结果，统计不同技术主题的专利数量及占比情况，具体结果见表4-39。

表4-39 机器人方向各技术主题数量及占比统计

技术主题	主题名称	全国专利数量	全国数量占比	辽宁省专利数量	辽宁省数量占比	占比差距
1	工业机器人	18367	31.38%	412	21.04%	−10.34%
2	服务消费机器人	7029	12.01%	140	7.15%	−4.86%
3	特殊作业机器人	4936	8.43%	150	7.66%	−0.77%
4	激光切割和加工设备	6092	10.41%	168	8.58%	−1.83%
5	智能焊接设备	9638	16.47%	602	30.75%	14.28%
6	连接装配装置	8161	13.94%	237	12.10%	−1.84%
7	智能铸造技术	4309	7.36%	249	12.72%	5.36%

我国机器人专利多集中于技术主题1工业机器人，共18367项专利（占31.38%），其次为技术主题5智能焊接设备，涵盖专利达9638项（占16.47%）；专利数量最少的主题为技术主题7智能铸造技术，共4309项（占7.36%）。

辽宁省机器人专利集中在技术主题5-智能焊接设备，共602项（占30.75%）；其次为技术主题1工业机器人，共412项（占21.04%）；辽宁省专利数量最少的技术主题2-服务消费机器人，数量为140项（占7.15%）。

对比分析可得，辽宁省在技术主题5智能焊接设备和技术主题7智能铸造技术的授权专利数量占比较多，具有较大的技术优势；在技术主题3、4、6 3个方向数量占比大致相当，占比差距在1%左右；而在技术主题1工业机器人、技术主题，2服务消费机器人2个方向，数量占比存在差距，有10.34%和4.86%的差距。

3. 各主题技术构成分析

基于七大技术主题分析结果，对各技术主题下专利的主要IPC分布情况进行统计，以明确各主题领域的技术构成。具体统计结果见表4-40。

由表4-40可知，全国机器人方向专利的技术构成中，技术主题1工业机器人、主题3特殊作业机器人、主题4激光切割和加工设备、技术主题5智能焊接设备、技术主题6连接装配装置和技术主题7智能铸造技术共6个领域的技术构成较为集中，其技术构成的主要的IPC大类为B23（机床；其他类目中不包括的金属加工）、B25（手动工具；轻便机动工具；手动器械的手柄；车间设备；机械手）和B22（铸造；粉末冶金）3个大类。而主题

表4-40　各技术主题IPC分布统计

主题	全国数量	主要IPC大类及含义	全国数量	辽宁省量	主要IPC大类及含义	辽宁省量
1 工业机器人	18367	B23：机床；其他类目中不包括的金属加工	11182	412	B23	249
		B25：手动工具；轻便机动工具；手动器械的手柄；车间设备；机械手	2883		B25	82
		B41：印刷；排版机；打字机；模印机	927		B41	18
		B22：铸造；粉末冶金	831		B22	16
		F16：工程元件或部件；为产生和保持机器或设备的有效运行的一般措施；一般绝热	796		F16	16
2 服务消费机器人	7029	B25：手动工具；轻便机动工具；手动器械的手柄；车间设备；机械手	2779	140	B25	66
		B23：机床；其他类目中不包括的金属加工	1567		B23	37
		B41：印刷；排版机；打字机；模印机	1404		B41	8
		G06：计算；推算或计数	227		G06	4
		G01：测量；测试	163		G01	4
3 特殊作业机器人	4936	B25：手动工具；轻便机动工具；手动器械的手柄；车间设备；机械手	2958	150	B25	119
		B23：机床；其他类目中不包括的金属加工	615		B41	6
		F16：工程元件或部件；为产生和保持机器或设备的有效运行的一般措施；一般绝热	416		B23	4
		B41：印刷；排版机；打字机；模印机	314		F16	4
		B22：铸造；粉末冶金	78		B62（含义见表低）	3
4 激光切割和加工设备	6092	B23：机床；其他类目中不包括的金属加工	3439	168	B23	95
		F16：工程元件或部件；为产生和保持机器或设备的有效运行的一般措施；一般绝热	1367		F16	43
		H01：基本电气元件	188		B22	4
		G02：光学	144		B25	3
		B41：印刷；排版机；打字机；模印机	134		H02（含义见表低）	3

主题	全国数量	主要IPC大类及含义	全国数量	辽宁省量	主要IPC大类及含义	辽宁省量
5 智能焊接设备	9638	B23：机床；其他类目中不包括的金属加工	5249	602	B23	314
		B22：铸造；粉末冶金	2008		B22	189
		B41：印刷；排版机；打字机；模印机	709		C22	20
		C22：冶金；黑色或有色金属合金；合金或有色金属的处理	357		B41	18
		H01：基本电气元件	140		C23（含义见表低）	13
6 连接装配装置	8161	B23：机床；其他类目中不包括的金属加工	4857	237	B23	164
		F16：工程元件或部件；为产生和保持机器或设备的有效运行的一般措施；一般绝热	1147		F16	25
		B25：手动工具；轻便机动工具；手动器械的手柄；车间设备；机械手	397		B25	24
		B41：印刷；排版机；打字机；模印机	33		B22	10
		B22：铸造；粉末冶金	37		B41	3
7 智能铸造技术	4309	B22：铸造；粉末冶金	2479	249	B22	154
		B23：机床；其他类目中不包括的金属加工	890		B23	61
		B25：手动工具；轻便机动工具；手动器械的手柄；车间设备；机械手	179		B25	11
		F16：工程元件或部件；为产生和保持机器或设备的有效运行的一般措施；一般绝热	157		B41	5
		B41：印刷；排版机；打字机；模印机	123		C22	4

注：C23：对金属材料的镀覆；用金属材料对材料的镀覆；表面化学处理；金属材料的扩散处理；真空蒸发法、溅射法、离子注入法或化学气相沉积法的一般镀覆；金属材料腐蚀或积垢的一般抑制；H02：发电、变电或配电；B62：无轨陆用车辆。

2服务消费机器人的技术构成则较为分散，共涉及B25（手动工具；轻便机动工具；手动器械的手柄；车间设备；机械手）、B23（机床；其他类目中不包括的金属加工）和B41（印刷；排版机；打字机；模印机）等多个技术IPC大类，未有明显占比优势的技术构成IPC大类。

辽宁省机器人方向专利的技术构成中，表现与全国专利的各技术主题IPC构成大致类似，同样为技术主题1、3、4、5、6和7的IPC构成较为集中，均集中在B23（机床；其他类目中不包括的金属加工）、B25（手动工具；轻便机动工具；手动器械的手柄；车间设备；机械手）和B22（铸造；粉末冶金）方向；而技术主题2的IPC构成较为分散，同样由

B25（手动工具；轻便机动工具；手动器械的手柄；车间设备；机械手）、B23（机床；其他类目中不包括的金属加工）和B41（印刷；排版机；打字机；模印机）等多个技术IPC大类构成，未有明显占比优势的技术构成大类IPC。

（三）技术创新趋势分析

1.总体趋势分析

我国智能制造领域机器人方向的技术创新起始于1985年，专利授权数量整体上呈先升后降的趋势（图4-42），辽宁省也在1985年开始获得智能制造领域机器人方向专利授权，专利授权数量整体上呈现先升再平稳后降的趋势。我国智能制造领域机器人方向专利产出趋势存在明显的四个阶段：平稳起步期（1985—1999）、第一快速增长期（2000—2016）、第二快速增长期（2017—2019）、衰退期（2020—2021）。而辽宁省专利授权数量存在明显的4个阶段：平稳起步期（1985—2000）、增长期（2001—2014）、稳定期（2015—2018）、衰退期（2019—2021）。我国在智能制造领域机器人方向技术创新的平稳起步期间，授权数量一直位于100以内，授权数量较少。而我国在度过平稳起步期后，专利授权数量有了明显增长，从2000年至2016年的16年内一直保持着强劲的增长态势。但我国在该方向的授权数量在2017年出现短暂下滑后，在2018年又进入了第二快速增长期，只不过该阶段时间较短，在2019年进入衰退期，专利授权数量一直呈下降态势。辽宁省在智能制造领域机器人方向技术创新的平稳起步期间，授权数量一直保持在个位数左右，授权数量也较少。而辽宁省在进入21世纪后专利授权数量开始进入增长期，一直至2014年

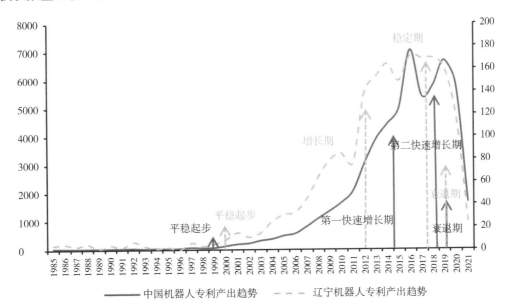

注：2020—2021年专利数据因专利制度故数据可能获取不完备。

图4-42　我国与辽宁省智能制造领域机器人方向专利产出趋势

的14年间均保持了增长态势。但辽宁省在2016年开始进入稳定期，专利申授权数量一直保持在170件左右，未见有明显增长。直至2019年进入衰退期，专利授权数量一直呈下降态势。之所以显示为进入衰退期，部分原因是所获取的数据并不完备。基于上述分析，我国与辽宁省在智能制造领域机器人方向进入技术创新增长期与衰退期的时间节点基本吻合，只是在中间过程出现不同的发展阶段。

依据我国与辽宁省智能制造领域机器人方向专利产出数据统计我国与辽宁省智能制造领域机器人方向专利年均增长率（图4-43），在初始阶段由于辽宁省授权专利数量较少，专利逐年增长率起伏波动较大，2000年后，辽宁省授权专利逐年增长率较为平稳且相比于全国维持在较高的水平，授权专利增长速度更快，并且辽宁省机器人方向授权专利增长期相比于全国更长，该方向的技术创新发展较为活跃。

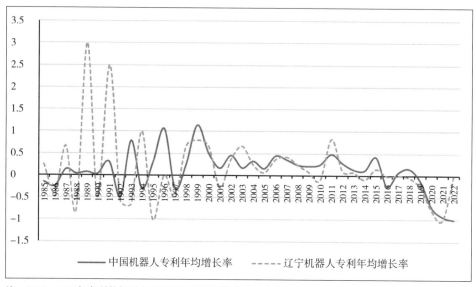

注：2020—2021年专利数据因专利制度故数据可能获取不完备。

图4-43　我国与辽宁省智能制造领域机器人方向专利年均增长率

2. 各主题趋势分析

我国智能制造领域机器人方向各主题专利产出趋势如图4-44所示。我国最先开始发展的是"工业机器人""服务消费机器人""激光切割和加工设备""智能焊接设备""连接装配装置""智能铸造技术"这6个技术领域，均是从1985年开始发展。"特殊作业机器人"在1989年开始获得专利授权。辽宁省最先开始发展的是工业机器人、智能焊接设备、智能铸造技术这3个技术领域，是从1985年开始发展。除智能铸造技术外，其余6个技术领域直至2001年的专利授权数量均是1个左右，专利授权数量非常少。虽然我国与辽宁省在智能制造领域机器人方向7个技术主题领域中的发展时间点不同，但在一开始均处于平稳起步期，在度过一段比较长时间的平稳起步期后进入战略调整期。随后我国与辽宁省

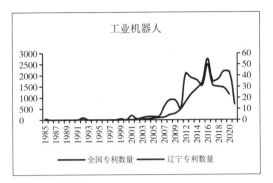

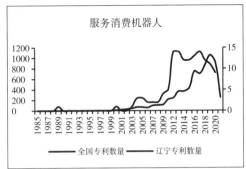

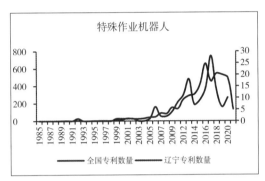

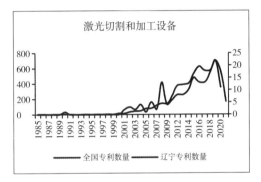

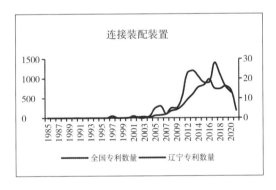

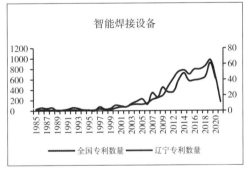

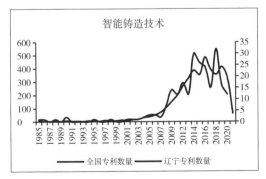

注：2020—2021年专利数据因专利制度故数据可能获取不完备。

图4-44　我国与辽宁省智能制造领域机器人方向7个技术主题专利产出趋势

在7个技术主题领域中呈现出不同的专利增长趋势。

工业机器人领域中，我国整体的专利产出呈现出平稳起步期—战略调整期—第一快速增长期—第二快速增长期—衰退期的发展趋势，而辽宁在该领域的专利产出呈现出平稳起步期—战略调整期—快速增长期—稳定期—衰退期的发展趋势。服务消费机器人领域中，我国整体的专利产出呈现出平稳起步期—战略调整期—满足增长期—衰退期的发展趋势，而辽宁在该领域的专利产出呈现出平稳起步期—战略调整期—慢速发展期—稳定期—衰退期的发展趋势。特殊作业机器人领域中，我国整体的专利产出呈现出平稳起步期—战略调整期—快速增长期—衰退期的发展趋势，而辽宁在该领域的专利产出呈现出平稳起步期—战略调整期—慢速增长期—衰退期的发展趋势。激光切割和加工设备领域中，中国整体的专利产出呈现出平稳起步期—战略调整期—快速增长期—衰退期的发展趋势，而辽宁在该领域的专利产出呈现出平稳起步期—战略调整期—慢速增长期—衰退期的发展趋势。智能焊接设备领域中，我国整体的专利产出呈现出平稳起步期—战略调整期—慢速增长期—衰退期的发展趋势，而辽宁在该领域的专利产出呈现出平稳起步期—战略调整期—快速增长期—衰退期的发展趋势。连接装配装置领域中，我国整体的专利产出呈现出平稳起步期—战略调整期—衰退期的发展趋势，而辽宁在该领域的专利产出呈现出平稳起步期—战略调整期—第一快速增长期—第二快速增长期—衰退期的发展趋势。智能铸造技术领域中，我国整体的专利产出呈现出平稳起步期—战略调整期—衰退期的发展趋势，而辽宁在该领域的专利产出呈现出平稳起步期—战略调整期—慢速增长期—衰退期的发展趋势。

（四）主要创新主体分析

1. 全国情况分析

（1）主要创新主体统计。我国机器人方向获得授权专利的创新主体主要是高校和企业（图4-45），但较为分散，前20名创新主体所授权的专利数量占我国机器人方向专利总量的10.33%。专利授权数量前三的创新主体为哈尔滨工业大学、清华大学和大族激光科技产业集团股份有限公司。哈尔滨工业大学机器人技术与系统国家重点实验室主要从事高端机器人的研究，是我国最早开展机器人技术研究的单位之一，实验室结合国家重大工程、国家重大科技计划、国家安全和国防建设需求，面向国民经济主战场和民生科技，并结合国际机器人技术领域未来发展趋势，形成了"产、学、研"三位一体的科研体系，建成了一批稳定而有特色、处于国内领先地位的研究方向。清华大学自动化系在机器人方向的研究中具有雄厚的科研实力，在2016年全国一级学科评估中，其"控制科学与工程"学科被评为A+全国最高水准。大族激光科技产业集团股份有限公司围绕智能机器人业务，进行机器人电机、机器人控制器、机器视觉等机器人核心功能部件的研发，并推出人机协作机器人、精密直角坐标机器人等产品，公司已形成工业机器人系统解决方案的完整产业价值链，成为具有较强竞争优势的企业。

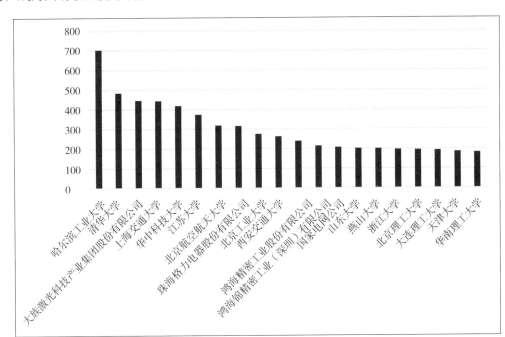

图4-45 机器人方向全国专利授权量前二十主要创新主体

（2）创新主体类型分析。

①按机构类型划分。企业和大专院校是我国机器人方向的主要创新主体。如图4-46所示，二者分别以43736件和12861件专利占据我国机器人技术专利总量的68.54%和20.15%。科研单位、机关团体及个人分别以34916件、224件、3497件专利占到专利总量的5.47%、0.35%及5.48%。

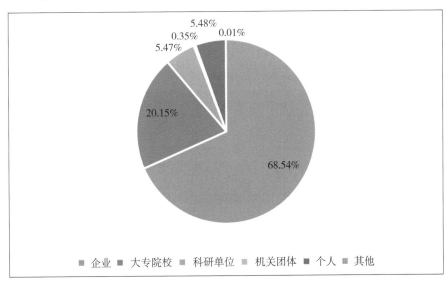

图4-46 我国机器人方向按机构类型划分的创新主体分布

企业创新主体：如图4-47所示，专利授权量前三的企业为大族激光科技产业集团股份有限公司、珠海格力电器股份有限公司以及鸿海精密工业股份有限公司。珠海格力电器股份有限公司坚持以自主创新掌握核心科技，掌握了伺服电机、控制器、减速器三大关键核心部件的研发生产技术。2018年，格力自主研发的工业机器人达到"国际先进"水平，其中，伺服电机功率密度、过载能力等性能指标达到"国际领先"水平，在该领域实现了技术突围。鸿海精密工业股份有限公司是全球3C（电脑、通信、消费类电子）代工领域规模最大、成长最快的国际集团，在机器人方向主要同日本软银等企业合作，进行机器人的量产工作，未来将延续工业型机器人能量，朝移动型机器人产业发展。

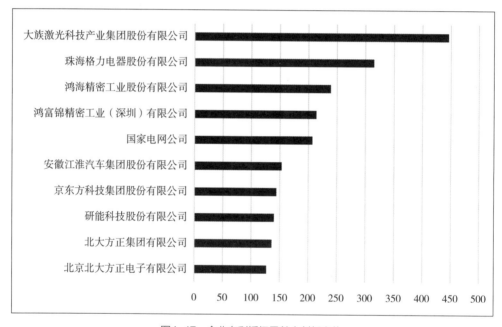

图4-47　企业专利授权量前十创新主体

高校创新主体：如图4-48所示，专利授权量前三的高校为哈尔滨工业大学、清华大学以及上海交通大学。清华大学机械工程系面向机械工程的国际学科前沿，在航空航天、能源装备以及生医工程等领域开展基础研究与先进技术开发，在航空特种机器人及其自动化制造装备研发领域处于国内领先水平。上海交通大学是我国最早从事机器人技术研发的专业机构之一，在机器人学、工业机器人、特种机器人、机电设备及自动化生产线的设计与开发等方面有显著的特色与优势，主持过多项国家级重大项目，并取得了丰硕的成果。

科研机构创新主体：我国机器人方向的科研单位主要服务于智能化工业。如图4-49所示，专利授权量前三的单位为中国科学院沈阳自动化研究所、财团法人工业技术研究院和中国科学院金属研究所。中国科学院沈阳自动化研究所主要研究方向是机器人、工业自

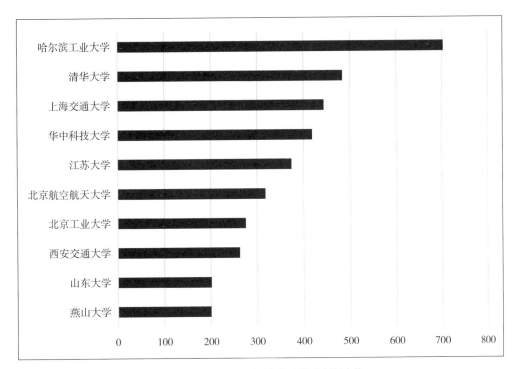

图4-48 大专院校专利授权量前十创新主体

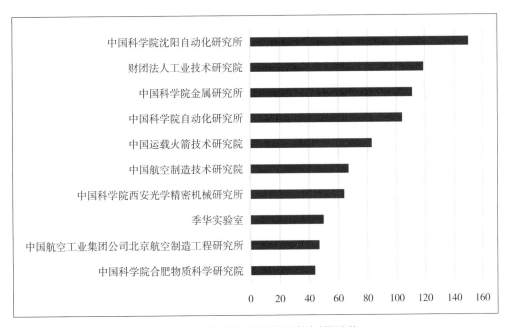

图4-49 科研单位专利授权量前十创新主体

动化和光电信息处理技术。该所作为中国机器人事业的摇篮，在中国机器人事业发展历史上创造了20多个第一，引领中国机器人技术的研究发展。此外，该所还是"实验1"号科考船的船东单位。从专利技术领域的相对构成上来看（图4-49），财团法人工业技术研究院专利研发的优势领域是半导体零配件、半导体组件与集成电路、有机高分子化合物、半导体元件、数字信息传输。中国科学院金属研究所，总部位于沈阳市沈河区，成立于1953年，由中国科学院金属研究所与中国科学院金属腐蚀与防护研究所整合建立，是新中国成立后中国科学院新创建的首批研究所之一。建所初期，金属研究所致力于我国钢铁冶金工业的恢复和振兴，现在专注于新材料领域，为国家若干重大工程提供了关键材料。金属研究所为载人航天、大飞机、航空发动机、高速铁路、三峡工程、核电工程等一系列国之重器提供了关键材料和技术支持，并获得过国家科技进步特等奖。

个人创新主体：如图4-50所示，中国机器人方向的个人专利主体授权量前三位分别是张立国、张帆和宋健。张立国来自湖北，其在机器人方向授权的专利主要与激光钻孔与填充相关。张帆来自广东，其在机器人方向授权的专利主要与自动碰焊相关。宋健来自江苏，其在机器人方向授权的专利主要与旋转软轴支撑管相关。

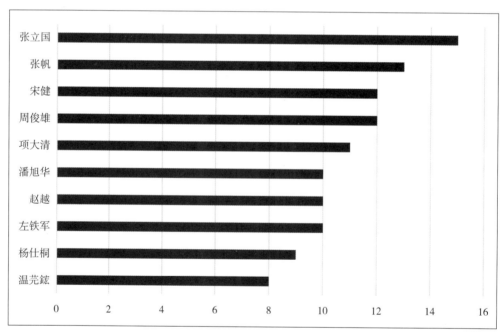

图4-50　个人专利授权量前十创新主体

团体创新主体：中国机器人方向前两位团体的专利授权量远超其他团体。如图4-51所示，专利授权量前二的单位为广东电网有限公司东莞供电局和中国石油天然气管道局。广东电网有限公司东莞供电局全面推广使用巡检机器人，为机器人在电力行业的研究与应用积累了经验、做出了示范。中国石油天然气管道局（China Petroleum Pipeline Bureau，简称管道局或CPP）成立于1973年，隶属于中国石油天然气集团公司（CNPC），是从事长输管道及其辅助设施、大中型储罐、电力、通信等工程勘察、设计、咨询、采办、施工及管理的跨国经营的具有化工石油工程总承包特级资质的管道工程建设专业化公司。

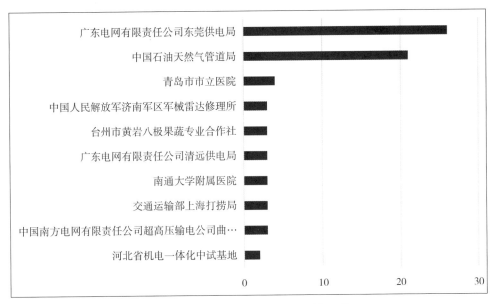

图4-51 机关单位专利授权量前十创新主体

②按主体研发情况划分。如表4-41所示，为衡量创新主体的研发能力，依据进入行业的早晚和年均授权专利数量的多少，将创新主体分为强力型、潜力型、老牌型和新晋型。强力型创新主体进入行业较早，且每年都保持着较高的专利授权量，拥有较高的研发能力，代表着在机器人方向占据主导地位的机构。潜力型创新主体进入行业较晚，但每年的专利授权数量较多，研发能力较强，属于机器人方向有着较大发展潜力的机构。老牌型创新主体进入行业较早，但每年的专利授权量较少，甚至部分年份没有授权专利，这部分创新主体并不主要从事机器人方向的技术研发，只是对该领域有所涉及，在机器人方向的研发能力一般。新晋型创新主体进入行业较晚，且每年授权的专利数量较少，创新主体的研发能力和发展潜力一般，很容易被淘汰。

表4-41 按研发能力的创新主体类型划分依据

项目	年均专利量较多	年均专利量较少
进入行业较早	强力型创新主体	老牌型创新主体
进入行业较晚	潜力型创新主体	新晋型创新主体

强力型创新主体和潜力型创新主体中每年专利授权量较多的创新主体较少，大部分创新主体为老牌型创新主体和新晋型创新主体。如图4-52所示，去除个人创新主体及仅有一年授权专利的创新主体，依据最早授权专利的年份、最晚授权专利的年份以及年均授权专利数量对不同类型的创新主体进行布局。大部分创新主体在1995年之后才授权第

一个专利，在2010年之后授权最后一个专利，并且只有少数企业的年均专利授权量在10件以上。

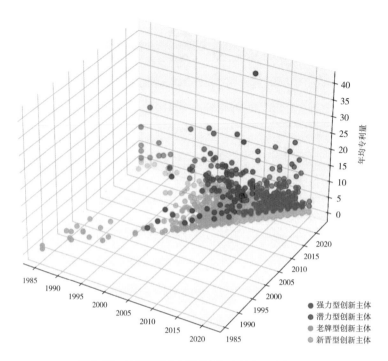

图4-52　按研发能力划分的创新主体类型分布

统计机器人方向全国专利各研发能力前十位主要创新主体，具体见表4-42。

表4-42　机器人方向全国各研发能力主要创新主体统计

强力型	潜力型	老牌型	新晋型
哈尔滨工业大学	安徽江淮汽车集团股份有限公司	湖南大学	北京星航机电装备有限公司
清华大学	京东方科技集团股份有限公司	合肥工业大学	南通大学
大族激光科技产业集团股份有限公司	博众精工科技股份有限公司	西安理工大学	深圳市华星光电技术有限公司
上海交通大学	温州职业技术学院	沈阳工业大学	常州工学院
华中科技大学	广东博智林机器人有限公司	河北工业大学	宁波大学
江苏大学	珠海格力智能装备有限公司	北京科技大学	盐城工学院

强力型	潜力型	老牌型	新晋型
北京航空航天大学	共享装备股份有限公司	武汉华工激光工程有限责任公司	重庆科技学院
珠海格力电器股份有限公司	苏州博众精工科技有限公司	中国矿业大学	安徽安凯汽车股份有限公司
北京工业大学	中车青岛四方机车车辆股份有限公司	昆明理工大学	常熟理工学院
西安交通大学	中联重科股份有限公司	比亚迪股份有限公司	西南科技大学

强力型创新主体：中国机器人方向强力型创新主体主要是高校和企业。如表4-43所示，专利授权量前三的主体为哈尔滨工业大学、清华大学和大族激光科技产业集团股份有限公司。

表4-43　前十强力型创新主体

创新主体	最早专利授权年	最晚专利授权年	授权专利总量
哈尔滨工业大学	1987	2021	703
清华大学	1985	2021	484
大族激光科技产业集团股份有限公司	2010	2020	446
上海交通大学	1996	2021	444
华中科技大学	2000	2021	419
江苏大学	2001	2021	374
北京航空航天大学	1989	2021	318
珠海格力电器股份有限公司	2006	2021	315
北京工业大学	1999	2021	275
西安交通大学	1985	2021	262

潜力型创新主体：中国机器人方向潜力型创新主体以企业为主。如表4-44所示，专利授权量前三的主体为安徽江淮汽车集团股份有限公司、京东方科技集团股份有限公司和博众精工科技股份有限公司。安徽江淮汽车集团股份有限公司是一家集全系列商用车、乘用车及动力总成等研产销和服务于一体，"先进节能汽车、新能源汽车、智能网联汽车"并举的综合型汽车企业集团，已形成整车、核心动力总成、自动变速箱及软件系统等关键零部件研发、试验验证和标定开发等完整的正向研发体系。京东方科技集团股份有限公司是一家为信息交互和人类健康提供智慧端口产品和专业服务的物联网公司，核心事业包括端口器件、物联网创新、智慧医工。博众精工科技股份有限公司主要从事工业装备制造设备

系统集成，业务聚焦在消费类电子行业、新能源行业、装备制造业关键零部件、精密机加工行业、智慧仓储物流行业、半导体高端装备行业。

表4-44 前十潜力型创新主体

创新主体	最早专利授权年	最晚专利授权年	授权专利总量
安徽江淮汽车集团股份有限公司	2014	2021	153
京东方科技集团股份有限公司	2011	2020	144
博众精工科技股份有限公司	2015	2021	94
温州职业技术学院	2014	2020	92
广东博智林机器人有限公司	2018	2021	89
珠海格力智能装备有限公司	2015	2021	87
共享装备股份有限公司	2013	2021	84
苏州博众精工科技有限公司	2013	2016	84
中车青岛四方机车车辆股份有限公司	2012	2021	79
中联重科股份有限公司	2011	2021	70

老牌型创新主体：中国机器人方向老牌型创新主体主要是高校和企业。如表4-45所示，专利授权量前三的主体为湖南大学、合肥工业大学和西安理工大学。湖南大学是中国最早在机器人方向授权专利的创新主体之一，其机器人学院是国内最早成立专门从事前沿交叉学科"智能机器人+"创新人才培养的学院之一，设有机器人视觉感知与控制技术国家工程实验室、视觉感知与人工智能湖南省重点实验室和电子制造业智能机器人技术湖南省重点实验室等研究平台。机械工程学科是合肥工业大学重点传统优势学科，在全国机械工业领域，特别是在汽车工业中，具有较强的影响力。西安理工大学自动化与信息工程学院面向世界科技前沿、面向经济主战场、面向国家重大需求，在复杂工业过程建模与控制、系统优化调度、控制与仿真等领域形成了以"电子级硅单晶生长设备"为代表的特色、优势研究方向，产出了系列标志性科研成果。

表4-45 前十老牌型创新主体

创新主体	最早专利授权年	最晚专利授权年	授权专利总量
湖南大学	1985	2021	89
合肥工业大学	1988	2021	76
西安理工大学	1991	2021	71
沈阳工业大学	1987	2020	70
河北工业大学	2000	2022	64
北京科技大学	1985	2021	59

创新主体	最早专利授权年	最晚专利授权年	授权专利总量
武汉华工激光工程有限责任公司	2001	2021	55
中国矿业大学	1993	2021	52
昆明理工大学	2006	2021	46
比亚迪股份有限公司	2005	2020	46

新晋型创新主体：中国机器人方向新晋型创新主体以企业和高校为主。如表4-46所示，专利授权量前三的主体为北京星航机电装备有限公司、南通大学和深圳市华星光电技术有限公司。北京星航机电装备有限公司隶属于中国航天科工集团公司，公司以国防防务产品的研制与生产任务为主业，先后承担了国家多个重点防务产品的研制生产任务，填补了我国国防装备领域的多项空白。南通大学电气工程学院拥有"新能源装备及其智能测控"江苏省重点实验室，以及电气工程技术研究中心科技创新基地和电气工程、系统科学、船舶电气、机器人及其控制技术4个校级研究机构。深圳市华星光电技术有限公司是由深圳市政府和TCL集团合资成立的国家高新技术企业，其液晶面板生产线是迄今为止国内首条完全依靠自主创新、自主团队、自主建设的高世代面板线，公司在机器人方向授权的专利主要与该生产线所用的机械臂相关。

表4-46　前十新晋型创新主体

创新主体	最早专利授权年	最晚专利授权年	授权专利总量
北京星航机电装备有限公司	2011	2021	28
南通大学	2011	2021	25
深圳市华星光电技术有限公司	2011	2019	25
常州工学院	2012	2021	24
宁波大学	2012	2021	24
盐城工学院	2012	2020	23
重庆科技学院	2011	2021	23
安徽安凯汽车股份有限公司	2013	2020	23
常熟理工学院	2013	2020	23
西南科技大学	2013	2021	21

（3）主要创新主体技术布局分析。统计重点专利权人所布局的技术领域，揭示其技术研发重点和技术优势，用以识别竞争对手或潜在合作者。发明专利数量排名前二十的专利权人的主要IPC（2/8法则）分布、技术主题分布以及同族专利所布局的国家见表4-47。从全国角度统计发现，Top20专利权人的主要IPC共涉及90个技术，其中B23（2917）、

B25（2098）、F16（850）、B22（263）和B41（225）是主要技术；前20专利权人包含大学（15家）、企业（5家），排名前3的专利权人为哈尔滨工业大学、清华大学和大族激光科技产业集团股份有限公司。创新主体海外布局专利数量较少。

表4-47 机器人方向全国主要创新主体技术领域分布及布局国家

创新主体	IPC	数量	含义	主题	数量	布局	数量
哈尔滨工业大学	B23	306	机床；其他类目中不包括的金属加工	智能焊接设备	196	CN	703
	B25	281	手动工具；轻便机动工具；手动器械的手柄；车间设备；机械手	特殊作业机器人	189	US	9
	F16	110	工程元件或部件；为产生和保持机器或设备的有效运行的一般措施；一般绝热	工业机器人	103	WO	8
	B22	29	铸造；粉末冶金	激光切割和加工设备	93	GB	4
				服务消费机器人	51	DE	1
				连接装配装置	42		
				智能铸造技术	29		
清华大学	B25	301	手动工具；轻便机动工具；手动器械的手柄；车间设备；机械手	特殊作业机器人	220	CN	484
	B23	133	机床；其他类目中不包括的金属加工	服务消费机器人	72	WO	19
	F16	59	工程元件或部件；为产生和保持机器或设备的有效运行的一般措施；一般绝热	激光切割和加工设备	64	US	14
	B22	22	铸造；粉末冶金	智能焊接设备	55	JP	3
	G01	19	测量；测试	工业机器人	40	TW	2
				智能铸造技术	19	EP	2
				连接装配装置	14	DE	1
						CH	1
大族激光科技产业集团股份有限公司	B23	415	机床；其他类目中不包括的金属加工	激光切割和加工设备	263	CN	446
	B41	30	印刷；排版机；打字机；模印机〔4〕	工业机器人	99	WO	11
				服务消费机器人	42	US	9
				连接装配装置	27	JP	8
				智能焊接设备	10	DE	5
				特殊作业机器人	3	TW	3
				智能铸造技术	2	EP	3
						KR	1

创新主体	IPC	数量	含义	主题	数量	布局	数量
上海交通大学	B23	225	机床；其他类目中不包括的金属加工	智能焊接设备	115	CN	444
	B25	183	手动工具；轻便机动工具；手动器械的手柄；车间设备；机械手	服务消费机器人	87	WO	3
	B22	44	铸造；粉末冶金	工业机器人	81	US	1
	F16	19	工程元件或部件；为产生和保持机器或设备的有效运行的一般措施；一般绝热	特殊作业机器人	71		
	G01	18	测量；测试	激光切割和加工设备	48		
	G05	11	控制；调节	连接装配装置	22		
				智能铸造技术	20		
华中科技大学	B23	208	机床；其他类目中不包括的金属加工	激光切割和加工设备	135	CN	419
	B25	108	手动工具；轻便机动工具；手动器械的手柄；车间设备；机械手	智能焊接设备	85	US	8
	B41	52	印刷；排版机；打字机；模印机	服务消费机器人	79	WO	6
	B22	40	铸造；粉末冶金	工业机器人	47	CA	2
	F16	31	工程元件或部件；为产生和保持机器或设备的有效运行的一般措施；一般绝热	特殊作业机器人	41	JP	2
	B33	21	增材制造技术	智能铸造技术	20	DE	2
	B24	13	磨削；抛光	连接装配装置	12	AU	2
						EP	1
江苏大学	B23	274	机床；其他类目中不包括的金属加工	激光切割和加工设备	223	CN	374
	F16	49	工程元件或部件；为产生和保持机器或设备的有效运行的一般措施；一般绝热	智能焊接设备	58	WO	13
	B25	40	手动工具；轻便机动工具；手动器械的手柄；车间设备；机械手	服务消费机器人	27	US	7
	B21	19	基本上无切削的金属机械加工；金属冲压	特殊作业机器人	23	GB	5
	B22	16	铸造；粉末冶金	工业机器人	22	CH	1
	C21	15	铁的冶金	连接装配装置	11	EP	1
				智能铸造技术	10		

创新主体	IPC	数量	含义	主题	数量	布局	数量
北京航空航天大学	B25	125	手动工具；轻便机动工具；手动器械的手柄；车间设备；机械手	激光切割和加工设备	107	CN	318
	F16	118	工程元件或部件；为产生和保持机器或设备的有效运行的一般措施；一般绝热	特殊作业机器人	86	US	3
	B23	69	机床；其他类目中不包括的金属加工	服务消费机器人	45	WO	2
	H02	22	发电、变电或配电	工业机器人	30	CH	2
	B22	14	铸造；粉末冶金	智能焊接设备	18	EP	1
				智能铸造技术	17		
				连接装配装置	15		
珠海格力电器股份有限公司	B23	133	机床；其他类目中不包括的金属加工	工业机器人	98	CN	315
	F16	102	工程元件或部件；为产生和保持机器或设备的有效运行的一般措施；一般绝热	激光切割和加工设备	80	WO	12
	B25	100	手动工具；轻便机动工具；手动器械的手柄；车间设备；机械手	服务消费机器人	57	US	4
	F04	27	液体变容式机械；液体泵或弹性流体泵	连接装配装置	40	EP	4
				特殊作业机器人	37	JP	1
				智能铸造技术	2	KR	1
				智能焊接设备	1	DK	1
						IN	1
北京工业大学	B23	205	机床；其他类目中不包括的金属加工	智能焊接设备	96	CN	275
	B25	58	手动工具；轻便机动工具；手动器械的手柄；车间设备；机械手	激光切割和加工设备	83	US	11
	B22	10	铸造；粉末冶金	服务消费机器人	36	WO	11
	F16	9	工程元件或部件；为产生和保持机器或设备的有效运行的一般措施；一般绝热	工业机器人	29	EP	2
				特殊作业机器人	19	JP	1
				连接装配装置	9		
				智能铸造技术	3		
西安交通大学	B23	125	机床；其他类目中不包括的金属加工	激光切割和加工设备	93	CN	262
	F16	52	工程元件或部件；为产生和保持机器或设备的有效运行的一般措施；一般绝热	智能焊接设备	72	WO	2

续表

创新主体	IPC	数量	含义	主题	数量	布局	数量
西安交通大学	B25	51	手动工具；轻便机动工具；手动器械的手柄；车间设备；机械手	服务消费机器人	36		
	B22	35	铸造；粉末冶金	工业机器人	20		
	B41	11	印刷；排版机；打字机；模印机	特殊作业机器人	17		
	C23	10	对金属材料的镀覆；用金属材料对材料的镀覆；表面化学处理；金属材料的扩散处理；真空蒸发法、溅射法、离子注入法或化学气相沉积法的一般镀覆；金属材料腐蚀或积垢的一般抑制	智能铸造技术	15		
	G01	10	测量；测试	连接装配装置	9		
	A61	6	医学或兽医学；卫生学				
	B28	5	加工水泥、黏土或石料				
	H02	5	发电、变电或配电				
鸿海精密工业股份有限公司	F16	91	工程元件或部件；为产生和保持机器或设备的有效运行的一般措施；一般绝热	连接装配装置	84	CN	239
	B25	85	手动工具；轻便机动工具；手动器械的手柄；车间设备；机械手	工业机器人	56	US	189
	B23	45	机床；其他类目中不包括的金属加工	特殊作业机器人	50	TW	46
	H05	37	其他类目不包含的电技术	智能焊接设备	20	JP	12
	B41	30	印刷；排版机；打字机；模印机	服务消费机器人	11	WO	3
	G06	23	计算；推算或计数	激光切割和加工设备	10		
				智能铸造技术	8		
鸿富锦精密工业（深圳）有限公司	F16	88	工程元件或部件；为产生和保持机器或设备的有效运行的一般措施；一般绝热	连接装配装置	81	CN	214
	B25	76	手动工具；轻便机动工具；手动器械的手柄；车间设备；机械手	特殊作业机器人	48	US	172
	H05	33	其他类目不包含的电技术	工业机器人	40	TW	34
	B23	32	机床；其他类目中不包括的金属加工	智能焊接设备	20	JP	10
	B41	29	印刷；排版机；打字机；模印机	服务消费机器人	9		
	G06	22	计算；推算或计数	激光切割和加工设备	8		
				智能铸造技术	8		

创新主体	IPC	数量	含义	主题	数量	布局	数量
国家电网公司	B23	102	机床；其他类目中不包括的金属加工	工业机器人	67	CN	207
	B25	96	手动工具；轻便机动工具；手动器械的手柄；车间设备；机械手	服务消费机器人	43	WO	5
	H02	32	发电、变电或配电	连接装配装置	39	US	2
	H01	9	基本电气元件	智能焊接设备	23		
				特殊作业机器人	21		
				激光切割和加工设备	10		
				智能铸造技术	4		
山东大学	B23	137	机床；其他类目中不包括的金属加工	智能焊接设备	66	CN	201
	B25	59	手动工具；轻便机动工具；手动器械的手柄；车间设备；机械手	服务消费机器人	51	WO	7
	F16	13	工程元件或部件；为产生和保持机器或设备的有效运行的一般措施；一般绝热	激光切割和加工设备	33	US	3
	G06	8	计算；推算或计数	工业机器人	29		
	B21	7	基本上无切削的金属机械加工；金属冲压	特殊作业机器人	16		
				连接装配装置	3		
				智能铸造技术	3		
燕山大学	B25	102	手动工具；轻便机动工具；手动器械的手柄；车间设备；机械手	特殊作业机器人	70	CN	200
	B23	65	机床；其他类目中不包括的金属加工	工业机器人	47	JP	3
	F16	33	工程元件或部件；为产生和保持机器或设备的有效运行的一般措施；一般绝热	激光切割和加工设备	28	US	3
	B62	8	无轨陆用车辆	智能焊接设备	25	WO	2
				连接装配装置	20		
				服务消费机器人	9		
				智能铸造技术	1		
浙江大学	B25	125	手动工具；轻便机动工具；手动器械的手柄；车间设备；机械手	服务消费机器人	55	CN	196
	B23	46	机床；其他类目中不包括的金属加工	特殊作业机器人	51	US	4
	F16	23	工程元件或部件；为产生和保持机器或设备的有效运行的一般措施；一般绝热	工业机器人	34	WO	4

续表

创新主体	IPC	数量	含义	主题	数量	布局	数量
浙江大学	G01	11	测量；测试	激光切割和加工设备	19	JP	1
	G06	9	计算；推算或计数	连接装配装置	15	EP	1
	B41	9	印刷；排版机；打字机；模印机	智能焊接设备	13	DE	1
	A61	8	医学或兽医学；卫生学	智能铸造技术	9		
	B22	7	铸造；粉末冶金				
北京理工大学	B25	110	手动工具；轻便机动工具；手动器械的手柄；车间设备；机械手	特殊作业机器人	53	CN	194
	B23	79	机床；其他类目中不包括的金属加工	激光切割和加工设备	53	US	8
	F16	12	工程元件或部件；为产生和保持机器或设备的有效运行的一般措施；一般绝热	服务消费机器人	40	WO	7
	B33	10	增材制造技术	智能焊接设备	18	JP	1
	G06	7	计算；推算或计数	工业机器人	17		
	B62	7	无轨陆用车辆	连接装配装置	13		
	B82	6	超微技术				
大连理工大学	B23	109	机床；其他类目中不包括的金属加工	智能焊接设备	49	CN	192
	B25	57	手动工具；轻便机动工具；手动器械的手柄；车间设备；机械手	激光切割和加工设备	35	WO	6
	F16	17	工程元件或部件；为产生和保持机器或设备的有效运行的一般措施；一般绝热	工业机器人	26	JP	3
	B41	15	印刷；排版机；打字机；模印机	服务消费机器人	24	US	3
	B22	12	铸造；粉末冶金	特殊作业机器人	23		
	G06	11	计算；推算或计数	智能铸造技术	18		
	H01	7	基本电气元件	连接装配装置	17		
天津大学	B23	116	机床；其他类目中不包括的金属加工	智能焊接设备	70	CN	185
	B25	61	手动工具；轻便机动工具；手动器械的手柄；车间设备；机械手	特殊作业机器人	38	WO	4
	G01	14	测量；测试	工业机器人	24	EP	1
	F16	9	工程元件或部件；为产生和保持机器或设备的有效运行的一般措施；一般绝热	服务消费机器人	20		
				激光切割和加工设备	15		

创新主体	IPC	数量	含义	主题	数量	布局	数量
天津大学				连接装配装置	15		
				智能铸造技术	3		
华南理工大学	B23	93	机床；其他类目中不包括的金属加工	服务消费机器人	74	CN	181
	B25	69	手动工具；轻便机动工具；手动器械的手柄；车间设备；机械手	智能焊接设备	30	WO	6
	B41	14	印刷；排版机；打字机；模印机	特殊作业机器人	27	US	2
	B22	10	铸造；粉末冶金	工业机器人	16		
	F16	7	工程元件或部件；为产生和保持机器或设备的有效运行的一般措施；一般绝热	激光切割和加工设备	14		
				智能铸造技术	14		
				连接装配装置	6		

2. 辽宁情况分析

（1）主要创新主体统计。辽宁省机器人技术的创新主体主要是企业、高校和研究所，而且相对集中。如图4-53所示，前二十名创新主体所授权的专利数量占辽宁省机器人方向专利总量的59.19%。专利授权数量前三的创新主体为大连理工大学、中国航发沈阳黎明航空发动机有限责任公司和中国科学院沈阳自动化研究所。大连理工大学电子信息和电气工程学部拥有控制科学与工程及人工智能两个学院，依托各自的专业优势对机器人方向相关技术进行研究，在高技术攻关和企业自动化工程项目方面拥有丰富的经验。中国航发沈阳黎明航空发动机有限责任公司是国家"一五"期间156项重点工程项目之一，新中国第一个航空涡轮喷气发动机制造企业，中国大、中型航空喷气式发动机科研生产基地。中国科学院沈阳自动化研究所主要研究方向是机器人、工业自动化和光电信息处理技术。该所作为中国机器人事业的摇篮，在中国机器人事业发展历史上创造了20多个第一，引领中国机器人技术的研究发展。此外，该所还是"实验1"号科考船的船东单位。

（2）创新主体类型分析。

①按机构类型划分。企业、大专院校及科研单位是辽宁省机器人方向的主要创新主体。如图4-54所示，企业、大专院校和科研单位分别以1109件、498件、337件专利占据中国机器人方向专利总量的53.65%、24.09%和16.3%。个人和机关团体分别以120件和3件专利占到专利总量的5.81%、0.15%。

企业创新主体：中国航发沈阳黎明航空发动机有限责任公司的专利授权量远超辽宁省其他企业。如图4-55所示，专利授权量前三的企业为中国航发沈阳黎明航空发动机有限责任公司、沈阳新松机器人自动化有限公司和沈阳飞机工业（集团）有限公司。沈阳新松

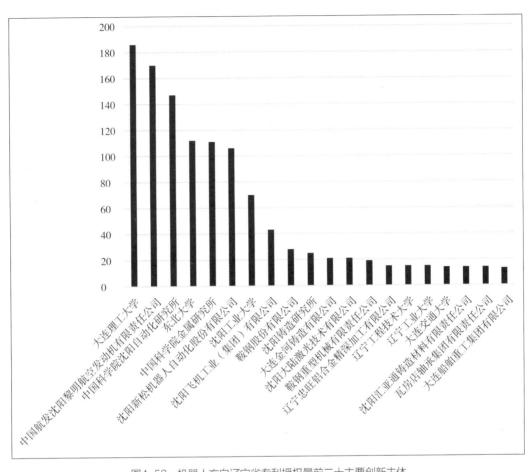

图4-53 机器人方向辽宁省专利授权量前二十主要创新主体

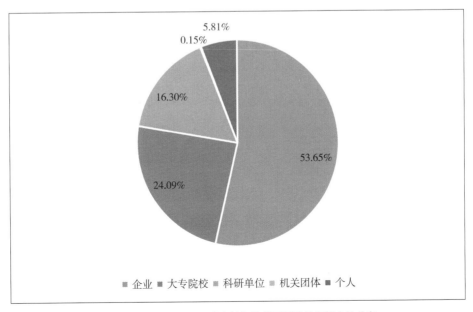

图4-54 辽宁省机器人方向按机构类型划分的创新主体分布

机器人自动化有限公司隶属中国科学院，是一家以机器人技术为核心的高科技上市公司。作为国家机器人产业化基地，新松拥有完整的机器人产品线及工业4.0整体解决方案。沈阳飞机工业（集团）有限公司隶属于中国航空工业集团公司，是以航空产品制造为核心主业，集科研、生产、试验、试飞为一体的大型现代化飞机制造企业，是中国重要歼击机研制生产基地。

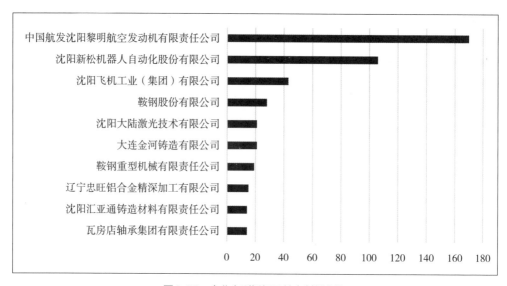

图4-55　企业专利授权量前十创新主体

　　高校创新主体：辽宁省机器人方向前三高校的专利授权量远超其他高校。如图4-56所示，专利授权量前三的大专院校为大连理工大学、东北大学和沈阳工业大学。东北大学机器人科学与工程学院聚焦机器人方向的智能导航、自主编程、交互协作的交叉共融开展研究，以解决机器人方向世界科学难题和服务国家重大战略需求为目标，持续在国家经济主战场和人民生命健康领域发挥"机器人+"的作用，积极开展智能机器人方向的交叉研究，并探索该领域科技创新领军人才培养的新范式。沈阳工业大学拥有辽宁省工业机器人与智能制造技术重点实验室等研究平台，主要学习智能制造与机器人技术的相关理论与方法，是2018年辽宁省同等院校中首批申报成功专业，专业培养方向为智能服务机器人技术和智能制造装备技术。

　　科研院所创新主体：辽宁省科研单位授权的专利主要集中在中国科学院沈阳自动化研究所和中国科学院金属研究所。如图4-57所示，专利授权量前三的科研单位为中国科学院沈阳自动化研究所、中国科学院金属研究所和中国航空工业集团公司沈阳飞机设计研究所。中国航空工业集团公司沈阳飞机设计研究所是新中国组建最早的飞机设计研究所，主要从事战斗机的总体设计与研究工作，设计手段先进，覆盖全所的计算机网络系统，形成了以计算机辅助设计、工程分析、型号管理为主的应用系统，具备了进行飞机全机三维数

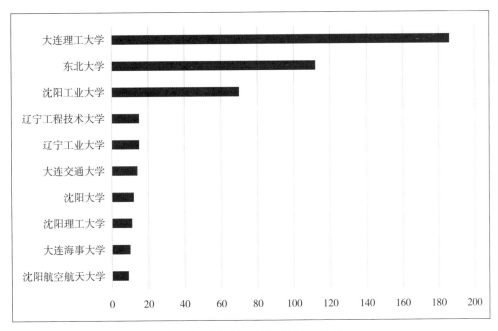

图4-56　高校专利授权量前十创新主体

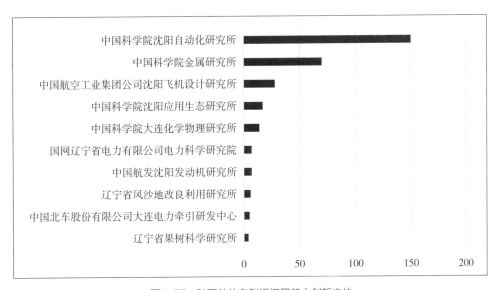

图4-57　科研单位专利授权量前十创新主体

字化设计制造能力和手段，可同时进行多个型号设计。

个人创新主体：辽宁省个人创新主体授权的专利数量普遍较少。如图4-58所示，专利授权量前三的个人创新主体为李岭群、梁健和范垂顺。李岭群担任高青磁谷新能源科技有限公司、高青大运风磁浮磁动电力有限公司、大连磁谷科技研究所有限公司等法定代表人，授权多项专利。梁健在机器人方向研究成果丰富，如基于AHP/QFD与TRIZ的地震救援机器人设计。

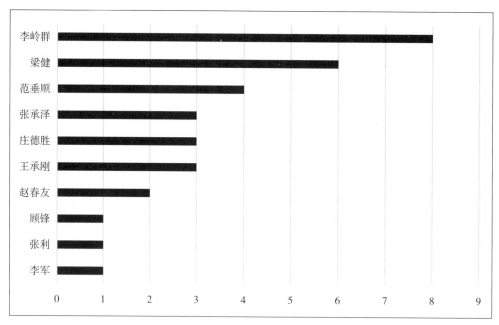

图4-58　个人专利授权量前十创新主体

机关类型创新主体：辽宁省机器人方向授权专利的主要机关团体大体上较少，数量均为1，如图4-59所示。瓦轴集团公司正全力贯彻落实装备制造业振兴规划，以发展一批具有国际竞争力的高端轴承产品为突破口，积极建设国家研发中心，加快步伐进行技术改造，加快自主创新和结构调整。楚雄供电局顺应数字化发展趋势，向"无人机+图像监控系统"动静结合的立体式巡检模式作出探索，促进智能技术与传统运维深度融合，助力变电运维工作"提质增效"，使用无人机巡检，巡视人员只需远程"一键式"起飞，其便会从机巢里飞出，自动按航线对设备同时进行红外测温、可见光拍照，完成任务后自动回传数据。

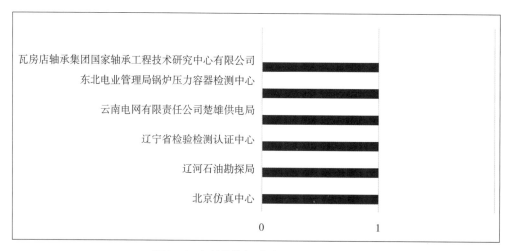

图4-59　机关团体专利授权量前六创新主体

②按主体研发情况划分。辽宁省创新主体主要为老牌型创新主体和新晋型创新主体，大部分创新主体在2000年之后才授权了第一件专利。如图4-60所示所示，辽宁省大部分创新主体的年均专利授权量小于2件，强力型创新主体和潜力型创新主体分别只有7个和1个。

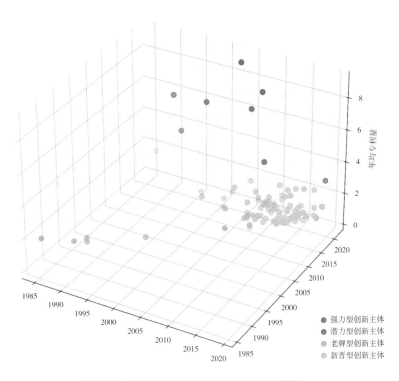

图4-60 按研发能力划分的创新主体类型分布

统计机器人方向辽宁省专利各研发能力前十位主要创新主体，具体见表4-48。

表4-48 机器人方向辽宁省各研发能力主要创新主体统计

强力型	潜力型	老牌型	新晋型
大连理工大学	沈阳航空航天大学	沈阳工业大学	大连金河铸造有限公司
中国航发沈阳黎明航空发动机有限责任公司		鞍钢股份有限公司	辽宁忠旺铝合金精深加工有限公司
中国科学院沈阳自动化研究所		沈阳铸造研究所	辽宁工业大学
东北大学		沈阳大陆激光技术有限公司	大连交通大学
中国科学院金属研究所		鞍钢重型机械有限责任公司	大连运明自动化技术有限公司
沈阳新松机器人自动化股份有限公司		辽宁工程技术大学	沈阳理工大学

强力型	潜力型	老牌型	新晋型
沈阳飞机工业（集团）有限公司		沈阳汇亚通铸造材料有限责任公司	中国航发沈阳发动机研究所
		瓦房店轴承集团有限责任公司	沈阳铸造研究所有限公司
		大连船舶重工集团有限公司	中国第一重型机械集团大连加氢反应器制造有限公司
		沈阳大学	中车大连机车车辆有限公司

强力型创新主体：辽宁省机器人方向强力型创新主体主要是高校、科研单位和企业。如表4-49所示，专利授权量前三的强力型创新主体为大连理工大学、中国航发沈阳黎明航空发动机有限责任公司和中国科学院沈阳自动化研究所。

表4-49 强力型创新主体

创新主体	最早专利授权年	最晚专利授权年	授权专利总量
大连理工大学	1990	2021	186
中国航发沈阳黎明航空发动机有限责任公司	2003	2021	170
中国科学院沈阳自动化研究所	1997	2020	147
东北大学	2007	2021	112
中国科学院金属研究所	1992	2020	111
沈阳新松机器人自动化股份有限公司	2005	2021	106
沈阳飞机工业（集团）有限公司	2008	2020	43

潜力型创新主体：如表4-50所示，辽宁省机器人方向潜力型创新主体只有沈阳航空航天大学，其在2019年才授权了第一件专利。

表4-50 潜力型创新主体

创新主体	最早专利授权年	最晚专利授权年	授权专利总量
沈阳航空航天大学	2019	2021	9

老牌型创新主体：辽宁省机器人方向老牌型创新主体以企业和高校为主。如表4-51所示，专利授权量前三的老牌型创新主体为沈阳工业大学、鞍钢股份有限公司和沈阳铸造

研究所。沈阳工业大学机械工程学院在数控机床设计与制造、石油机械设计、振动与噪声控制、摩擦磨损与润滑系统设计、工业机器人，增材制造技术，风力发电机组设计、精密测量、流体传动等研究领域国内外享有盛誉。鞍钢股份有限公司是中国现代化特大型钢铁联合企业，主要从事钢铁制造业，同时注重发展与钢铁主业相关的钢材加工配送、化工产业、绿色能源、电子商务、清洁发电等产业，其在机器人方向授权的专利主要与焊接工艺相关。沈阳铸造研究所是国家级铸造技术专业研究机构，主要从事铸钢材料、铸铁材料等方面的研究、开发、技术推广及产品生产，其在机器人方向授权的专利主要与铸造方法相关。

表4-51　前十老牌型创新主体

创新主体	最早专利授权年	最晚专利授权年	授权专利总量
沈阳工业大学	1987	2020	70
鞍钢股份有限公司	2005	2021	28
沈阳铸造研究所	2004	2017	25
沈阳大陆激光技术有限公司	2001	2011	21
鞍钢重型机械有限责任公司	2008	2017	19
辽宁工程技术大学	2002	2020	15
沈阳汇亚通铸造材料有限责任公司	1997	2018	14
瓦房店轴承集团有限责任公司	2002	2017	14
大连船舶重工集团有限公司	2007	2020	13
沈阳大学	2010	2018	12

新晋型创新主体：辽宁省机器人方向新晋型创新主体以企业和高校为主。如表4-52所示，专利授权量前三的新晋型创新主体为大连金河铸造有限公司、辽宁忠旺铝合金精深加工有限公司和辽宁工业大学。大连金河铸造有限公司是国家高新技术企业，主要从事机械零部件铸造、加工，其在机器人方向授权的专利主要与铸造方法相关。辽宁忠旺铝合金精深加工有限公司主要从事铝及铝合金制品研发、制造、加工，其在机器人方向授权的专利主要与焊接方法相关。辽宁工业大学机械工程与自动化学院设有机器人工程、应急装备技术与工程和工业工程等多个专业，并与多个企业建立了产学研合作关系。

表4-52　前十新晋型创新主体

创新主体	最早专利授权年	最晚专利授权年	授权专利总量
大连金河铸造有限公司	2011	2020	21
辽宁忠旺铝合金精深加工有限公司	2014	2020	15

创新主体	最早专利授权年	最晚专利授权年	授权专利总量
辽宁工业大学	2013	2019	15
大连交通大学	2011	2021	14
大连运明自动化技术有限公司	2011	2016	12
沈阳理工大学	2011	2021	11
中国航发沈阳发动机研究所	2017	2021	11
沈阳铸造研究所有限公司	2016	2019	10
中国第一重型机械集团大连加氢反应器制造有限公司	2011	2019	7
中车大连机车车辆有限公司	2015	2020	7

（3）主要创新主体技术布局分析。同样统计辽宁省内重点专利权人所布局的技术领域，揭示其技术研发重点和技术优势。发明专利数量排名前二十的专利权人的主要IPC（2/8法则）分布、技术主题分布以及同族专利所布局的国家见表4-53。从辽宁省角度统计发现，TOP20专利权人的主要IPC共涉及54个技术，其中B23（543）、B25（324）、B22（270）、F16（62）和C22（39）是主要技术；前二十专利权人包含大学（6家）、研究所（3家）和企业（11家），排名前三的专利权人为：大连理工大学、中国航发沈阳黎明航空发动机有限责任公司、中国科学院沈阳自动化研究所。创新主体海外布局专利数量较少。

表4-53　辽宁省专利权人技术领域分布及布局国家

专利权人	IPC	数量	含义	主题分类	数量	布局国家	数量
大连理工大学	B23	106	机床；其他类目中不包括的金属加工	智能焊接设备	48	CN	186
	B25	56	手动工具；轻便机动工具；手动器械的手柄；车间设备；机械手	激光切割和加工设备	32	WO	6
	F16	15	工程元件或部件；为产生和保持机器或设备的有效运行的一般措施；一般绝热	工业机器人	26	US	3
	B41	15	印刷；排版机；打字机；模印机	服务消费机器人	24	JP	3
	B22	12	铸造；粉末冶金	特殊作业机器人	23		
	G06	11	计算；推算或计数	智能铸造技术	18		
	H01	6	基本电气元件	连接装配装置	15		

专利权人	IPC	数量	含义	主题分类	数量	布局国家	数量
中国航发沈阳黎明航空发动机有限责任公司	B23	97	机床；其他类目中不包括的金属加工	智能焊接设备	61	CN	170
	B22	68	铸造；粉末冶金	智能铸造技术	53		
				连接装配装置	37		
				激光切割和加工设备	11		
				工业机器人	6		
				服务消费机器人	1		
				特殊作业机器人	1		
中国科学院沈阳自动化研究所	B25	87	手动工具；轻便机动工具；手动器械的手柄；车间设备；机械手	工业机器人	54	CN	147
	B23	61	机床；其他类目中不包括的金属加工	特殊作业机器人	35	WO	7
	G01	7	测量；测试	服务消费机器人	25	US	3
				连接装配装置	16		
				智能铸造技术	6		
				激光切割和加工设备	6		
				智能焊接设备	5		
东北大学	B25	60	手动工具；轻便机动工具；手动器械的手柄；车间设备；机械手	智能焊接设备	32	CN	112
	B23	42	机床；其他类目中不包括的金属加工	特殊作业机器人	28	WO	1
	B22	11	铸造；粉末冶金	工业机器人	21		
	C22	7	冶金；黑色或有色金属合金；合金或有色金属的处理	服务消费机器人	11		
	F16	5	工程元件或部件；为产生和保持机器或设备的有效运行的一般措施；一般绝热	激光切割和加工设备	11		
	C21	5	铁的冶金	连接装配装置	5		
	B62	5	无轨陆用车辆	智能铸造技术	4		
	G06	4	计算；推算或计数				

专利权人	IPC	数量	含义	主题分类	数量	布局国家	数量
中国科学院金属研究所	B22	65	铸造；粉末冶金	智能焊接设备	83	CN	111
	B23	41	机床；其他类目中不包括的金属加工	智能铸造技术	22	KR	2
	C22	11	冶金；黑色或有色金属合金；合金或有色金属的处理	工业机器人	2	WO	1
	C30	10	晶体生长	激光切割和加工设备	2	US	1
				特殊作业机器人	1	JP	1
				连接装配装置	1	EP	1
						ES	1
						PL	1
沈阳新松机器人自动化股份有限公司	B25	92	手动工具；轻便机动工具；手动器械的手柄；车间设备；机械手	服务消费机器人	34	CN	106
	B23	16	机床；其他类目中不包括的金属加工	工业机器人	30		
	B65	3	输送；包装；贮存；搬运薄的或细丝状材料	特殊作业机器人	29		
				连接装配装置	9		
				智能焊接设备	2		
				智能铸造技术	2		
沈阳工业大学	B22	33	铸造；粉末冶金	智能焊接设备	31	CN	70
	B23	25	机床；其他类目中不包括的金属加工	智能铸造技术	13		
	B25	9	手动工具；轻便机动工具；手动器械的手柄；车间设备；机械手	工业机器人	11		
	F16	4	工程元件或部件；为产生和保持机器或设备的有效运行的一般措施；一般绝热	激光切割和加工设备	6		
	C21	2	铁的冶金	服务消费机器人	5		
				特殊作业机器人	4		

续表

专利权人	IPC	数量	含义	主题分类	数量	布局国家	数量
沈阳飞机工业（集团）有限公司	B23	40	机床；其他类目中不包括的金属加工	连接装配装置	13	CN	43
				智能焊接设备	9		
				工业机器人	8		
				激光切割和加工设备	6		
				智能铸造技术	3		
				服务消费机器人	3		
				特殊作业机器人	1		
鞍钢股份有限公司	B23	26	机床；其他类目中不包括的金属加工	智能焊接设备	21	CN	28
	C22	3	冶金；黑色或有色金属合金；合金或有色金属的处理	工业机器人	3		
	C21	2	铁的冶金	智能铸造技术	2		
				连接装配装置	1		
				激光切割和加工设备	1		
沈阳铸造研究所	B22	24	铸造；粉末冶金	智能焊接设备	17	CN	25
				智能铸造技术	7		
				工业机器人	1		
大连金河铸造有限公司	B22	21	铸造；粉末冶金	智能铸造技术	13	CN	21
				智能焊接设备	2		
				工业机器人	2		
				连接装配装置	2		
				激光切割和加工设备	1		
				特殊作业机器人	1		
沈阳大陆激光技术有限公司	B23	21	机床；其他类目中不包括的金属加工	智能焊接设备	10	CN	21
	C23	7	对金属材料的镀覆；用金属材料对材料的镀覆；表面化学处理；金属材料的扩散处理；真空蒸发法、溅射法、离子注入法或化学气相沉积法的一般镀覆；金属材料腐蚀或积垢的一般抑制	激光切割和加工设备	6		

专利权人	IPC	数量	含义	主题分类	数量	布局国家	数量
沈阳大陆激光技术有限公司	G01	4	测量；测试	连接装配装置	4		
	C22	3	冶金；黑色或有色金属合金；合金或有色金属的处理	智能铸造技术	1		
	F04	3	液体变容式机械；液体泵或弹性流体泵				
鞍钢重型机械有限责任公司	B22	12	铸造；粉末冶金	智能焊接设备	8	CN	19
	B23	7	机床；其他类目中不包括的金属加工	智能铸造技术	7		
	C21	5	铁的冶金	连接装配装置	3		
				工业机器人	1		
辽宁工程技术大学	B23	11	机床；其他类目中不包括的金属加工	智能焊接设备	6	CN	15
	B25	5	手动工具；轻便机动工具；手动器械的手柄；车间设备；机械手	工业机器人	6		
				连接装配装置	2		
				特殊作业机器人	1		
辽宁忠旺铝合金精深加工有限公司	B23	15	机床；其他类目中不包括的金属加工	智能焊接设备	5	CN	15
				智能铸造技术	5		
				连接装配装置	4		
				激光切割和加工设备	1		
辽宁工业大学	B23	14	机床；其他类目中不包括的金属加工	连接装配装置	4	CN	15
				激光切割和加工设备	4		
				工业机器人	4		
				智能焊接设备	3		

续表

专利权人	IPC	数量	含义	主题分类	数量	布局国家	数量
沈阳汇亚通铸造材料有限责任公司	B22	14	铸造；粉末冶金	智能焊接设备	12	CN	14
				智能铸造技术	2	WO	1
						US	1
大连交通大学	B23	6	机床；其他类目中不包括的金属加工	连接装配装置	4	CN	14
	F16	4	工程元件或部件；为产生和保持机器或设备的有效运行的一般措施；一般绝热	智能焊接设备	2		
	B22	3	铸造；粉末冶金	智能铸造技术	2		
	B25	2	手动工具；轻便机动工具；手动器械的手柄；车间设备；机械手	激光切割和加工设备	2		
				特殊作业机器人	2		
				工业机器人	1		
				服务消费机器人	1		
瓦房店轴承集团有限责任公司	F16	14	工程元件或部件；为产生和保持机器或设备的有效运行的一般措施；一般绝热	激光切割和加工设备	7	CN	14
				连接装配装置	4		
				工业机器人	2		
				特殊作业机器人	1		
大连船舶重工集团有限公司	B23	13	机床；其他类目中不包括的金属加工	工业机器人	7	CN	13
				智能焊接设备	4		
				连接装配装置	2		

（五）主要专利发明人分析

1. 全国情况分析

我国智能制造领域机器人方向专利首位发明人主要来自高校与民营企业，全国专利发明人专利数量Top100中，见表4-54，属于高校的专利发明人有53人，属于民营企业的专利发明人有45人。专利发明数量前三的发明人为魏志凌（昆山思拓机器有限公司）、吕绍林（苏州博众精工科技有限公司）、张文增（清华大学）。魏志凌是昆山思拓机器有限公司的法定代表人，该公司主要从事精密光机电一体设备的研制、组装、销售、租赁等。吕绍林是苏州博众精工科技有限公司的董事长兼总经理。该公司主要从事工业数字化、智能化车间集成设备、生产线、立体仓库及软件、工业自动化集成设备、工装夹具、新能源充放电设备、激光设备、激光设备周边产品的技术开发、技术咨询、技术服务、研发、生产、系统集成、工程安装、销售、售后服务等。张文增是清华大学机械工程系副教授、中国机械工程学会高级会员。他的研究方向包括机器人技术及自动化、仿生机械设计与制造、焊接过程传感与控制、拟人机器人手、视觉检测与控制等。

其中辽宁省位于全国专利发明人专利数量Top100的发明人有马广华（大连金河铸造有限公司）、房立金（东北大学）。马广华是大连金河铸造有限公司董事长。该公司主要从事机械零部件铸造、加工，货物进出口等。房立金是东北大学机器人科学与工程学院教授、博士研究生导师。长期从事机器人及机电一体化系统及其控制方面的基础理论研究、高技术攻关及应用系统开发工作，包括机器人仿肌肉驱动及智能控制、机器人高精度动力学控制、攀爬移动机器人研究与设计等。

表4-54　机器人方向全国专利发明人专利数量Top100统计

序号	姓名	机构	数量
1	魏志凌	昆山思拓机器有限公司	98
2	吕绍林	苏州博众精工科技有限公司	84
3	张文增	清华大学	76
4	高云峰	深圳市大族激光科技股份有限公司	73
5	吕绍林	博众精工科技股份有限公司	69
6	洪波	湘潭大学	54
7	张原	北京美科艺数码科技发展有限公司	53
8	章军	江南大学	53
9	熊友军	深圳市优必选科技有限公司	47
10	浦巧生	吴江市液铸液压件铸造有限公司	42

序号	姓名	机构	数量
11	姜澜	北京理工大学	36
12	陈树君	北京工业大学	34
13	房建成	北京航空航天大学	34
14	顾宏超	芜湖全程智能科技有限公司	32
15	雷正龙	哈尔滨工业大学	32
16	朱延河	哈尔滨工业大学	32
17	王亚军	力帆实业（集团）股份有限公司	31
18	单忠德	机械科学研究总院先进制造技术研究中心	29
19	段吉安	中南大学	29
20	王金鑫	鸿富锦精密工业（深圳）有限公司	29
21	张友寿	湖北工业大学	29
22	邓君	东莞理工学院	28
23	陈振东	建科机械（天津）股份有限公司	27
24	黄强	北京理工大学	27
25	刘强	北京石油化工学院	27
26	柳开郎	广东聚华印刷显示技术有限公司	27
27	王霄	江苏大学	27
28	陆辉	雄华机械（苏州）有限公司	26
29	吕绍林	吴江市博众精工科技有限公司	26
30	林巨广	安徽巨一自动化装备有限公司	25
31	吕世雄	哈尔滨工业大学	25
32	祝建勋	济南圣泉集团股份有限公司	25
33	都东	清华大学	24
34	苏皓	江苏捷帝机器人股份有限公司	24
35	徐文福	哈尔滨工业大学深圳研究生院	24
36	刘卫臣	珠海艾派克微电子有限公司	23
37	刘新金	江南大学	23
38	陈建魁	华中科技大学	22
39	段超	深圳富泰宏精密工业有限公司	22
40	李亚江	山东大学	22
41	罗进添	研能科技股份有限公司	22

序号	姓名	机构	数量
42	缪凯	武汉钢铁（集团）公司	22
43	邱光	深圳市瑞凌实业股份有限公司	22
44	王克鸿	南京理工大学	22
45	熊俊	西南交通大学	22
46	毕宗岳	宝鸡石油钢管有限责任公司	21
47	姜飞龙	嘉兴学院	21
48	李明	中国科学院西安光学精密机械研究所	21
49	罗怡	重庆理工大学	21
50	马广华	大连金河铸造有限公司	21
51	谭久彬	哈尔滨工业大学	21
52	王皓	上海交通大学	21
53	姚力军	宁波江丰电子材料股份有限公司	21
54	赵建华	燕山大学	21
55	班书昊	常州大学	20
56	崔俊宁	哈尔滨工业大学	20
57	蒋文学	武汉船用机械有限责任公司	20
58	刘宏	哈尔滨工业大学	20
59	孙津济	北京航空航天大学	20
60	杨仕桐	广州微点焊设备有限公司	20
61	张立安	马鞍山市万鑫铸造有限公司	20
62	丁励	珠海艾派克微电子有限公司	19
63	刘桂祥	嵊州市恒中机器有限公司	19
64	宋爱国	东南大学	19
65	孙洪波	吉林大学	19
66	王文君	西安交通大学	19
67	俞成涛	江苏理工学院	19
68	张瑞鸿	兆利科技工业股份有限公司	19
69	赵瑞	安徽江淮汽车集团股份有限公司	19
70	周琦	南京理工大学	19
71	鲍常莲	苏州市吴中区木渎华利模具加工店	18
72	曹宇	温州大学	18

序号	姓名	机构	数量
73	黄永安	华中科技大学	18
74	刘贺滨	黑龙江大学	18
75	刘兴伟	深圳市鹏煜威科技有限公司	18
76	罗键	重庆大学	18
77	王建刚	武汉华工激光工程有限责任公司	18
78	肖荣诗	北京工业大学	18
79	徐文福	哈尔滨工业大学（深圳）	18
80	杨绪广	济南邦德激光股份有限公司	18
81	余胜东	温州职业技术学院	18
82	占小红	南京航空航天大学	18
83	张明军	长沙理工大学	18
84	陈庚金	川湖科技股份有限公司	17
85	陈国庆	哈尔滨工业大学	17
86	单晓杭	浙江工业大学	17
87	季忠	山东大学	17
88	赖永刚	安徽昌永得机械有限公司	17
89	廖小平	广西大学	17
90	刘蕾	安徽巨一科技股份有限公司	17
91	龙波	鸿富锦精密工业（深圳）有限公司	17
92	罗刚	湖北三江航天红阳机电有限公司	17
93	徐安赐	富世达股份有限公司	17
94	杨跞	中科新松有限公司	17
95	张永康	广东工业大学	17
96	张永康	江苏大学	17
97	章德均	宁波金凤焊割机械制造有限公司	17
98	房立金	东北大学	16
99	路懿	燕山大学	16
100	罗震	天津大学	16

2. 辽宁情况分析

辽宁省智能制造领域机器人方向专利首位发明人主要来自高校与民营企业，辽宁省专利发明人专利数量Top100中，见表4-55，属于民营企业的专利发明人有44人，属于高校的专利发明人有33人。专利发明数量前两位的发明人为马广华（大连金河铸造有限公司）、房立金（东北大学），均位于全国专利发明人专利数量前100位之列。

紧随其后的为刘黎明（大连理工大学）、王晓东（大连理工大学）、毛萍莉（沈阳工业大学）。刘黎明是大连理工大学材料科学与工程学院教授、博士生导师。他的研究方向包括新材料先进连接技术研究、异种金属焊接工艺研究、焊接过程计算机仿真与控制系统、焊接装备智能化、数字化研究等。王晓东是大连理工大学机械工程学院教授、博士生导师，主要研究方向包括精密微小装配技术、精密仪器设计与制造、精密测量技术与仪器等。毛萍莉是沈阳工业大学材料科学与工程学院教授、博士生导师。他的研究方向包括高品质镁合金研究开发及应用、材料高速变形行为及变形机制、材料第一性原理计算等。

表4-55 机器人方向辽宁省专利发明人专利数量Top100统计

序号	姓名	机构	数量
1	马广华	大连金河铸造有限公司	21
2	房立金	东北大学	16
3	刘黎明	大连理工大学	15
4	王晓东	大连理工大学	15
5	毛萍莉	沈阳工业大学	14
6	刘金国	中国科学院沈阳自动化研究所	11
7	姜卫国	中国科学院金属研究所	10
8	李学威	沈阳新松机器人自动化股份有限公司	10
9	刘玉旺	中国科学院沈阳自动化研究所	10
10	曲道奎	沈阳新松机器人自动化股份有限公司	10
11	王承刚	大连运明自动化技术有限公司	10
12	陆善平	中国科学院金属研究所	9
13	马建伟	大连理工大学	9
14	王洪光	中国科学院沈阳自动化研究所	9
15	吴东江	大连理工大学	9
16	徐方	沈阳新松机器人自动化股份有限公司	9
17	杨彦红	中国科学院金属研究所	9
18	余明伟	沈阳汇亚通铸造材料有限责任公司	9

序号	姓名	机构	数量
19	李岭群	李岭群	8
20	陶兴启	沈阳大陆激光成套设备有限公司	8
21	常云龙	沈阳工业大学	7
22	郭忠峰	沈阳工业大学	7
23	霍军周	大连理工大学	7
24	李斌	中国科学院沈阳自动化研究所	7
25	徐志刚	中国科学院沈阳自动化研究所	7
26	郑伟	中国科学院金属研究所	7
27	邹赫麟	大连理工大学	7
28	陈江	沈阳大陆激光技术有限公司	6
29	陈书宏	中国科学院沈阳自动化研究所	6
30	杜劲松	中国科学院沈阳自动化研究所	6
31	冯志军	沈阳铸造研究所	6
32	李波	沈阳黎明航空发动机（集团）有限责任公司	6
33	梁健	梁健	6
34	刘伟华	沈阳工业大学	6
35	骆宗安	东北大学	6
36	谢华生	沈阳铸造研究所	6
37	杨金侠	中国科学院金属研究所	6
38	朱维金	沈阳新松机器人自动化股份有限公司	6
39	邹平	东北大学	6
40	丛明	大连理工大学	5
41	高峰	沈阳飞机工业（集团）有限公司	5
42	高航	大连理工大学	5
43	郝丽娜	东北大学	5
44	何力佳	辽宁工业大学	5
45	马广义	大连理工大学	5
46	马丽	鞍钢建设集团有限公司	5
47	齐兆军	大连德新机电技术工程有限公司	5
48	乔红超	中国科学院沈阳自动化研究所	5
49	邱兆峰	沈阳黎明航空发动机（集团）有限责任公司	5

序号	姓名	机构	数量
50	王大志	大连理工大学	5
51	王金涛	沈阳新松机器人自动化股份有限公司	5
52	王永明	沈阳黎明航空发动机（集团）有限责任公司	5
53	尹柏林	大连佳林设备制造有限公司	5
54	张奇峰	中国科学院沈阳自动化研究所	5
55	张玉新	辽宁忠旺特种车辆制造有限公司	5
56	赵明扬	中国科学院沈阳自动化研究所	5
57	杜洪强	沈阳黎明航空发动机（集团）有限责任公司	4
58	范垂顺	范垂顺	4
59	葛沁	中国航发沈阳黎明航空发动机有限责任公司	4
60	韩建达	中国科学院沈阳自动化研究所	4
61	贾清	中国科学院金属研究所	4
62	蒋健博	鞍钢股份有限公司	4
63	蒋应田	辽宁石油化工大学	4
64	金广明	沈阳汇亚通铸造材料有限责任公司	4
65	李特	大连理工大学	4
66	刘成来	沈阳黎明航空发动机（集团）有限责任公司	4
67	刘冬	大连理工大学	4
68	刘勇	中国科学院沈阳自动化研究所	4
69	马青梅	辽宁忠旺铝合金精深加工有限公司	4
70	彭志江	沈阳黎明航空发动机（集团）有限责任公司	4
71	苏允海	沈阳工业大学	4
72	佟伟平	东北大学	4
73	王聪	东北大学	4
74	王续跃	大连理工大学	4
75	薛笑寒	大连宝通工业控制有限公司	4
76	姚山	大连理工大学	4
77	张鹏	沈阳新松机器人自动化股份有限公司	4
78	张世东	沈阳黎明航空发动机（集团）有限责任公司	4
79	边弘晔	沈阳新松机器人自动化股份有限公司	3
80	曹大力	沈阳化工大学	3

序号	姓名	机构	数量
81	陈卓君	沈阳理工大学	3
82	程红太	东北大学	3
83	单泉	东北大学	3
84	高成薇	沈阳黎明航空发动机（集团）有限责任公司	3
85	韩梅	大连瑞林数字印刷技术有限公司	3
86	韩绍娟	辽宁省轻工科学研究院	3
87	黄青松	沈阳黎明航空发动机（集团）有限责任公司	3
88	姜淑华	鞍钢重型机械有限责任公司	3
89	蒋玮	大连理工大学	3
90	李波	中国航发沈阳黎明航空发动机有限责任公司	3
91	李成求	大连海事大学	3
92	李大用	渤海造船厂集团有限公司	3
93	李敏	辽宁福鞍重工股份有限公司	3
94	梁静静	中国科学院金属研究所	3
95	梁康硕	沈阳明禾石英制品有限责任公司	3
96	刘爱国	沈阳理工大学	3
97	刘殿宝	渤海船舶重工有限责任公司	3
98	刘殿宝	渤海造船厂集团有限公司	3
99	刘冬菊	沈阳鼓风机集团股份有限公司	3
100	刘松凯	中国科学院沈阳自动化研究所	3

（六）结论

辽宁省机器人技术专利获得授权起步于20世纪80年代，进入2000年以后开始进入增长期，至2014年一直保持增长态势，但在2016年前后进入稳定期，再至2019年进入瓶颈期，专利授权数量呈下降态势，这与我国机器人技术专利总体发展趋势基本相当。增长率的比较分析得出，辽宁省授权专利增长速度更快，且增长期更长，该方向的技术创新发展较为活跃。

辽宁省机器人技术专利主要集中在B23（机床；其他类目中不包括的金属加工）、B22（铸造；粉末冶金）、B25（手动工具；轻便机动工具；手动器械的手柄；车间设备；机械手）、F16（工程元件或部件；为产生和保持机器或设备的有效运行的一般措施；一般绝热）、B41（印刷；排版机；打字机；模印机）和C22（冶金；黑色或有色金属合金；合金或有色金属的处理），该前6项IPC大类号获得授权专利共占总量的91.47%，其中在B22和C22大类较全国占比具有一定的优势。

辽宁省机器人技术主题分布主要集中在主题5智能焊接设备、主题1工业机器人、主题7智能铸造技术和主题6连接装配装置4个方向上，其中在主题5和主题7方向上较全国授权专利占比更多，具有一定的技术创新优势。

辽宁省机器人技术的创新主体主要是企业、高校和研究所，而且相对集中。前20名创新主体所授权的专利数量占辽宁省机器人专利总量的59.19%。其中，授权数量前三的创新主体为大连理工大学、中国航发沈阳黎明航空发动机有限责任公司和中国科学院沈阳自动化研究所。

辽宁省机器人方向创新主体主要为老牌型创新主体和新晋型创新主体，大部分创新主体在2000年之后才授权了第一件专利。强力型创新主体包括大连理工大学、中国航发沈阳黎明航空发动机有限责任公司、中国科学院沈阳自动化研究所、东北大学、中国科学院金属研究所、沈阳新松机器人自动化股份有限公司和沈阳飞机工业（集团）有限公司。潜力型创新主体只有沈阳航空航天大学。此外，老牌型创新主体有沈阳工业大学、鞍钢股份有限公司和沈阳铸造研究所等；新晋型创新主体有大连金河铸造有限公司、辽宁忠旺铝合金精深加工有限公司和辽宁工业大学等。

辽宁省机器人方向主要创新主体技术布局分析中，大连理工大学、中国航发沈阳黎明航空发动机有限责任公司、中国科学院沈阳自动化研究所等创新主体的技术主题和IPC分布均较为广泛，主要的IPC和七大技术主题均有布局。但各创新主体整体海外布局专利数量较少，仅在WO、US、JP等专利局有零星专利布局。

辽宁省机器人方向发明人统计结果显示，发明人主要来自高校与民营企业，专利数量Top100中，属于民营企业的专利发明人有44人，属于高校的专利发明人有33人。主要为马广华（大连金河铸造有限公司）、房立金（东北大学）、刘黎明（大连理工大学）、王晓东（大连理工大学）、毛萍莉（沈阳工业大学）等。

第5章

辽宁智能制造发展现状研究

一、产业发展现状

辽宁是国家先进装备制造业基地，智能制造产业基础雄厚，拥有机器人、数控机床、成套装备等装备制造业，以及集成电路、传感器等电子信息制造业，为智能制造产业快速发展提供了有力支撑。

（一）重点领域发展迅速

1.工业机器人产业规模扩大

作为我国工业机器人产业发展的重要区域，辽宁省机器人本体产品销售与自主品牌价值总体处于全国前列，核心零部件平均国产化率较高，在工业机器人技术储备方面具有较强竞争力，已形成自主技术引领、产品体系完备、应用领域广泛等主要特点，初步建立了研发与应用的正向循环。2021年，辽宁工业机器人产量增长6.1%。省内拥有机器人领域相关企业300多家，主要集中在沈阳、大连两地。沈阳机器人产业基础牢固，基本形成以企业和科研院所为引领，以浑南区为核心、以铁西区为支撑的产业布局。沈阳地区拥有沈阳新松机器人自动化股份有限公司、沈阳通用机器人技术股份公司等规模较大、综合实力较强的工业机器人龙头企业，在多关节工业机器人、特种机器人、自动化装备等领域具备较强的研发实力。沈阳新松移动机器人已成国内市场占有率最高的境内企业（表5-1）。中科院沈阳自动化研究所深空、深海、深地机器人产品和技术支撑国家重大战略实施。2021年，沈阳获批建设国家新一代人工智能创新发展试验区，沈阳机器人产业成功中标工信部组织的先进制造业集群项目，产业空间集聚效应显现。大连部分企业已研发出包括虚拟五轴爬行系列机器人、水平4自由度和垂直6自由度机器人、串联式六关节工业机器人、EBS直角坐标机器人等产品，为汽车、航空航天、石油化工、核电及国防、制药、搬运机械等领域提供很多集成机器人的成套生产线和专用装备。

表5-1　机器人产业链重点企业及主导产品

序号	企业名称	主导产品	地区
1	沈阳新松机器人自动化股份有限公司	工业机器人、移动机器人、洁净机器人、服务机器人、特种机器人	沈阳
2	沈阳通用机器人技术股份公司	机器人本体研发生产和销售，以及物流焊接、食品药品等领域的机器人应用和自动化解决方案	沈阳
3	沈阳远大智能高科机器人有限公司	大型复杂曲面智能感知打磨机器人系统全封闭的打磨工作间及高效的除尘系统	沈阳
4	大连智云自动化装备股份有限公司	机器人、系统集成和自动化制造工艺系统研发	大连
5	大连四达高技术发展有限公司	气动平衡机械手、龙门机器人、柔性夹具、汽车生产线工艺装备及自动化输送系统等	大连
6	大连佳林设备制造有限公司	工厂成套自动化输送线、组装线、自动化包装线、后段包装生产线等	大连
7	沈阳华创电子制造有限公司	工业机器人，直角坐标机器人，自动化生产线等	沈阳
8	大连易派机器人科技有限公司	机器人编程调试、离线仿真设计以及机器人系统集成	大连
9	沈阳众拓机器人设备有限公司	工业机器人设备设计、研发、制造，自动化生产线设计、研发、制造	沈阳
10	沈阳慧远自动化设备有限公司	机器人与自动化、工业自动化生产线、激光加工	沈阳

资料来源：相关资料和调研数据整理。

2. 数控机床研发生产占据国内重要地位

数控机床被誉为"国之重器，工业之母"，是整个装备制造业的核心生产基础，对推动装备制造业高质量发展、维护国家产业安全和国防安全至关重要。辽宁数控机床产业基础较好，拥有通用沈阳机床、通用大连机床、科德数控、沈阳高精数控等一批重点企业；拥有中科院自动化所、中科院金属所、中科院计算所、大连理工大学和东北大学等一批科研力量雄厚的数控机床相关领域科研院所和高等院校，具有发展高端数控机床的比较优势。主要产品涉及数控金属切削机床、数控金属成型机床、数控特种加工机床，加工中心等，主要服务汽车、航空航天、军工、能源、轨道交通、通用机械、模具、工程机械等行业和领域（表5-2）。2021年，辽宁金属切削机床产量3.81万台，比2019年增长了48.2%，全国排名第六。沈阳机床、大连机床的智能数控机床项目分别入选2015年和2016年国家智能制造试点示范项目。沈阳机床自主研发的i5智能系统是世界上首台具有网络智能功能的数控系统。具有自主知识产权的五轴智能机床已实现量产，完全可以与采用国外系统的同类五轴机床比肩。沈阳永安机床小镇凭借健全的产业服务平台和智能制造应用示范平台，于2018年获批辽宁省第一批产业特色小镇，2020年入选国家发展改革委"第二轮全国特色

表5-2 数控机床产业链重点企业及主导产品

序号	企业名称	主导产品	地区
1	通用技术集团沈阳机床	i5智能系统、i5智能机床、经济型数控车床、全机能数控车床、立式加工中心、龙门式加工中心、数控铣镗床	沈阳
2	通用技术集团大连机床	组合机床及自动线、柔性制造系统；立、卧及龙门式加工中心；数控车床和车铣中心；高速精密车床及机床附件	大连
3	沈阳中科数控技术股份有限公司	数控系统、伺服驱动单元、主轴驱动单元机器人及相关机床电子产品研发、生产和配套	沈阳
4	大连科德数控有限公司	从事高档数控系统、五轴联动加工中心、五轴工具磨床、工业机器人以及数控机床关键功能部件研发、装配的高新技术企业	沈阳
5	沈阳马卡智工科技有限公司	五轴加工中心	沈阳
6	沈阳海默数控机床有限公司	机床制造；计算机软件、自动化设备及系统研发、技术咨询、技术服务、销售；超硬磨具刀具及机床配套产品生产、销售、维修；机械加工；货物或技术进出口	大连
7	沈阳精锐数控机床有限公司	精密卧式加工中心、柔性自动生产线、数控螺旋加工机床等	沈阳
8	沈阳中捷机床有限公司	高速五轴加工中心、龙门移动式五轴联动加工中心	沈阳
9	营口锻压机床有限责任公司	数控电螺旋压力机、闭式单点机械压力机、热模锻多工位压力机	营口
10	沈阳高精数控技术股份有限公司	数控系统、伺服系统、主轴系统、工业控制系统、机床功能部件的开发、生产及进出口；数控专机、自动控制生产线及其配套产品开发、生产	沈阳
11	辽宁西格马数控机床有限公司	CK及CT系列数控卧车、立车；数控加工中心；车铣复合加工中心等	沈阳

小镇典型经验"，2022年小镇投资10亿元建设智能装备产业园项目。大连机床的组合生产线广泛应用于汽车制造等领域，在国内处于领先地位。科德数控的高端五轴数控机床实现了国产替代，在航空发动机、导弹发动机加工环节打破了国外垄断。

3.集成电路传感器等电子信息业态势较好

辽宁省拥有集成电路相关企业100多家，涵盖集成电路设计、制造、装备以及关键材料等领域，产业链相对完整。以沈阳、大连两地的产业集聚区为基础，辐射抚顺、丹东、锦州、辽阳等地，实现了区域间错位发展。大连以设计企业为主，建有东北地区唯一的集成电路设计产业基地。大连英特尔已成为世界最先进的非易失性存储芯片制造基地，是目前中国最大、综合技术水平最高的集成电路生产企业之一。沈阳以装备企业居多，在多年来的技术沉淀和累计数百亿元社会资本支持下，突破了一批制约我国IC装备产业的关键技术，开发出一批具有良好产业化前景的整机装备和单元部件产品（表5-3）。目前已经形成了"一项控制系统技术、四类重要整机装备、一批关键单元部件和一个关键零部件支撑平台"的生产配套能力，与北京、上海构成我国IC装备产业发展三大重点地区。沈阳拓荆科技是国内唯一一家产业化应用的集成电路PECVD、SACVD等薄膜沉积设备厂商，也是国内领先的ALD设备厂商。沈阳芯源作为国内领先的高端半导体装备制造企业，所开发的涂胶机、显影机、喷胶机、去胶机、湿法刻蚀机、单片清洗机等产品，已形成完整的技术体系和丰富的产品系列。拓荆和芯源在2021年国内上市公司半导体设备业务营收排名中进入前十名，如图5-1所示。传感器产业加快集聚发展，2021年，中德工业互联网创新基地核心板块——智能传感器产业园在沈阳启动，在中航光电、汉科半导体、贺利氏特种光源、贺利氏信越石英、贺利氏电测骑士、中光电子等企业集聚发展的基础上，加快打造国际一流的智能传感产业链。2021年，辽宁电子信息制造业实现营业收入1000亿元，同比增长9.9%。其中，集成电路装备重点企业快速发展，增幅超过50%。

4.工业软件为代表的软件业迅速发展

工业软件作为工业领域的研发灵魂被严重"卡脖子"，和高端芯片、操作系统等同

表5-3　集成电路产业链重点企业及主导产品

序号	企业名称	主导产品	地区
1	沈阳芯源微电子设备有限公司	匀胶显影机、喷胶机、单片湿法刻蚀机、清洗机、去胶机	沈阳
2	沈阳拓荆科技有限公司	PECVD\ALD	沈阳
3	沈阳富创精密设备有限公司	半导体精密零部件	沈阳
4	中国科学院沈阳科学仪器股份有限公司	真空干泵	沈阳
5	沈阳仪表科学研究院有限公司	硅基压力传感器芯片、划片机	沈阳
6	沈阳硅基科技有限公司	8/12英寸SOI硅片	沈阳
7	英特尔半导体（大连）有限公司	非易失性存储芯片	大连
8	大连华邦化学有限公司	气体纯化设备	大连
9	锦州神工半导体股份有限公司	8/12英寸单晶硅棒	锦州
10	朝阳通美晶体科技有限公司	砷化镓晶体	朝阳
11	沈阳新松机器人自动化股份有限公司	IC真空机械手、硅片传输平台、半导体设备前端模块（EFEM）	沈阳
12	大连维德集成电路有限公司	人工智能视觉芯片	大连
13	爱康普科技（大连）有限公司	超高频射频识别芯片	大连

序号	企业名称	主导产品	地区
14	大连连顺电子有限公司	CMOS电路、BIPOLAR电路	大连
15	大道国森教波电子有限公司	霍尔集成电路器件	大连
16	大连华芯科技有限公司	霍尔传感器	大连
17	大连阿尔法模拟技术股份有限公司	模拟IC产品	大连
18	大连芯通未来科技有限公司	模拟转换芯片	大连
19	光电子（大连）有限公司	功率半导体器件、光传感器	大连
20	大连佳峰电子有限公司	全自动装片机等封测设备	大连
21	大连连城数控机器股份有限公司	半导体级直拉硅单晶炉、氧化镓半导体单晶生长设备、单晶棒滚磨机、金刚线多线切片机	大连
22	大连益盛达智能科技有限公司	全自动COG邦定机、全自动FOG热压机、点胶机、检测机	大连
23	翼龙设备（大连）有限公司	IC固晶机	大连
24	大连泰一精密模具有限公司	半导体封装模具	大连
25	大连芯冠科技有限公司	6英寸硅基氮化镓外延片	大连
26	大连科利德化工科技开发有限公司	高纯超净电子气体	大连
27	中昊光明化工研究设计院有限公司	特种气体	大连
28	大连大特气体科技有限公司	特种气体	大连
29	大连奥首科技有限公司	电子化学品	大连
30	辽宁希泰科技有限公司	焊接波纹管	营口
31	辽宁天工半导体有限公司	18/12英寸单晶硅抛光片	锦州
32	锦州七七七微电子有限责任公司	模拟集成电路	锦州
33	朝阳金美镓业有限公司	氧化镓、铟、锗	朝阳
34	辽宁靖帆新材料有限公司	光刻胶	辽阳
35	辽阳泽华电子产品有限责任公司	三极管、可控硅封装测试	辽阳
36	罕王微电子（辽宁）有限公司	MEMS传感器	沈抚
37	沈阳汉科半导体材料有限公司	半导体石英	沈阳
38	贺利氏（沈阳）特种光源有限公司	电气工业的紫外线固化	沈阳
39	贺利氏信越石英（中国）有限公司	高精密度高纯度半导体石英系列产品、其他半导体器件	沈阳
40	沈阳中光电子有限公司	半导体元器件、电子元器件、集成电路	沈阳
41	沈阳仪表科学研究院有限公司	光学器件、传感器、智能仪表、敏感芯片、智能检测	沈阳

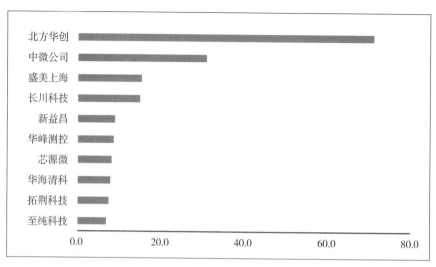

图5-1　软件与信息技术服务业产业链重点企业及主导产品

样属于"重大短板",不仅事关战略安全和产业保障,更是建设"数字辽宁、智造强省"的核心关键。2021年,辽宁省软件和信息技术服务业统计范围企业1673户,实现软件业务收入2073亿元,同比增长11.6%,为近3年来最高增速。实现软件离岸外包业务收入21.6亿美元,连续9年位居全国首位,东软集团、信华信与北京文思海辉多年蝉联全国软件出口和服务外包前三强(表5-4)。沈阳国际软件园2021年实现总产值约540亿,税收贡献约20亿,沈阳国际软件园(二期)沈阳数字经济产业园项目全部建成以后,预计年产值达到1000亿元以上,将支撑沈阳国际软件园向全国科技园区第一梯队快步迈进。在2021年国家新型工业化产业示范基地发展质量评价中,"软件和信息服务·大连高新技术产业园区"获评"四星级"示范基地。大连信华信的制造运营管理产品(MOM)、英特仿真的综合仿真管理平台等一批重点工业软件产品国内领先。

表5-4　软件与信息技术服务业产业链重点企业及主导产品

序号	企业名称	主导产品	地区
1	东软集团股份有限公司	智慧医疗健康大数据分析平台、新一代车载通信系统	沈阳
2	信华信技术股份有限公司	供应链协同平台、循环取料平台、精益物流MES、计划排程系统PPS、精益生产MES、智能质量平台QMIS、轨道交通健康诊断与智能维护平台	大连
3	易讯科技股份有限公司	数据中心容灾建设、超融合平台、云计算平台、数据中心服务管理、CT系统集成实施、可视化协同信息管理平台	沈阳
4	东方测控技术股份有限公司	智能化建设整体解决方案、大型智能化系统工程、智能仪器器设备	丹东
5	大连红旗软件技术有限公司	服务器操作系统、桌面操作系统、嵌入式操作系统、终极融合操作系统、云平台、存储系统、人工智能引擎	大连

序号	企业名称	主导产品	地区
6	大连成者科技有限公司	智能扫描仪	沈阳
7	华为技术服务（辽宁）有限公司	建筑智能化系统设计、5G通信技术服务、信息技术咨询服务	沈阳
8	英特工程仿真技术（大连）有限公司	建模与可视化平台、多物理场仿真优化平台、综合仿真管理平台、专用软件、战略新产品	大连
9	辽宁邮电规划设计院	农机作业监测系统	沈阳

（二）赋能制造业转型升级

1. 智能工厂智能生产建设步伐加快

辽宁在数控机床、汽车、船舶及海洋工程装备、航空航天等重点企业加快数字化网络化改造，建成沈阳海尔、沈鼓集团、大连冰山等一大批智能工厂和数字化车间。大连中远海运川崎船舶工程有限公司的船舶智能制造试点示范等项目入选国家智能制造试点示范项目。国投生物能源（铁岭）等2户企业入选工信部智能制造示范工厂。目前，辽宁制造业关键工序数控化率、数字化研发设计工具普及率两项关键指标分别达到55.2%、73.8%，接近全国平均水平。实现网络化协同企业比例、工业云平台应用率等10项两化融合指标增速高于全国平均水平。

2. 智能制造典型应用场景不断拓宽

近年来，辽宁发布了1453个智能制造应用场景需求，推进了204个数字化智能化改造项目建设，工业企业生产效率平均提升21.2%。沈阳新松机器人自动化股份有限公司等6家企业获批国家智能制造系统解决方案供应商；鞍钢股份有限公司智能仓储等6个应用场景入选工信部智能制造优秀场景（表5-5）；沈鼓数字化车间项目等6个案例获评工信部企业上云典型案例。与华为合作建设华为人工智能创新中心，推出了AI辅助决策、数据分析可

表5-5　2021年度国家智能制造优秀场景辽宁名单

序号	公司名称	典型场景名称
1	鞍钢股份有限公司	智能仓储
2	鞍钢集团自动化有限公司	预测性维护与运行优化
3	沈阳富创精密设备股份有限公司	离散型工艺数字化设计
4	锦州锦恒汽车安全系统股份有限公司	先进过程控制
5	大连奥托股份有限公司	在线运行监测与故障诊断
6	大连北方互感器集团有限公司	精益生产管理

视化、智能语音客服、滤布表面智能检测等一批应用场景。在智能网联汽车领域，不断推进汽车产业向电动化、智能化、网联化转型，建设了"网联汽车"AI产业集群。在车载即时通信系统、车载智能终端等领域，东软睿驰自动驾驶产品国内市场占有率第一，美行科技车载导航引擎和移动互联网位置服务市场占有率保持国内领先。在无人机领域，重点研发了无人机飞控系统、矢量多旋翼无人机等产品，沈阳无距科技单旋翼植保无人机飞控产品市场占有率全国第一。

（三）技术创新能力提升

1.集聚一批智能制造创新研发机构

辽宁拥有东北大学、大连理工大学、中国科学院沈阳自动化所、中国科学院沈阳计算所等信息领域高校院所30余个，在数字经济领域布局了145个重点实验室和技术创新中心。国家机器人创新中心等一批"国字号"创新平台、机器人学国家重点实验室、流程工业综合自动化国家重点实验室、软件架构国家重点实验室等一批国家级重点科技创新平台在辽宁落地。

2.智能制造试点示范创新成果涌现

沈阳新松、东软获颁国家"人工智能产业创新重点任务优胜单位"称号，其中，新松机器人凭借"新一代智能型工业机器人"及"新一代智能型公共服务机器人"两个项目，成为全国唯一同时获得两项殊荣的机器人企业。东软凭借支持C-V2X车联网功能的"新一代车载通信系统"，成为全国唯一一家获此殊荣的汽车电子Tier1供应商。省内企业在语音翻译、图像识别、传感器等重点领域取得突破，"面向智能服务机器人的自主人机交互与导航系统关键技术研发及产业化""面向自动驾驶的驾驶环境智能认知技术研发及产业化""面向智能物流的大规模网络化AGV集群关键技术研发与示范应用""小牛翻译云服务平台建设""面向原发性肝癌的影像链全程智能化解决方案研发与应用"5个项目被评为国家"人工智能与实体经济深度融合创新项目"。拓荆、芯源、佳峰、富创等企业突破了一批制约IC装备产业发展的关键技术。

（四）对外合作广泛开展

1.加强国内重点地区协同创新

沈阳数字经济产业大厦，对接北京、海南资源，打造沈阳、北京、海南三地联动的数字经济协同创新产业发展体系，引进国内头部企业、产业链关联企业、项目和创业团队落户。推动组建中科院智能制造机器人技术创新联盟等协同创新平台，承接中科院系统的先进技术，率先突破下一代机器人核心技术，占领产业技术的制高点。引入华为辽宁区域总部，建设沈阳鲲鹏产业孵化基地等多个项目，发挥各自优势，在区域产业模式创新、协同制造体系构建、产业生态培育等方面开展务实合作。新松机器人与清华、上海交大等高校建立联合实验室，开展关键技术联合攻关。

2. 深入推进智能制造国际交流合作

连续3年成功举办全球工业互联网大会，全球工业互联网大会永久落户沈阳。2021全球工业互联网大会发布了33个创新成果，签约288个项目，发布了1453个应用场景需求，被工信部誉为全国近年来工业互联网领域规模最大、水平最高、成果展示最全面一届大会。新松机器人产品远销海外40多个国家，建立了海外研发中心，与悉尼科技大学联合开展国际化创新研究与技术转化，选派技术、管理骨干赴国外进行交流学习，完成对韩国新盛FA公司80%股权收购，进军海外市场。

（五）政策支持体系日益完善

智能制造产业支持政策体系不断完善。深入落实国家《中国制造2025》《智能制造试点示范行动实施方案》等规划，辽宁先后出台了《辽宁省制造业高质量发展"十四五"规划》《辽宁省先进装备制造业发展"十四五"规划》《数字辽宁发展规划（2.0版）》《辽宁省智能制造工程实施方案》《制造业数字化赋能行动方案》《新一代人工智能发展规划》以及《促进人工智能和实体经济深度融合实施方案》等系列政策及配套文件。省委省政府紧紧围绕做好结构调整"三篇大文章"，不断加大对智能制造产业资金支持力度。落实"数字辽宁、智造强省"专项资金，重点支持技术改造、数字化赋能等专项；制定集成电路产业配套资金等支持政策，支持智能制造相关产业发展。此外，《辽宁省科技创新条例》的正式实施，对研究开发与技术创新、成果转化与产业化、创新人才与团队、创新生态、创新支撑等科技创新活动的全过程和关键要素做出明确规定，引导、促进和保护科技创新。

二、面临问题

（一）高端产品供给不足

1. 高端工业机器人市场份额较低

目前，我省与制造业发达国家和地区相比，整体技术水平还有一定的差距，重要核心技术和关键零部件对进口的依赖度仍然较大，严重制约了辽宁省的智能制造业产业的整体发展。2020年中国机器人市场份额前30名的企业名单显示，我国国产机器人的占比不足5%，新松机器人虽已跻身中国工业机器人市场份额前30，但市场占有率仅为0.58%（表5-6），高端工业机器人市场份额较低，控制器、伺服系统和减速器等核心零部件仍需依赖进口。

表5-6　2020年中国机器人市场份额前30名

排名	公司名	市占率（%）	排名	公司名	市占率（%）	排名	公司名	市占率（%）
1	发那科	14.01	11	汇川	2.01	21	优傲	1.10
2	爱普生	9.53	12	欧地希	1.71	22	华数	0.96
3	ABB	8.93	13	东芝	1.70	23	史陶比尔	0.84
4	安川	7.71	14	卡诺普	1.62	24	电装	0.77
5	库卡	5.99	15	众为兴	1.62	25	图灵	0.76
6	雅马哈	5.80	16	松下	1.57	26	钱江	0.70
7	川崎	3.13	17	台达	1.56	27	李群	0.68
8	埃斯顿	3.09	18	邀博	1.30	28	配天	0.61
9	那智不二越	3.07	19	广州数控	1.20	29	新松	0.58
10	三菱	2.82	20	埃夫特	1.13	30	格力	0.53

2. 高端数控机床市场突破艰难

我国与国外在高端数控机床在可靠性、加工精度、复杂曲面加工能力等方面还存在很大差距，赛迪顾问发布的全球Top10数控机床企业排名中，中国企业无一入围（表5-7）。2020年中国数控机床上市公司数控机床业务业绩对比（表5-8）显示，虽然沈阳机床业务营收排在前列，但业绩不佳，毛利率为-8.59%，其研发出的"i5"数控系统集中仍应用在两轴、三轴的通用低端机床产品，并未进入高端数控机床市场。科德数控的高端五轴数控机床实现了国产替代，但其营收规模还相对较小。

表5-7　全球Top10数控机床企业排名

排名	企业名称	国家
1	山崎马扎克公司	日本
2	通快公司	德国
3	德玛吉森精机公司	德国&日本
4	马格公司	美国
5	天田公司	日本
6	大限公司	日本
7	牧野公司	日本
8	格劳博公司	德国
9	哈斯公司	美国
10	埃玛克公司	德国

表5-8 2020年中国数控机床上市公司数控机床业务业绩对比

公司简称	数控机床业务营收（亿元）	数控机床业务毛利率（%）	公司简称	数控机床业务营收（亿元）	数控机床业务毛利率（%）
创世纪	30.11	31.46%	宇晶股份	3.61	24.99%
泰川机床	17.04	12.95%	宇环数控	2.94	47.76%
海天精工	15.96	24.16%	华辰装备	1.91	44.52%
亚威股份	10.71	30.30%	青海华鼎	1.88	0.38%
沈阳机床	8.03	−8.59%	科德数控	1.72	42.43%
合锻智能	7.95	34.49%	华明装备	1.58	23.03%
日发精机	5.93	31.47%	华东数控	1.55	17.17%
国感智科	4.77	31.35%	中航高科	1.27	−0.92%
华东重机	4.14	20.46%	山东威达	0.85	−2.74%
浙海德曼	4.1	35.26%	上机数控	0.42	25.01%

3. 电子信息产业整体规模偏小

2021年辽宁电子信息制造业营业收入仅占全国0.7%，为江苏的2.9%。虽然辽宁集成电路装备产业在国内具有一定实力，但集成电路产业整体规模、企业数量和技术水还与国内外先进水平存在明显差距。2021年全球按收入划分的前十大半导体供应商中，尚无中国企业入围（表5-9）。沈阳拓荆、芯源的设备技术国内领先，但产品推广范围有限，对产业拉动作用有待提升。

表5-9 2021年全球按收入划分的前十大半导体供应商（百万美元）

排名	企业排名	2021年收入	2021年市场份额（%）
1	三星电子	73197	12.3
2	英特尔	72536	4.8
3	SK海力士	36352	4.
4	美光科技	28624	3.2
5	高通	27093	3.0
6	博通	18793	2.9
7	联发科	17617	2.8
8	德州仪器	17272	2.7
9	英伟达	16815	45.4
10	AMD	16299	12.3

4. 工业软件依然薄弱

辽宁软件和信息技术服务业规模还有待扩大，2021年辽宁软件收入仅占全国的2%，是广东的13.2%。对2021年国内各省市软件和信息技术服务业各类收入占比统计显示，与收入排名前四位的省市相比，辽宁传统软件产品占比较高，信息技术服务业占比较少，嵌入式系统软件开发明显不足（图5-2），表明辽宁系统集成和信息化解决方案业务不多，信息技术与制造业融合程度不高。

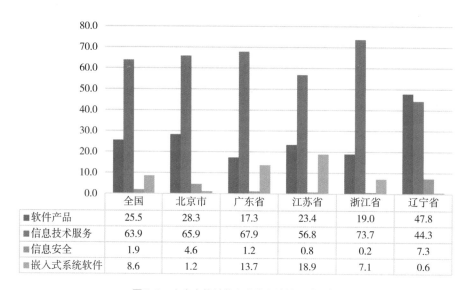

图5-2　六省市软件收入分类占比情况（%）

5. 系统集成仍处于起步阶段

系统集成是企业智能制造迈向成熟度三级的关键特征。当前，省内大部分智能化转型企业只是实现了部门内的数据共享，在数据分析利用方面仍处于起步阶段，达到精准智能决策程度的企业数量更少。制造业不同行业对个性化、定制化、多模式、全流程、全生命周期智能系统解决方案的需求非常旺盛，但省内能够提供的供应商数量较少，能力也参差不齐。在2017年国家第一批智能制造系统解决方案供应商推荐目录中，辽宁供应商所占的比例不低（表5-10），但近年来辽宁的发展速度明显落后，国家工信部发布的2020年智能

表5-10　国家第一批智能制造系统解决方案供应商推荐目录

序号	申报单位名称	省/市	序号	申报单位名称	省/市
1	石化盈科信息技术有限责任公司	北京市	5	北京机械工业自动化研究所	北京市
2	用友网络科技股份有限公司	北京市	6	北京数码大方科技股份有限公司	北京市
3	和利时科技集团有限公司	北京市	7	树根互联技术有限公司	北京市
4	航天云网科技发展有限责任公司	北京市	8	金航数码科技有限责任公司	北京市

序号	申报单位名称	省/市	序号	申报单位名称	省/市
9	沈阳新松机器人自动化股份有限公司	辽宁省	17	机械工业第六设计研究院有限公司	河南省
10	中国科学院沈阳自动化研究所	辽宁省	18	武汉华中数控股份有限公司	湖北省
11	哈工大机器人集团有限公司	黑龙江省	19	湖北三丰智能输送装备股份有限公司	湖北省
12	上海明匠智能系统有限公司	上海市	20	中国电器科学研究院有限公司	广东省
13	上海工业自动化仪表研究院有限公司	上海市	21	广东劲胜智能集团股份有限公司	广东省
14	上海宝信软件股份有限公司	上海市	22	中国兵器装备集团自动化研究所	四川省
15	浙江中控技术股份有限公司	浙江省	23	昆明船舶设备集团有限公司	云南省
16	青岛宝佳自动化设备有限公司	山东省			

制造系统解决方案供应商招标中，中标的54家企业中没有辽宁供应商。

（二）应用范围有待扩大

1. 企业两化融合仍待进一步推进

依据《工业企业信息化和工业化融合评估规范》（GBT23020—2013）和两化融合管理体系升级版（2.0）进行评估的结果显示，辽宁两化融合水平指数为53.6，智能制造就绪率为8.2%，均低于全国平均水平57.8和11.3%，与发达省市有很大差距（表5-11）。辽宁两化融合管理体系贯标达标企业数量在全国省级区域排名中位于后半段的位置（表5-12），两化融合管理体系贯标达标企业总量仅占排在首位的江苏的3%，两化融合管理体系升级版贯标达标企业数量仅占江苏的9%。由于智能化转型的设备和管理成本高，优惠政策受企业体量等所限，加之产品种类复杂、非标准化程度高，中小企业智能化进程总体缓慢。

表5-11　制造业与互联网融合情况区域排名（2021年第4季度）

序号	省市	两化融合水平	智能制造就绪率（%）	序号	省市	两化融合水平	智能制造就绪率（%）
1	全国	57.8	11.3	4	浙江省	62.2	20
2	江苏省	64.8	19.9	5	上海市	62	15.1
3	山东省	64.2	19.8	6	北京市	61.9	11.9

序号	省市	两化融合水平	智能制造就绪率（%）	序号	省市	两化融合水平	智能制造就绪率（%）
7	广东省	61.5	12.9	20	陕西省	50.1	8.3
8	重庆市	60.7	16.2	21	江西省	50	10
9	天津市	60.4	13.5	22	贵州省	49.8	8
10	福建省	60	10.4	23	宁夏回族自治区	49.1	7.9
11	四川省	57.7	18.9	24	吉林省	48.6	7.6
12	安徽省	56.3	12.8	25	黑龙江省	48.1	7.7
13	河北省	54.7	10.6	26	云南省	47.9	8
14	河南省	54.4	12.9	27	广西壮族自治区	46.9	7.6
15	湖北省	54	12.4	28	海南省	46.5	11.8
16	湖南省	53.8	9.9	29	新疆维吾尔自治区	46.3	5.1
17	辽宁省	53.6	8.2	30	青海省	45.5	6
18	山西省	52.6	9.6	31	甘肃省	44.5	5.5
19	内蒙古自治区	51	8.7	32	西藏自治区	44	4.8

表5-12 两化融合管理体系贯标评定情况区域排名（截至2021年10月底）

序号	省市	两化融合管理体系贯标达标企业总量	两化融合管理体系升级版贯标达标企业数量	序号	省市	两化融合管理体系贯标达标企业总量	两化融合管理体系升级版贯标达标企业数量
1	全国	18750	1060	12	湖南	565	47
2	江苏	3148	219	13	四川	494	75
3	福建	2176	34	14	上海	447	24
4	广东	1980	62	15	山西	299	32
5	安徽	1843	60	16	江西	259	22
6	河南	1452	118	17	陕西	198	20
7	浙江	1341	42	18	河北	177	37
8	山东	1272	60	19	北京	175	10
9	天津	888	46	20	云南	112	21
10	重庆	774	43	21	辽宁	93	19
11	湖北	686	39	22	广西	61	4

序号	省市	两化融合管理体系贯标达标企业总量	两化融合管理体系升级版贯标达标企业数量	序号	省市	两化融合管理体系贯标达标企业总量	两化融合管理体系升级版贯标达标企业数量
23	黑龙江	50	3	28	青海	26	1
24	内蒙古	48	13	29	吉林	21	1
25	宁夏	46	3	30	新疆	19	—
26	贵州	45	4	31	西藏	8	—
27	甘肃	42	1	32	海南	5	—

2. 智能制造成熟度水平有待提升

依据《智能制造能力成熟度模型》（GB/T 39116—2020）和《智能制造能力成熟度评估方法》（GB/T 39117—2020）的评估结果显示，参与智能制造能力自评估且达到成熟度二级及以上的企业数量区域排名中，辽宁也位于后半段的位置（表5-13），达到成熟度二

表5-13　参与自评估且达到智能制造成熟度二级及以上的企业数量区域排名（2021年）

序号	省份	区域内达到二级及以上企业数量	序号	省份	区域内达到二级及以上企业数量
1	江苏省	1233	17	山西省	69
2	山东省	966	18	四川省	63
3	广东省	371	19	辽宁省	56
4	湖南省	313	20	内蒙古自治区	50
5	安徽省	222	21	黑龙江省	47
6	北京市	202	22	吉林省	38
7	江西省	180	23	甘肃省	33
8	浙江省	135	24	天津市	33
9	湖北省	134	25	广西壮族自治区	32
10	宁夏回族自治区	131	26	新疆维吾尔自治区	26
11	福建省	112	27	云南省	11
12	河北省	110	28	贵州省	10
13	上海市	84	29	青海省	3
14	河南省	79	30	海南省	2
15	重庆市	77	31	西藏自治区	1
16	陕西省	70			

级及以上的企业数量仅占排在首位的江苏的5%。由此可见，辽宁的智能制造水平与发达省市还有很大差距。

（三）原始创新水平亟待提升

对辽宁与广东等智能制造发展水平较高的国内四省的专利情况对比分析显示：2012—2021年工业机器人和数控机床公开（公告）专利总量排名依次为广东、江苏、浙江、山东、辽宁（图5-3），前4省的专利数量与辽宁相比遥遥领先。辽宁数控机床专利数量占比仅为广东的10%，江苏的14%，浙江的16%，山东的30%；工业机器人专利数量占比仅为广东的11%，江苏的14%，浙江的25%，山东的42%。根据《全球智能制造企业科技创新百强报告2020》，全球智能制造企业科技创新百强中，华为、大疆、国家电网、百度、阿里巴巴等公司跻身全球智能制造企业创新前30名（表5-14），总部位于中国的创新主体有

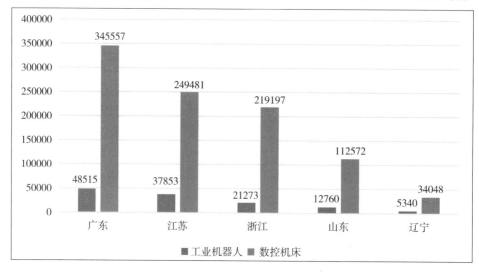

图5-3　五省2012—2021年工业机器人和数控机床公开（公告）专利数量（件）

表5-14　全球智能制造企业创新前30名

排名	企业名称	国家	排名	企业名称	国家	排名	企业名称	国家
1	三星	韩国	11	库卡	德国	21	松下	日本
2	通用	美国	12	国家电网	中国	22	LG	韩国
3	IBM	美国	13	波音	美国	23	赛峰	法国
4	惠普	美国	14	英国宇航公司	公司	24	空客	法国
5	微软	美国	15	英特尔	美国	25	施乐	美国
6	大疆	中国	16	艾利森	瑞典	26	英万提	瑞士
7	华为	中国	17	谷歌	美国	27	百度	中国
8	西门子	德国	18	雷尼绍	英国	28	阿里巴巴	中国
9	高通	美国	19	斯特拉塔西斯	美国	29	泰格维克	奥地利
10	亚马逊	美国	20	博世	德国	30	哈里伯顿	美国

15家（表5-15），辽宁本地企业的创新能力与这些企业相比存在明显差距。此外，在高端芯片、电子元器件、工业软件、操作系统等领域面临"卡脖子"问题，智能制造关键核心技术、关键生产装备、关键核心零部件、关键基础材料等仍然依赖进口，产业链、供应链安全性和稳定性有待提升。

表5-15 全球智能制造企业百强中国创新主体名单

序号	企业简称	全球排名	序号	企业简称	全球排名
1	大疆	6	9	中兴通讯	71
2	华为	7	10	平安科技	73
3	国家电网	12	11	腾讯	79
4	百度	27	12	小米	85
5	阿里巴巴集团	28	13	珠海格力	87
6	海尔集团	54	14	广州极飞科技	94
7	西安爱生技术集团公司	64	15	中国石油化工	95
8	京东	65			

三、创新需求

（一）工业机器人

满足辽宁建设成为研发协同创新机制完善、企业梯度发展、产业链条完整的国内领先的机器人产业基地的需求；满足工业机器人作为新兴技术的重要载体和现代产业的关键装备，引领产业数字化发展、智能化升级，不断孕育新产业新模式新业态的需求；满足新一代信息技术、生物技术、新能源、新材料等与机器人技术深度融合，机器人产业升级换代、跨越发展的需求。

（二）数控机床

满足推动辽宁机床产业做大做强，成为国内机床行业龙头的需求；满足发展高端、高技术附加值数控机床产品，攻克高速、高精、复合和绿色加工等关键技术，助力制造业发展，加快建设智造强省的需求。

（三）智能成套装备

满足促进辽宁传统优势产业基础高级化现代化，发展产业所需的重大设备及核心部件的需求；满足以工业大数据为手段，推动重大成套设备产品可靠性、成套能力不断提升的

科院所属科研院所6个，国家高新区8个，国家工程技术研究中心12个，国家工程研究中心16家，国家企业技术中心43家，双创示范基地19家，技术转移示范机构91家，科技企业孵化载体达272家。全省高新技术企业突破7000家，科技型中小企业突破10000家。

（二）劣势

1.传统产业智能工厂建设难度大

传统冶金、石化、装备制造、农产品深加工产业附加值低，短期无法全部实现智能化改造，全数字化智能化产线更新需要循环迭代完成，即利用现有技术，保持传统产业稳固的市场地位；同时，推进以信息物理系统CPS技术为基础的新一代全数字原生智能制造平台发展。

（1）"老字号"企业。船舶、汽车、重大成套装备制造等"老字号"优势龙头企业，自动化产线、ERP、CRM等业务层面短期难于被新一代IMS取代，主要受制于技术、成本和需求影响。基于新一代智能制造及智能服务技术的智能工厂处于发展初期，试点项目停留在智能生产层面，生产、营销、管理三个业务领域统一标准接口的集成，以及云存储和云计算下的企业协同等亟待加强，产业链上下游企业采用统一标准互联互通和协同运营方面没有典型案例。

（2）"原字号"企业。石油化工、钢铁冶金、非金属材料等"原字号"国有大型企业集中在原油开采和炼化、铁矿石冶炼和钢材加工等环节，生产过程基本实现自动化，在关键环节向智能化转型，智能产线、智能车间建设加快，但新一代IMS主要目标是标准的统一，以避免重复开发、降低成本和实现协同，受技术限制和生产线更新成本因素，预计设备迭代需要较长时间。产业链下游中小企业，生产装备、生产工艺、过程控制、经营管理智能化改造各自为战，普遍缺少技术积累，靠单个企业智能改进迭代成本高、迭代速度慢。

2.战略性新兴产业离散分布

"新字号"企业分布在机器人、生物医药、半导体、互联网、软件业等行业，多数以集聚方式（非上下游配套的集群方式）离散分布在高新区、经开区等园区中。随着辽宁老工业基地全面振兴，一大批"小巨人""瞪羚企业""雏鹰企业"等中小科技企业迅速崛起，增强了辽宁制造业整体活力，但因为高科技企业起步时间短、自身力量不足和市场影响较弱，智能制造带来的高效率、精益化、节能减材与小规模制造之间存在矛盾。短期内，借助云平台融入国内产业链价值链，打破"孤岛效应"实现协同发展，构建虚拟集群化有助于缓解矛盾。

3.智能制造示范项目标准架构落后

（1）试点示范项目架构和标准私有。随着《国家智能制造标准体系建设指南2021》

出台，智能制造向标准化方向发展成为大势所趋（图5-4）。沈阳自动化所参与了标准的制定，但国内和省内企业对智能制造及智能服务试点示范项目标准体系、通用关键技术研发重视不足,前期试点项目没有采用统一标准，低水平重复开发现象普遍存在。工业4.0精髓就在于统一平台和标准，实现生产层面、企业层面、行业层面异构系统通信和控制。加快生态圈和标准化两方面统筹协调，才能打造辽宁智能制造新的竞争优势，快速形成发展合力，在短期内有可能形成后发先至发展态势。

图5-4 国家智能制造标准体系结构

（2）全数字原生IMS平台方案缺乏。基于工业互联网、云计算和大数据的全数字原生IMS平台解决方案缺乏，没有广泛应用例子，无法真正实现工厂互联。目前，国内主要以工业互联网平台作为制造业数字化、网络化、智能化转型的基础，辽宁在工业互联网平台、网络、安全、标识、工业软件和解决方案等方面的发展水平，与发达地区还有很大差距，2020—2021年度中国工业互联网50佳平台榜单没有我省企业（表5-16）。省内装备制造业龙头企业或隐形冠军企业的集群带动作用未能有效发挥，智能研发、智能流程设计、智能监控技术、智能集成管理、智能大数据分析等各种工业场景App软件和解决方案与发展目标相比存在差距。

表5-16　2021年中国工业互联网50佳平台前十排名

名次	工业互联网平台
1	海尔卡奥斯——卡奥斯COSMOPlat
2	树根互联——根云
3	徐工汉云——汉云
4	航天云网——INDICS
5	东方国信——Cloudiip
6	浪潮云——云洲
7	工业富联——Fii Cloud
8	用友网络——精智
9	阿里云——阿里supET
10	浙江蓝卓——SupOS工业操作系统

（三）机遇

1. 全球智能制造迈入新发展机遇期

自20世纪末"智能制造"IMS概念提出以来，IMS系统在美国、日本、德国等发达国家得到迅速发展，智能制造贯穿"设计、生产、管理、服务"等制造活动各环节。目前，发达国家在推进智能制造的"升级版"，德国首倡并推动工业4.0战略（RAMI），欧盟制定了智能制造IMS2020路线图；美国提出工业互联网（IIRA），并出台了"国家先进制造伙伴计划"和"先进制造业国家战略计划"；日本通过"智能制造系统IMS"国际合作，实现自动化、智能控制、柔性制造后，积极推进工业价值链计划（IVI）——互联工厂。

2. 智能制造上升为国家核心战略

我国作为世界第一制造业大国，2021年制造业增加值达31.4万亿元,占GDP比重达27.4%，约占全球总量1/3，处于从制造业大国向制造强国转变关键时期。国家高度重视制造业转型升级，出台了《中国制造2025规划》《"十四五"智能制造发展规划》《国家智能制造标准体系》《智能制造标准应用试点》《智能制造典型场景参考指引（2021年）》等规划和方案。我国在新技术、新产品、新业态、新模式方面取得重大突破，5G、大数据等技术处于全球第一梯队，相关行业和技术发展为新一代智能制造发展奠定了良好的基础。

3. 装备制造业迎来智能转型机遇

装备制造是智能制造的核心，是搭建智能工厂、智能生产的关键要素，对传统劳动密集型产业升级至关重要。例如，国内产线每1万名员工配有36个机器人，德国292个，日本314个，韩国478个，国内机器人产业有5～10倍的增长空间。辽宁在机器人、数控机床等领域在全国具有重要地位，国家对辽宁的定位是建设具有国际竞争力的先进装备制造业基地、重大技术装备战略基地、国家新型原材料基地和重要技术创新与研发基地。辽宁在智能制造相关标准体系建设（沈阳自动化所）、嵌入式开发、工业软件等方面有大量技术积累，借助沈大地区芯片、软件、服务外包等IT产业优势，在推动辽宁版工业4.0中，具备开发统一标准CPS复杂管理系统能力。辽宁装备制造和零部件优势，在微观生产环节有利于智能产线开发。省内IT、电子、电气及设备装置生产厂商、科研机构、高等院校具备打造工业智能制造平台条件。

（四）挑战

1. 全球智能制造业有效需求不足

"十四五"期间，我国经济形势整体向好趋势没有改变，但全球经济面临巨大的不确定性，世界经济形势异常严峻复杂，经济复苏具有不稳定性和脆弱性，新冠肺炎疫情影响远未结束。目前，全球经济增速放缓，联合国将2022年全球经济增长预期下调至3.1%，装备制造业仍处于低谷。作为智能化升级核心的企业，生产设备更新、智能工厂建立严重依赖有效需求，缺乏良性商业循环，企业无法大规模更换生产设备，从成本和技术角度考虑，智能制造未来会有很长的路要走。

2. 省内智能制造核心技术研发能力弱

辽宁在智能制造核心部件生产和关键技术领域还存在严重不足。如：传感器、芯片等关键部件依赖外部企业；机器人在关节减速器等技术壁垒环节，依赖日本等外国企业；高端数控机床产品质量低，依赖进口或国外企业。全生命周期数字产线技术缺乏，关键工业智能算法和智能化管控系统不成熟，以并行工程为核心的、网络化协同设计、制造和服务的产业协同和相关技术储备不足。工业智能制造平台标准不统一，在国家标准框架下，应严格遵循国家智能制造标准体系，广泛采用参考模型、术语定义、标识释义、评价标准等基础共性准则和数据结构与格式、通讯协议等关键技术准则。

第6章

辽宁智能制造技术预测

开展技术预测研究可以综合集成各方面专家的创造性智力，准确把握产业未来技术发展方向，选择优先发展的重点，为我省相关部门制定智能制造发展政策提供基础，为科研人员开展智能制造技术攻关提供方向性指引，给企业在智能制造板块提升市场竞争力指明着力点和发力点。

一、智能制造关键技术发展趋势

当前，智能制造在全球范围内快速发展，推动制造业形成新的生产方式、产业形态和商业模式。世界主要经济体纷纷做出战略布局，推动了增材制造、工业机器人、工业互联网等智能制造领域关键技术取得快速发展。

（一）基于文献分析的技术发展趋势

文献查阅与分析是了解研究主题现状和发展趋势的一个重要途径。课题组通过对智能制造技术发展趋势相关文献内容的整理和分析，总结出智能制造关键技术呈以下发展趋势：

1.增材制造成为制造业最受关注的颠覆性技术之一

增材制造能快速制造出各种形态的结构组织，对传统的产品设计、工艺流程、生产线、工厂模式、产业链组合等产生了深刻影响，已成为制造业最具代表性和最受关注的颠覆性技术之一。美国劳伦斯伯克利国家实验室将增材制造视为维护美国未来全球领先核心技术的重要支撑。德国成立了增材制造研究中心，推动增材制造技术在航空航天领域中结构轻量化方面的应用。在各国政府和市场的共同推动下，增材制造技术研发速度不断加快。从成型材料来看，面对大多数增材制造采用材料相对单一，难以满足生产需求的问题，材料的多样化成为增材制造技术发展重要方向之一。从成型设备来看，现有的金属激光增材制造技术难以兼顾高效率、高质量、低成本等需求，且成型范围受限，多激光、大尺寸已成为增材制造设备发展的重要方向。从成型工艺来看，混合制造可以将增材制造和传统制造技术相结合，既满足了传统制造技术的精度，又具有增材制造技术的灵活性，也成为增材制造设备研制与生产的新方向。

2. 数控技术推动加工单元向智能化发展

数控技术的应用使机械产品的内涵发生了根本性变化，产品功能极大丰富，性能发生质的变化，从根本上提高了产品水平和市场竞争力，并且使机械产品向智能化发展。在智能制造全面化推进的过程中，数控技术呈现出以下发展趋势。第一是不断向高速度、高精度方向发展。速度和精度是数控机床的两个重要指标，直接关系到产品的质量、性能和在市场上同类产品的竞争力。其次是向柔性化、功能集成化方向发展。数控机床需要更高效地进行复杂加工，原本单一的性能需要高度集成，现在出现的多轴加工中心就是其具体表现。第三是向智能化方向发展。随着人工智能在计算机领域不断的渗透，数控系统向智能化方向发展的需求逐渐增大，这对提升产品加工效率及新产品的研发有着非常重要的作用。最后就是向可靠性方向发展，即采用更高集成度的控制芯片，采用更大规模的集成电路，以减少电器元件数量来有效提高机械的可靠性。

3. 工业机器人成为智能制造执行端的核心产品

工业机器人具有可编程、拟人化、通用性、机电一体化等特征，在现代制造业发展过程中的价值越来越突出。为了推动机器人技术的发展，2015年欧盟发布了机器人技术路线图，将机器人技术分为系统开发、人机交互、机电一体化，以及知觉、导航与认知多个集群；日本在"机器人新战略"中提出，将面向制造业等多个领域加强机器人与IT技术、大数据、网络等技术的深度融合。随着人工智能技术、多功能传感技术以及信息收集、传输和分析技术的迅速突破与提升，工业机器人逐渐呈现出智能化、服务化、标准化的发展趋势。智能化使工业机器人可以根据对环境变化的感知，通过物联网，在机器设备之间、人机之间进行交互，并对环境自主做出判断、决策，从而减少生产过程对人的依赖；服务化要求未来的机器人结合互联网，在离线的基础上，实现在线的主动服务；标准化是指工业机器人的各种组件和构件实现模块化、通用化，使工业机器人使用更加简便，并降低制造成本。

4. 智能检测部件向小型化、多功能、智能化发展

随着数字化和智能化时代的到来，传感器、仪器仪表已成为准确获取工业生产数据和信息的主要途径。美国将传感器与信号处理技术列为对国家长期安全和经济繁荣至关重要的22项技术之一。未来的智能传感器将更多地以应用微机械和微电子相结合的MEMS工艺、新材料、高精度补偿技术和高可靠性设计技术，逐步向集成化、智能化、微型化、可移动、多样化方向发展。如表面硅微机械加工以及用来形成三维微机械结构的微立体光刻新技术，提升传感器的精度，增加传感器环境适应性；同时，和IoT、互联网结合，实现

网络化，可实时采集和传递数据；除了工业制造，还能被广泛应用于个人消费、交通和军事国防等众多领域。

5. 工业软件突显需求多样性和信息安全化

工业软件具有鲜明的行业特质，不同行业、不同生产模式的制造企业，对工业软件的需求差异很大。历经半个多世纪的发展，全球工业软件已经发生了翻天覆地的变化，形成了相对稳定的市场格局。但是，伴随着计算速度的迅速提升、计算成本的快速下降、移动互联网的普及、工业物联网的广泛应用，以及新材料（例如复合材料）、新工艺（例如增材制造）的发展，人工智能技术的应用，工业软件领域也不断有技术突破，应用领域不断扩展：工业软件的应用模式走向云端和边缘端；软件的付费方式转向订阅模式；工业软件的架构走向组件化、微服务化；软件的开发平台走向开放与开源将给数据处理和分析带来更高效、安全、便捷地进行。

（二）基于文献统计的技术发展趋势

对智能制造文献内容进行定量分析，可以从客观的角度来了解技术的发展现状。课题组在中国知网（CNKI）数据库CSSCI、CSCD、核心期刊中检索"主题"为"智能制造"的文献（检索时间为2022年11月14日），删除无关条目，最终保留2273篇文献，作为文章分析的基础数据。通过文献统计分析可以看出我国智能制造技术研究发展变化情况：

1. 数字孪生、人工智能、工业互联网研究热度持续性较强

课题组对智能制造相关文献关键词进行共现分析如图6-1所示，得出智能制造领域研究基础较好、研究热度持续性较强的技术方向分别为数字孪生（249，0.05）、人工智能

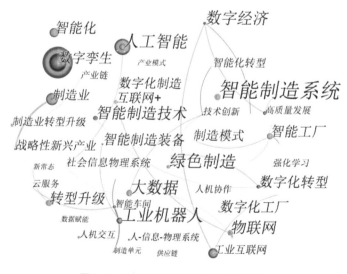

图6-1 基于智能制造研究关键词共现图

（134，0.26）、工业互联网（116，0.08）。

（1）数字孪生实现了产品在生产制造中的动态仿真。数字孪生以数字化的形式在产品的生产制造中实现了全过程的动态仿真，覆盖了产品的全生命周期和全产业链，对推动未来智能制造的发展有着重要的意义。其核心是通过虚拟场景实时地反映和预测物理场景，从而优化和改善现实中的生产制造。关键技术包括多维度建模与仿真技术、虚拟现实技术、数据分析处理技术、平台构建处理技术等。目前，数字孪生技术已在制造业中应用于数据优化、质量分析、寿命预测、流程工业、离散工业、数字工厂等多个方面。

（2）人工智能已应用到智能制造生产服务全过程。在数字化浪潮的驱动下，人工智能由理论逐渐走向应用与实践，并带动了工业智能制造的飞速发展。在工业领域中，对人工智能的应用已逐步从智能制造转移到生产服务和供应链管理。人工智能技术涉及传感、测量、信息检索、通信与存储、计算技术、智能决策、控制技术等多个方面。目前，人工智能技术已经运用到质量监控和缺陷管理中，未来的人工智能技术也将越来越多的应用到自动化生产工厂、订单管理、自动调度等产品制造过程中，同时，也将应用到客户体验和成本结构等制造商业模型决策中。

（3）工业互联网支撑制造企业数字化转型的关键支撑。工业互联网是支撑智能制造的关键综合信息基础设施，是将机器、人、控制系统与信息系统有效连接的网络信息系统，通过对工业数据的全面深度感知、实时动态传输与高级建模分析，形成智能决策与控制，驱动制造业的智能化发展。工业互联网平台是工业互联网在智能制造中应用的具体形式，其体系包括全面互联的工业系统信息感知技术、信息传输技术、数据分析平台、工业App开发技术等四方面核心技术。

2.信息物理系统、工业大数据、区块链等领域成为智能制造研究的新热点

对近十年智能制造研究热点词进行统计（表6-1），可以看出该领域技术研究方向在不断发生变化。2018年之前，研究主要集中在工业机器人、数控系统等智能制造装备以及智能化工厂等方面。随着信息技术的快速进步，加快推动制造业向数字化、智能化、网络化发展的步伐。近3年，对信息物理系统、工业大数据、区块链等技术领域的研究趋于活跃，成为智能制造研究的新热点。

表6-1 2012—2022智能制造研究的热点词突现

关 键 词	强 度	突现时间（年）
知识推理	2.58	2012—2015
制造单元	2.58	2012—2015
装备制造	2.46	2013—2018
工业机器人	2.46	2014—2015

关 键 词	强 度	突现时间（年）
数控系统	2.61	2015—2018
智能工厂	2.44	2016—2018
信息物理系统	2.23	2019—2022
大数据	2.67	2020—2022
区块链	2.44	2020—2022

（1）信息物理系统。信息物理系统是促进产业信息化程度提升和产业间深度交叉融合发展的关键技术。信息物理系统通过将客观物理世界中实体、行为以及交互环境等精准映射至信息空间，进行实时处理并反馈回物理空间，从系统视角和不同层面解决复杂系统的分析建模、决策优化、不确定处理等难题。从体系架构来看，信息物理系统主要包括采集、信息处理、通信、控制决策以及贯穿始终的安全技术等。

（2）工业大数据。工业大数据是工业数据的总称，包括信息化数据、物联网数据以及跨界数据，是工业互联网的核心要素。工业大数据可以提升制造业企业生命周期的智能化水平，以智能化生产为核心，涵盖了从设计研发、生产制造、经营管理到售后服务的整个流程。随着工业互联网的发展，企业的数据从内部数据实现了跨界，应用也随之拓展到"互联网+用户""互联网+产业链""互联网+服务"等智能化生产、个性化定制、网络化协同、服务化延伸多个场景。目前对工业大数据技术的研究主要集中在数据集成与清洗、存储与管理、分析与挖掘、标准与质量体系、大数据可视化，以及安全技术等六方面。

（3）区块链。区块链技术采用去中心化的点对点通信模式，高效处理 设备间的大量交易信息，显著降低安装维护人型数据成本，将计算和存储需求分散到组成物联网网络的各个设备中，有效阻止网络中的任何单一节点或传输通道被黑客攻破，避免导致整个网络崩溃的情况发生。区块链技术可以帮助企业快速有效地建立更为安全的运营机制、更为高效的工作流程和更为优秀的服务。区块链技术大致分为四个方向：加密技术、分布式存储、共识机制和智能合约。

（三）基于政策支持的技术发展方向

"十三五"以来我国出台了一系列政策措施，支持智能制造技术发展。其中《智能制造工程实施指南（2016—2020）》明确支持突破高档数控机床与工业机器人、增材制造装备智能传感与控制装备、智能检测与装配装备、智能物流与仓储装备五类关键技术装备。构建基本完善的智能制造标准体系，开发智能制造核心支撑软件，建立高效可靠的工业互联网基础和信息安全系统；《智能制造发展规划（2006—2020）》鼓励发展先进感知与测量、高精度运动控制、高可靠智能控制、建模与仿真、工业互联网安全、智能制造核心支撑软件、新型工业网络设备与系统、工业互联网实验验证平台和标识解析系统。《"十三五"先进制造技术领域科技创新专项规划》支持增材制造、激光制造、智能机器人、极大规模集成电路制造装备及成套工艺、新型电子制造关键装备、高档数控机床与基础制造装备、智能装备与先进工艺、制造基础技术与关键部件、工业传感器、智能工厂、网络协同制造技术进行突破；《"十四五"智能制造发展规划》鼓励对关键核心技术、系统集成技术、基础零部件和装置、通用智能制造装备、研发设计类软件、生产制造类软件、经营管理类软件、控制执行类软件、行业专用软件、新型软件等进行研发（表6-2）。

表6-2　"十三五"以来国家层面支持的智能制造技术发展方向

序号	政策名称	支持技术方向
1	《智能制造工程实施指南（2016—2020）》	突破高档数控机床与工业机器人、增材制造装备智能传感与控制装备、智能检测与装配装备、智能物流与仓储装备五类关键技术装备。构建基本完善的智能制造标准体系，开发智能制造核心支撑软件，建立高效可靠的工业互联网基础和信息安全系统
2	《智能制造发展规划（2006—2020）》	突破先进感知与测量、高精度运动控制、高可靠智能控制、建模与仿真、工业互联网安全、智能制造核心支撑软件、新型工业网络设备与系统、工业互联网实验验证平台和标识解析系统
3	《"十三五"先进制造技术领域科技创新专项规划》	增材制造：增材制造控形控性的科学基础、基于增材制造的结构优化设计技术、增材制造专用材料制备技术、增材制造的核心装备设计与制造技术、评价体系与标准建设 激光制造：激光与材料的相互作用机理、激光器与核心功能部件、复杂构件表面的激光精细制造技术与装备、大功率激光高效制造技术与装备、先进激光精密微细制造技术与装备 智能机器人：智能机器人基础前沿技术、智能机器人共性关键技术、新一代机器人技术与平台、机器人关键产品/平台/系统研发、系统集成与应用 极大规模集成电路制造装备及成套工艺：光刻机及核心部件、高端关键装备及零部件、成套工艺及知识产权（IP）库、关键材料、封装测试 新型电子制造关键装备：宽禁带半导体/半导体照明等关键装备研究、光通讯器件关键装备及工艺研究、MEMS器件/电力电子器件等关键装备与工艺研究、高效光伏电池关键装备及工艺研究、新材料、新器件关键电子装备与核心部件研究

序号	政策名称	支持技术方向
3	《"十三五"先进制造技术领域科技创新专项规划》	高档数控机床与基础制造装备：航空航天领域高档数控装备、汽车制造领域高档数控装备 智能装备与先进工艺：智能机床、新型材料成型及加工装备、复杂大型构件高效加工技术及装备、复合能场加工工艺及装备、精密与超精密加工工艺及装备、重大成套机械装备 制造基础技术与关键部件：基础件、基础制造工艺、工业性验证平台与基础数据库、制造过程安全保障关键技术 工业传感器：工业互联网用微纳传感器、离散制造业用微纳传感器、流程工业用微纳传感器、智能制造用仪器仪表、特种专用仪器仪表 智能工厂：工业互联网技术与系统、智能控制器与系统、制造过程的系统设计、控制与优化、CPS制造执行系统与运营管理、智能工厂的可重构技术及原型平台 网络协同制造：网络协同制造模式与理论、"互联网+"协同制造工业软件、基于"互联网+"的创新设计、资源管理与智能供应链、产品全生命周期制造服务、工业大数据驱动的网络协同制造平台
4	《"十四五"智能制造发展规划》	关键核心技术：突破产品优化设计与全流程仿真、基于机理和数据驱动的混合建模、多目标协同优化等基础技术；增材制造、超精密加工、近净成形、分子级物性表征 等先进工艺技术；工业现场多维智能感知、基于人机协作的生产过程优化、装备与生产过程数字孪生、质量在线精密检测、生产过程精益管控、装备故障诊断与预测性维护、复杂环境动态生产计划与调度、生产全流程智能决策、供应链协同优化等共性技术；5G、人工智能、大数据、边缘计算等新技术在典型行业质量检测、过程控制、工艺优化、计划调度、设备运维、管理决策等方面的适用性技术 系统集成技术：开发基于信息模型和标准接口的可复用数据集成技术；制造装备、产品设计软件、管控软件、业务管理软件等之间的业务互联技术；面向产业链供应链协同的包含订单、质量、生产实绩等内容的企业信息交互技术；公有云、混合云和边云协同的灵活云化部署技术；涵盖设计、生产、管理、服务等制造全过程的复杂系统建模技术；基于模型的价值流分析和优化技术 基础零部件和装置：研发微纳位移传感器、柔性触觉传感器、高分辨率视觉传感器、成分在线检测仪器、先进控制器、高精度伺服驱动系统、高性能高可靠减速器、可穿戴人机交互设备、工业现场定位设备、智能数控系统等 通用智能制造装备：研发智能立/卧式五轴加工中心、车铣复合加工中心、高精度数控磨床等工作母机；智能焊接机器人、智能移动机器人、半导体（洁净）机器人等工业机器人；激光/电子束高效选区熔化装备、激光选区烧结成形装备等增材制造装备；超快激光等先进激光加工装备；高端分布式控制系统、可编程逻辑控制器、监视控制和数据采集系统等工业控制装备；数字化非接触精密测量、在线无损检测、激光跟踪测量等智能检测装备和仪器；智能多层多向穿梭车、智能大型立体仓库等智能物流装备

序号	政策名称	支持技术方向
4	《"十四五"智能制造发展规划》	专用智能制造装备：研发汽车发动机、变速箱等高效加工与近净成形成套装备，航空航天大型复合材料智能铺放、成形、加工和检测成套装备，航空航天智能装配装备，船舶板材激光焊接成套装备，高精度智能化热/冷连轧成套装备，百万吨以上智能化乙烯成套装备，新型干法水泥全流程智能化生产线，食品高黏度流体灌装智能成套装备，连续式针织物/纯涤纶织物印染成套装备，满足GMP要求的无菌原料药智能成套装备，极大规模集成电路制造成套装备，新型平板显示制造成套装备等 新型智能制造装备：研发融合数字孪生、大数据、人工智能、边缘计算、虚拟现实/增强现实（VR/AR）、5G、北斗、卫星互联网等新技术的智能工控系统、智能工作母机、协作机器人、自适应机器人等新型装备 研发设计类软件：开发计算机辅助设计（CAD）、计算机辅助工程（CAE）、计算机辅助工艺计划（CAPP）、计算机辅助制造（CAM）、流程工艺仿真、电子设计自动化（EDA）、产品数据管理（PDM）等 生产制造类软件：开发制造执行系统（MES）、高级计划排程系统（APS）、工厂物料配送管控系统（TMS）、能源管理系统（EMS）、故障预测与健康管理软件（PHM）、运维综合保障管理（MRO）、安全管理系统、环境和碳排放管理系统等 经营管理类软件：开发企业资源计划系统（ERP）、供应链管理系统（SCM）、客户关系管理系统（CRM）、人力资源管理（HRM）、质量管理系统（QMS）、资产绩效管理系统（APM）等 控制执行类软件：开发工业操作系统、工业控制软件、组态编程软件等嵌入式工业软件及集成开发环境 行业专用软件：开发面向特定行业、特定环节的模型库、工艺库等基础知识库，面向石化、冶金等行业的全流程一体化优化软件，面向大型装备的设计/生产/运维一体化平台软件，面向中小企业的综合管控平台软件等。 新型软件：开发工业App、云化软件、云原生软件等

二、辽宁智能制造发展技术基础

辽宁省委省政府高度重视智能制造发展，在中国制造2025这一国家战略的指导下，抢抓机遇，把发展智能制造作为主攻方向，推动实现智能化转型升级，加快推进全省智能制造和智能服务发展。

（一）行业应用领域

制造业是辽宁省第一支柱产业，占规模以上工业近30%，技术与装备基础雄厚，机器人及智能装备、数控机床、航空装备、船舶及海工装备、先进轨道交通装备、集成电路装备、重大成套装备、节能与新能源汽车、石油化工装备等领域在全国具有重要地位。

1. 机器人及智能装备领域优势

辽宁是我国机器人技术的发源地，已经建立较为完整的机器人科技研发和产业体系，长期引领我国机器人产业科技发展。省内机器人产业自主知识产权数量可观，企业体量规模大且创新能力强，产业集聚度较高，新松、通用等龙头企业贡献突出。同时，依托中科院沈阳自动化研究所，拥有"机器人国家工程研究中心""机器人学国家重点实验室""国家机器人产品质量监督检验中心分中心"等机构，科研水平在国内处于带头地位。

2. 数控机床领域优势

辽宁数控机床产业起步较早，制造与科研实力雄厚，拥有国内机床行业最具实力的龙头企业、科研院所以及高校，如沈阳机床、大连机床、科德数控、中科院沈阳计算所技术研究所、大连理工大学等，在机床整机、数控系统、功能部件以及机床共性技术方面均处于国内领先水平。同时，在光伏、发动机等的组专机以及生产线方面，省内也有多家国内龙头企业，技术实力与市场占有率均领先。另外，辽宁还具有马扎克、通快、THK等多家国际领先的机床整机与功能部件国际企业的生产基地。

3. 航空装备领域优势

辽宁航空航天装备产业拥有着丰富的人力资源，完善的产业体系，技术研发成就也领先于全国。目前，省内在该产业内的企事业单位有80余家，包括9所高校和科研院所以及13家省级、国家级企业技术中心，代表性企业有沈飞、黎明、沈飞民机、兴华航空电器、沈飞国际、锐翔航空、忠旺铝业等。同时，辽宁省已经形成一体化的产业体系，协作产业链条完整。在实际发展过程中，形成了多个产业基地，其中沈阳航空产业园被列为国家十大航空产业园区之一。另外，辽宁省近几年的航空企业通过国外转包生产，和波音、空客等国际航空巨头开展国际合作，在国内航空航天零部件制造上占据着优势地位。

4. 船舶及海工装备领域优势

辽宁作为我国东北地区唯一的沿海省份，拥有丰富的海洋资源，区位优势明显。船舶工业是辽宁传统优势产业，建有大连湾、大连旅顺口、大连长兴岛、葫芦岛龙港、辽河入海口（盘锦、营口）等五大造船集聚区以及多个专业化船舶配套产业园区。拥有大连船舶重工集团、大连中远船务工程有限公司、大连中远川崎船舶工程有限公司等龙头企业，各类船舶配套企业超过300家，形成了较为完善的船舶产业链。可以自主研发、设计、建造具有国际先进水平的各类船舶和海洋工程装备。

5. 先进轨道交通装备领域优势

辽宁是我国传统轨道交通装备大省，创造了多项国内第一。经过多年发展，形成了以大连机车、沈阳机车、大连电牵、沈阳铁道信号为龙头的生产基地，相关产业的聚集度较高，配套能力强。

6. 集成电路装备领域优势

辽宁集成电路装备以沈阳国家IC装备制造产业基地建设为依托，以大连特色产品发展为支撑，已初步形成涉及设计、制造、封装测试、专用设备及关键材料等领域的较为完整的产业链条。辽宁现有集成电路装备制造龙头企业19家，包括拓荆、芯源、科仪等整机企业7家，仪表院、沈阳富创等配套及零部件企业12家；拥有国家级工程（技术）研究中心、工程实验室5个。辽宁与北京、上海构成国内集成电路装备产业三大重点地区，关键零部件制造技术全国领先。

7. 重大成套装备领域优势

辽宁是全国装备制造业的重要科研与生产基地之一，拥有一大批装备制造企业，担负着为国民经济建设与国防安全提供重大成套装备的重要任务。辽宁先后开发研制出石油化工、化肥、军工、冶金及矿山、大型火（核）电站、建材等行业所需的重大技术装备，其中72万千伏安超高压输变电设备、千万吨级露天煤矿综采设备、30万吨级油轮、核电站250吨环形起重机、30万千瓦核主泵、大功率内燃机车以及新型歼击机、航母、舰艇等一批重大装备填补了国内空白。

8. 节能与新能源汽车领域优势

辽宁是我国的汽车大省，新能源汽车产业主要分布在沈阳、大连、丹东、鞍山、朝阳、锦州等市，多家重要车企都涉足新能源领域。同时，辽宁正在逐步形成产学研用相结合的新能源汽车产业研发生产体系。华晨汽车、辽宁曙光、东软睿驰、大连亚明等多家车企以及其他相关企业已经建设新能源汽车技术中心等创新载体，研究覆盖汽车整车、车桥、动力电池、无人生产车间、汽车动力转向泵、车用燃料电池等多个领域。

9. 石油化工装备领域优势

辽宁是我国最早的石化工业基地之一，拥有辽河油田和规模全国第二的石油加工业。盘锦石油化工产业集群、抚顺精细化工产业园区、辽阳芳烃及化纤原料基地、大连长兴岛（西中岛）石化产业基地等在全国行业具有重要影响，在石化装备领域，具有大连橡胶塑料机械等一批具有国际先进水平的企业。同时，辽宁还具有多个国内石化领域有重要影响的科研机构，如沈阳化工研究院、大连化物所、大连理工大学等。

（二）高校科研院所

高校和科研院所是开展基础研究和应用研究的重要力量，是知识创新的主要源泉。辽宁是科教大省，拥有高等院校100多所，科研机构35家，科教资源密集，创新潜能巨大（图6-2）。2018年以来，数据科学与大数据技术、机器人、人工智能、智能制造工程等一些与智能制造相关的专业，成为我省高校本科新增审批和备案专业中的热门，将为产业发展培养、储备大量高水平人才（表6-3）。

图6-2　辽宁省智能制造重点研究机构分布情况

表6-3　辽宁省智能制造重点科研院所学术带头人及主要研究方向

机构	学术带头人	研究方向
东北大学	柴天佑院士	生产全流程一体化控制；企业生产与运作管理中的建模与优化决策方法；具有综合复杂性的工业过程智能建模与控制；难测工艺参数与生产指标的软测量与检测技术及装置；生产过程的运行工况故障预测、诊断与自愈控制
	王国栋院士	加工过程材料组织性能演变的模拟、预测和控制；材料成型过程综合自动化；材料的先进制备技术及高性能材料
	唐立新院士	工业大数据科学、数据解析与机器学习、人工智能与深度学习、加强学习与动态优化、计算智能优化方法、智能工业全流程生产与物流计划、生产与物流批调度及在制造（钢铁、石化、有色、机械）、能源和矿业资源工业及物流系统中的应用
	冯夏庭院士	深部地下工程稳定性分析理论、设计计算方法、工程实验技术以及岩爆监测预警与动态控制
	杨光红教授	信息物理系统分析与控制；无人系统自主控制；复杂工业系统智能建模方法；先进控制技术（包括非线性控制、容错控制、鲁棒控制等）；故障检测与诊断方法；大规模集成电路设计
	张化光教授	复杂工业过程自动化，电力系统自动化，新型电机设计和拖动系统自动化，非线性控制与分析，模糊控制与神经网络控制，自适应控制和混沌控制的理论研究和工程开发
	谢植教授	流程工业生产过程复杂参数检测、动态建模与优化控制；工业生产过程信息深度感知；人工智能的机理和方法研究
	黄敏教授	物流与供应链管理、制造与服务系统建模与优化、计划调度理论与应用、风险管理、行为运作管理、数据解析与机器学习、计算智能等

机构	学术带头人	研究方向
东北大学	吴成东教授	机器人控制、机器视觉、人机交互系统、医疗手术机器人、多机器人控制、计算机辅助医学诊断、图像智能处理、建筑机器人技术、无人机控制等
	徐红丽教授	水下机器人系统、无人系统、多机器人控制、水下机器人协作控制、水下机器人通信技术等
	方正教授	移动机器人导航与规划、机器人环境建模与仿真、机器人控制系统、视觉信息处理等
	赵继教授	多面共体光学系统智能微纳制造、复杂结构与表面智能精密制造、生物材料精密增材制造、机器人在精密制造中应用、超声辅助高效精密制造等智能精密制造技术
	房立金教授	机器人优化设计、机器人控制技术、特种机器人系统设计、智能控制等
	王骄教授	军事领域、机器人、无人驾驶等复杂环境下人工智能决策方法；深度学习；机器博弈；硬件计算；嵌入式技术；新型工业（服务）机器人等
	程同蕾教授	智能光纤传感技术；智能光电器件及系统；多功能光电感技术；生物光电子技术；中红外微纳光纤器件。
	张云洲教授	人工智能、智能机器人、模式识别、图像处理与计算机视觉
	于戈教授	数据库理论与技术、分布与并行式系统、云计算与大数据管理
	邓庆绪教授	实时嵌入式系统、可重构计算、信息物理系统（CPS）
	张斌教授	面向领域的大数据建模与分析；场景驱动的深度学习方法；智能服务技术及应用；边缘智能技术及应用；智能网络安全技术
	巩亚东教授	基于5G与云计算机械智能制造数据采集与监控系统；典型可互操作机械智能制造数字孪生系统；基于VR/AR机械智能制造调控管理系统等
	于瑞云教授	计算机视觉、时序感知大数据分析、工业互联网、数字孪生技术等
大连理工大学	郭东明院士	高性能制造、精密超精密加工与测试、数字化制造工艺技术与装备
	贾振元院士	高端装备高性能零部件控形控性机械加工理论、技术与装备
	项昌乐院士	特种车辆传动
	程耿东院士	工程力学、计算力学和结构优化设计研究
	康仁科教授	精密超精密加工理论、技术与装备
	王德伦教授	高端装备数字化设计、机构与机器的设计理论与方法 、机械CAD/CAPP/CAM一体化理论和方法、机械制造企业信息化与现代生产模式等
	王永青教授	机械电子工程、机械制造及其自动化等方向的测量–加工一体化制造理论与技术、数控装备精度保持技术、超低温冷却加工理论与技术、装备在机测量理论与技术、专用高性能数控装备技术等
	孙玉文教授	数字化制造与智能制造数控加工技术与装备、弱刚性/复杂曲面零件精密加工技术、CAD/CAM/CAE一体化技术、加工制造过程建模、仿真与优化

机构	学术带头人	研究方向
沈阳工业大学	孙伟教授	多学科协同设计与智能装备、高性能装配技术与工艺装备、多传感器融合技术与装备运维管理、数字双胞胎技术
	吴东江教授	激光束与材料相互作用机理研究、激光精密/微细加工及增材制造（3D打印）技术研发
	刘巍教授	复杂环境下几何量与物理量的精密测控、智能检测与智能制造，基于多传感器融合和大数据的智能制造、复杂环境下几何量与物理量精密测控等
	王福吉教授	复合材料增材制造、复合材料控形性制造、加工过程检测与控制等
	姜孝谟教授	数字孪生、智慧运维、人工智能算法、可靠性建模
	孙希明教授	航空发动机控制、人工智能控制理论、网络化控制等
	赵珺教授	工业人工智能、工业大数据驱动的建模与优化、智能控制系统等
	宋学官教授	多学科建模分析与优化设计、工业大数据技术与工业软件开发、装备智能化与数字孪生、高性能工业阀门等
	郭旭教授	拓扑优化设计、增材制造研究
	陈飙松教授	计算力学、工业 CAE 软件研发
	孙兴伟教授	复杂曲面数控制造理论与技术、复杂曲面测量与数控加工轨迹优化、数控技术与智能制造、CAD/CAM/CAE集成技术等
	揣荣岩教授	半导体物理、MEMS传感技术、功率半导体器件等
	靳晓诗副教授	集成芯片、神经形态类脑芯片与智能传感、先进固态电子材料与器件
中国科学院沈阳自动化所	王天然院士	大型工业自动化系统、机器人
	封锡盛院士	水下机器人控制理论与技术、总体设计、自主智能控制技术、水下机器人导航、自动驾驶、脑电控制
	于海滨研究员	工业通信与实时系统理论，分布控制系统技术，网络协同与智能制造
	李硕研究员	自动控制理论及应用、模式识别与智能系统
	刘连庆研究员	纳米操作机器人、微纳生物传感技术、建模与控制
	丛杨研究员	机器人、智能制造和光电信息技术
	史泽林研究员	光学特性、光介质特性、光电成像、图像处理、模式识别、智能控制
	王洪光研究员	机器人机构学、机电一体化技术以及特种机器人
	曾鹏研究员	无线传感器网络、工业无线通信
	史海波研究员	数字工厂体系结构、过程建模、仿真与优化、数据智能分析与挖掘、智能信息处理平台软件
	刘云鹏研究员	图像目标识别、跟踪
	杜劲松研究员	智能检测技术、智能化生产线技术、智能车间技术研究
	徐志刚研究员	机器人机构学、特种机器人理论与应用研究、智能车间整体规划建设

机构	学术带头人	研究方向
中国科学院沈阳自动化所	赵吉宾研究员	数控加工技术、复杂曲面精密加工技术、激光快速成形与激光冲击强化技术、三维曲面建模、视觉测量技术
	韩建达研究员	机器人自主行为共性技术，移动机器人系统研发与应用，医疗、康复机器人共性技术与系统研发
	唐延东研究员	图像处理与模式识别、机器人视觉

1. 大连理工大学

在高性能制造、精密和超精密加工、微纳制造、智能机电、重大装备设计、流程工业建模与集成优化控制、复杂工业过程综合自动化、工业以太网现场总线控制系统、模糊控制、智能机器人、无线传感器网络、高档数控机床数字化设计理论与方法、机械系统数字化设计、智能监测运维和可持续性设计、传感器与执行器理论与技术、智能化仪器仪表与智能监控技术、微纳仪器与装备、网络测控技术及其应用等研究方向形成了一批高水平原创性科研成果。

2. 东北大学

在复杂工业系统智能建模方法、先进控制技术、数控机床关键功能部件及整机动态性能、热性能及其耦合分析与设计理论方法，面向动态加工精度提升的高档数控机床加工、装配、运维等多环节提升理论与技术，数控机床关键功能部件及整机可靠性提升工程、智能优化方法、故障检测与诊断方法、在智能机器人感知驱动与控制、人机协作与共融、机器人视觉、机器学习、无人系统、网络及大数据环境机器人的研发与应用等领域进行了广泛深入的研究，取得了重要的理论与应用成果。

3. 中国科学院沈阳自动化研究所

在智能机器人应用基础研究、神经网络、深度学习、无线传感与通信技术等领域形成国内外竞争优势，在深空、深海、深地机器人产品和技术支撑国家重大战略实施。联合研发了国内首套工业4.0互联制造解决方案，自主研发了中科云翼互联制造服务云平台等。

4. 沈阳工业大学

在复杂曲面数控制造技术、工业机器人与智能制造技术、康复机器人、先进在线检测技术、传感器、IC芯片设计、智能制造信息系统、复杂系统控制与优化等方向逐步形成了鲜明的学科特色和优势。

（三）科技创新基地

科技创新基地是优质创新资源的聚集地，是突破智能制造关键技术的重要力量（图

6-3）。我省拥有国家机器人创新中心、机器人学国家重点实验室、高性能精密制造全国重点实验室、软件架构国家重点实验室等多个国家级重大科技创新平台（表6-4），同时，建设了60余个省级科技创新基地（表6-5），包括省级重点实验室、技术创新中心、产业技术

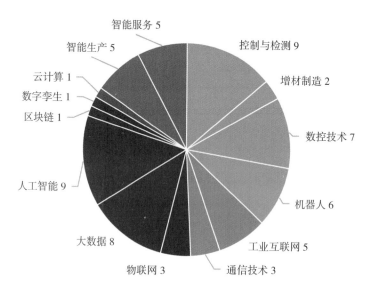

图6-3　辽宁智能制造创新基地技术领域分布情况

表6-4　国家级创新基地

名　称	主要研究方向	依托单位
国家机器人创新中心	机器人整机及关键零部件检验检测能力、机器人核心零部件中试孵化能力、应用示范能力及行业支撑服务能力等	中国科学院沈阳自动化研究所、哈尔滨工业大学机器人研究所
高性能精密制造全国重点实验室	复杂曲面/复合材料构件/功能晶体加工、激光精密/微细加工及增材制造、精密测量、功能结构/表面优化设计与制造、智能制造和机器人技术	大连理工大学
机器人学国家重点实验室	具有感知、思维和动作能力的先进机器人系统、机器人学基础理论方法、关键技术、机器人系统集成技术和机器人应用技术	沈阳智能机器人国家研究院有限公司
软件架构国家重点实验室	软件架构定义及描述方法、主技术架构和面向特定应用场景的参考架构、企业应用软件产品线开发方法、企业应用统一架构平台、软件架构评估及验证方法	东软集团股份有限公司
辽宁辽河实验室	未来工业互联网前沿技术、高端制造装备与自动化系统、典型行业智能制造解决方案	中国科学院沈阳自动化研究所
辽宁黄海实验室	高性能制造基础理论与共性技术、智能制造技术及装备、制造领域关键装备设计与制造技术、高端装备关键基础件及基础工艺	大连理工大学

表6-5　省级创新基地

所属领域	创新基地名称	主要技术研究方向	依托单位
工业机器人	辽宁省智能制造与工业机器人重点实验室	数字化智能化设计与制造、复杂装备设计与数字样机、制造业信息化关键技术及软件开发等	沈阳工业大学
	辽宁省类生命机器人重点实验室	类生命机器人相关理论研究	中国科学院沈阳自动化研究所
	辽宁省智能机器人专业技术创新中心	智能机器人产业共性和前沿技术研发与应用	沈阳新松机器人自动化股份有限公司
	辽宁省机器人智能装备专业技术创新中心	双机器人激光冲击强化设备、双机器人制孔装备和机器人铆接装备	沈阳慧远自动化设备有限公司
数控技术	辽宁省数控机床信息物理融合与智能制造重点实验室	自动检测平台研发	沈阳工学院
	辽宁省高档数控机床重点实验室	高档数控机床设计开发、仿真分析、制造工艺等综合技术研发	东北大学
	辽宁省复杂曲面数控制造技术重点实验室	复杂曲面数字化设计与制造、数控加工与激光精密测量、机械系统多元驱动及控制等技术研究	沈阳工业大学
	辽宁省数控机床主轴系统重点实验室	新材料电主轴研制	沈阳建筑大学
	辽宁省数控机床专业技术创新中心	数控机床关键功能部件可靠性技术、综合误差测试和补偿技术、主轴热误差建模与检测技术、难加工材料切削技术等数控机床共性技术研究	沈阳机床（集团）有限责任公司
	辽宁省高档数控机床控制集成技术专业技术创新中心	高端数控机床新产品、数控系统、伺服驱动、系列化电机、系列化传感器等	大连光洋科技集团有限公司
	辽宁省先进制造技术与装备重点实验室	高速精密切削加工技术与装备、新材料精密及特种加工技术、数字化网络化设计制造技术与系统开发、信息化元器件的超精密加工技术与装备等研究	沈阳理工大学
增材制造	辽宁省增材制造与再制造用材料重点实验室	激光制造与再制造粉末材料制备技术、先进激光加工技术和智能激光成套装备设计与制造等	东北大学
	辽宁省增材制造产业共性技术创新中心	航空武器装备发展需要的新概念结构创新技术研究	中国航空工业集团公司沈阳飞机设计研究所
控制与检测	辽宁省国产基础软硬件工控平台技术研究重点实验室	国产处理器硬件平台、工业嵌入式实时软件平台、工业现场网络实时通信、工业控制系统安全等领域的应用基础与共性关键技术研究及产品研发	中国科学院沈阳计算技术研究所有限公司

所属领域	创新基地名称	主要技术研究方向	依托单位
控制与检测	辽宁省工业设备先进控制系统重点实验室	大型复杂工业装备智能检测与优化控制理论、基于工业以太网的工业装备先进控制平台设计与研制、复杂工业装备模型辨识与先进控制系统设计、工业过程装备的能源系统平衡与优化调度方法等	大连理工大学
	辽宁省智能与网络化测控技术重点实验室	智能检测技术（多种先进的非接触式测量技术）、网络化测控技术、工业通信协议、智能仪器研发、多传感器信息融合和基于无人平台的目标识别与跟踪等	沈阳理工大学
	辽宁省智能检测与装备技术重点实验室	智能检测与测量、生产线单元（加工）联线、智能化生产线规划与设计	中国科学院沈阳自动化研究所
	辽宁省工业在线检测与控制专业技术创新中心	"在线检测分析技术"与"智能控制技术"相结合，中子活化多元素分析仪、X荧光在线品位仪、激光多元素分析仪、核磁共振在线分析仪等	丹东东方测控技术股份有限公司
	辽宁省工业分布式监测与控制系统专业技术创新中心	工业监测与控制系统平台软件、PLC、测试设备	航天新长征大道科技有限公司
	辽宁省智能感知与控制装备专业技术创新中心	配电等电气设备的智能化数字化自动化、特种装备的智能化数字化	沈阳理工大学
	辽宁省智能装备专业技术创新中心	智能装备系统中的核心关键技术攻关和应用研究	鞍山哈研院智能装备发展有限公司
智能管理	辽宁省制造管理信息化重点实验室	辽宁省复杂装备制造和离散型配套企业、特钢等冶金深加工企业急需的制造执行管理（MES）技术、生产计划及调度技术、产品设计资源管理技术、中小企业产供销协同管理技术、面向集团的产供销一体化技术、复杂装备检修管理技术的研究、开发、产品化及推广应用	大连理工大学
	辽宁省企业资源规划重点实验室	辽宁省云计算和大数据产业创新链发展的应用基础研究以及创新链产业人才培养	大连东软信息学院
	辽宁省中小企业信息化技术重点实验室	辽宁省中小企业提供数字转型服务	沈阳师范大学
	辽宁省嵌入式系统重点实验室	面向大规模一体化协同工业系统的实时操作系统研发，包括云边端协同能力、实时调度能力、操作系统安全可靠性能力等3个方面	东北大学

所属 领域	创新基地名称	主要技术研究方向	依托单位
智能 管理 工	辽宁省智能制造装备应用及培训专业技术创新中心	应用融合数字孪生、新一代信息技术开展智能制造产线和单元系统硬件开发集成研究、智能制造虚实结合实训系统的应用研究、大型智能生产线车间管理系统MES、加工过程仿真CAE/CAM及工艺指导系统CAPP应用研究	辽宁装备制造职业技术学院
	辽宁省大型装备智能设计与制造技术重点实验室	高速铣削加工、精密磨削加工、智能精密抛光、增材制造与3D打印、绿色再制造等	东北大学
	辽宁省数字化设计与智能装备技术重点实验室	装备高性能设计、可持续设计与再制造、精密及智能化装配、智能化装备设计中所涉及的基础理论与关键共性技术问题	大连理工大学
	辽宁省装备故障预测与健康管理专业技术创新中心	面向全球电力、石油化工、交通等领域提供领先的智能技术管控系统及国家公共服务平台	沈阳天眼智云信息科技有限公司
	辽宁省制造系统与物流优化重点实验室	工业智能与系统优化理论方法	东北大学
工业 互联 网	辽宁省智能互联网理论与应用重点实验室	工业互联网全要素互联的结构化组织机理、生产制造流程的柔性构造机制、产业链与价值链的网络化调控原理等	东北大学
	辽宁省工业互联网专业技术创新中心	研究芯片设计、工业通信、仪表开发、工业PaaS平台、工业大数据分析等核心技术，开发工业通信与仪表专用芯片、智能硬件、仪表专用操作系统、工业云平台等产品	沈阳中科博微科技股份有限公司
	辽宁省网络空间安全专业技术创新中心	网络安全、工业控制安全、智能网联车载安全	东软集团股份有限公司
	辽宁省班组绩效管理软件专业技术创新中心	"目标传导式绩效管理一体化平台（GCP）"等工业互联网平台	辽宁运和软件开发有限公司
	辽宁省工业装备分布式控制专业技术创新中心	工业互联网技术、网络控制技术、多无人系统协同技术和行业解决方案	大连理工大学
物联 网	辽宁省工业物联网重点实验室	基于物联网的工业无线通信网络技术、基于物联网信息融合与处理技术、物联网在工业能源管理与智能电网中的应用技术	中国科学院沈阳自动化研究所
	辽宁省装备制造综合自动化重点实验室	智能制造系统理论基础与设计技术、知识库系统与网络技术、智能制造装备技术、人机工程技术、智能制造系统的构成及典型结构等	沈阳大学

所属领域	创新基地名称	主要技术研究方向	依托单位
	辽宁省物联网与协同感知专业技术创新中心	群体智能决策关键技术、面向触觉互联网的情景认知技术、端-云环境下大规模群体智能建模计算方法、机器人视觉与实时嵌入式系统及应用	大连理工大学
大数据	辽宁省大数据管理与优化决策重点实验室	智能制造与服务、智慧供应链与物流、智能社会治理、智能商务管理、机器学习与人工智能	东北财经大学
	辽宁省大数据应用研究重点实验室	人工智能、大数据分析的相关基础性和前瞻性关键技术研究和创新应用	大连东软信息学院
	辽宁省大数据管理与分析重点实验室	大数据管理与分析系统	东北大学
	辽宁省数字化装备综合信息处理系统重点实验室	数字化、智能化综合信息处理技术	东北大学
	辽宁省知识服务与大数据应用重点实验室	知识图谱和大数据创新应用共性核心技术	沈阳师范大学
	辽宁省知识工程与人机交互专业技术创新中心	知识工程和智能人机交互	沈阳航空航天大学
	辽宁省基于大数据的信息产业共性技术创新中心	工业大数据、智能工业软件、工业软件缺陷检测等	东北大学
	辽宁省计算数学与数据智能重点实验室	计算几何和有限元分析、可视媒体智能处理、智能计算与高维数值分析、优化与控制、随机计算与数据分析	大连理工大学
人工智能	辽宁省机器智能重点实验室	面向智能制造系统的机器智能应用研究、面向医疗和康复系统的机器智能应用研究、面向特种机器人的机器智能应用研究	中国科学院沈阳自动化研究所
	辽宁省智能科学与智能系统重点实验室	计算机视觉与模式识别理论与方法、机器学习及深度学习理论与方法、智能决策理论与方法、智能计算理论与方法、智能机器人与智能系统等	东北大学
	辽宁省大规模分布式系统重点实验室	视觉与图像理解	沈阳航空航天大学
	辽宁省智能信息处理重点实验室	生物计算、智慧医疗和人机协作	大连大学
	辽宁省机器视觉重点实验室	通过机器视觉技术实现制造业生产线智能化改造	沈阳工业大学

续表

所属领域	创新基地名称	主要技术研究方向	依托单位
人工智能	辽宁省感知与理解人工智能重点实验室	计算机视觉与机器学习、自然语言理解与处理、多媒体与大数据挖掘、智能系统与机器人、脑科学与类脑智能、人工智能+X交叉研究平台等	大连理工大学
	辽宁省人工智能与自然语言处理重点实验室	协同翻译、自然语言处理、大数据比特能、机器学习等	沈阳航空航天大学
	辽宁省人工智能产业技术创新研究院	人工智能产业技术创新体系	东北大学
	辽宁省智能视觉讯息专业技术创新中心	眼动控制和脑控技术、数字图像处理技术、虚拟现实技术、柔性制造技术	辽宁省视讯技术研究有限公司
区块链	辽宁省区块链专业技术创新中心	区块链关键核心技术和产品研发、成果转移转化、应用示范及产业化	东软集团股份有限公司
数字孪生	辽宁省工业装备数字孪生重点实验室	数字孪生基本理论、智能方法、自主软件与实验技术等创新性应用基础研究	大连理工大学
云计算	辽宁省云计算专业技术创新中心	云资源虚拟化、云数据集成、云数据管理、云应用安全、云环境下的自动化配置，存储资源、软件资源、数据集成中间件平台，大规模科学计算、知识发现与数据挖掘、海量数据处理算法研究、应用快速部署与迁移策略关键技术，云计算研究领域内的支撑平台开发机器产业化应用方向	东北大学
通信技术	辽宁省数字媒体处理与传输重点实验室	语音与音频处理、图像处理与计算机视觉、宽带无线通信系统与网络、多媒体信息安全	大连理工大学
	辽宁省网络数据分析与智能信息处理重点实验室	智能扩频通信与网络安全分析技术及应用、无线网络智能管理技术及应用和智能信息处理技术及应用	大连理工大学
	辽宁省通信网络设计专业技术创新中心	5G网络规划设计、云网融合设计、智能电网设计、应用软件开发、大数据挖掘处理、人工智能研究、区块链融合应用、物联网产品研发应用、工业互联网标识解析应用等多技术、融合技术创新	辽宁邮电规划设计院有限公司

研究院等，涵盖工业机器人、数控机床、增材制造、控制与检测等智能装备与产品；工业互联网、通信技术等工业网络；物联网、大数据、人工智能、等智能赋能技术；智能生产及服务等众多领域，为提升我省智能制造关键领域技术创新能力提供了有力支撑。

（四）高新技术企业

高新技术企业在企业创新和科技成果转化中发挥了重要作用，是推动产业创新发展的主要力量。由于智能制造作为一种制造方式，并没有统一的统计口径。而在辽宁省高新技术企业统计范围内，光机电一体化技术作为智能制造的核心技术，较能体现智能制造企业技术创新情况，因此，本研究将用光机电一体化技术主要指标来说明我省智能制造企业的技术创新情况。

近几年，辽宁智能制造企业数量增长较快。2021年辽宁拥有光机电一体化技术企业2119家，比2019年增长了65.8%。其中，先进制造技术设备领域发展较为突出，企业数量达到总数的七成以上。其次是机电一体化机械设备和仪器仪表两个领域。目前，虽然机电基础件领域企业仅有99家，但近两年发展较为迅速，与2019年相比其数量增长了1倍以上（表6-6）。

表6-6 辽宁光机电一体化高新技术企业数量

项目	2021年（家）	2019年（家）	2021年比2019年增长（%）
先进制造技术设备	1517	888	70.8
机电一体化机械设备	206	134	53.7
机电基础件	99	47	110.6
仪器仪表	168	114	47.4
监控设备及控制系统	57	36	58.3
医疗器械	48	34	41.2
其他光机电一体化技术	24	25	-4.0
合计	2119	1278	65.8

辽宁智能制造企业地区分布较为集中，主要分布在沈阳和大连两地，企业数量达到了总数的七成以上。此外，鞍山、丹东和营口3个地区智能制造发展也较为迅速，企业数量分别达到127家、99家和96家，其他地区均不足50家（图6-4）。

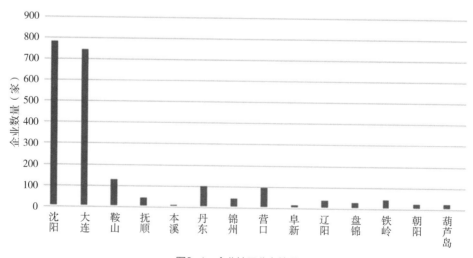

图6-4 企业地区分布情况

辽宁智能制造企业经济总量增速较快。2021年，辽宁光机电一体化工业总产值和营业收入分别达1816.3亿元和1871.6亿元，分别比2019年增长了419.2亿元、478.7亿元，仅次于新材料产业。辽宁智能制造企业注重技术创新，研发经费逐年增长，技术人才不断集聚，2021年拥有科技机构465个，从业人员数达到19.5万人，科技活动人员4.3万人，拥有发明专利2302件，均高于我省其他高新技术领域企业；2021年光机电一体化企业研发经费投入98.0亿元，约占全省高新技术企业研发费用的1/5。较高的研发投入推动我省智能制造产业自主创新能力不断提升。

（五）主要科研成果

近年来，企业、高校、科研院所等各类创新主体积极开展技术创新，在工业机器人、数控机床、增材制造、工业互联网、物联网、工业通信等10个技术领域开展技术攻关，承担国家科技重大专项、国家重点研发项目、辽宁省"揭榜挂帅"项目及其他省级科技计划项目一百余项。"复杂工业系统安全高效运行的无线控制系统技术及应用""视觉运动模式学习与理解的理论与方法""分布式动态系统的自学习优化协同控制理论与方法"等多项研究成果获得国家级、省级科技奖励（表6-7）。

表6-7 辽宁智能制造相关研究项目情况

领域	项目名称	依托单位
工业机器人	移载式智能钻铆机器人研制及应用	大连四达高技术发展有限公司
	工业机器人智能抓取系统视觉辅助技术攻关	辽宁博众特自动化技术有限公司
	铝合金基座的多工位焊接机器人及自动焊接生产线研发	辽宁泰威机械制造有限公司
	面向智能工厂的人机协作型机器人协作机理与控制技术研究	东北大学
	基于深度强化学习的多异构机器人任务规划技术研究	沈阳工业大学
	工业机器人整机综合性能测试仪	沈阳新松机器人自动化股份有限公司
	新型焊接等工业机器人	
	面向大型复杂结构件表面的多机器人协同处理系统	沈阳中科数控技术股份有限公司
	基于视觉惯性融合的智能工业机械臂随动感知研究	中国科学院沈阳自动化研究所
	面向智能工业机械臂的多源随动感知技术研究	
数控技术	光纤总线高分辨率系列化大扭矩力矩电机及驱动装置	大连电机集团有限公司
	光纤总线高分辨率系列化全数字驱动装置及交流伺服电机、主轴电机	
	大型链式刀库和高速盘式刀库及自动换刀装置开发研究	大连高金数控集团有限公司
	系列化全功能数控动力刀架	

领域	项目名称	依托单位
数控技术	高可靠性光纤总线开放式高档数控系统、精密测量系统、伺服装置和电机技术及产品成套系统工程	大连光洋科技工程有限公司
	光纤总线开放式全数字高档数控装置	
	直驱式高速高精度双摆角数控万能铣头	
	精密卧式加工中心主轴箱加工自动线示范应用	大连华根机械有限公司
	系列高速立、卧式加工中心	
	系列精密立、卧式加工中心产品研发	
	CHD系列铣车（车铣）复合加工中心	大连机床（数控）股份有限公司
	DLH系列高速数控车床及车削中心	
	VHT系列立式车铣复合加工中心	
	CL／DL系列中高档数控车床滚动功能部件应用示范工程	大连机床集团有限责任公司
	DLTT-125大型薄壁回转体零件高速精密车床	
	十四轴五联动高速精密直驱摆角铣头卧式铣车（车铣）复合加工中心	大连科德数控有限公司
	面向动静热特性的机床数字化设计及其软件	大连理工大学
	数控机床精度保持性技术研究	
	五轴卧式翻板加工中心误差智能补偿及自适应加工技术研究	
	激光-电弧复合柔性焊接装备集成技术开发	大连理工大学科技开发中心
	动力伺服刀架的动态可靠性与可靠性灵敏度设计及试验技术	东北大学
	五轴联动加工中心可靠性设计与性能试验技术	
	Sigma-97数控展刀机高档数控专用机床开发应用	辽宁西格马数控机床有限公司
	基于二次开发平台的专用数控系统开发与应用	沈阳高精数控技术有限公司
	数控系统功能安全技术研究	
	总线式全数字高档数控装置	
	全功能数控双伺服动力刀架	沈阳机床（集团）设计研究院有限公司
	直驱式A/C轴双摆角数控万能铣头	
	大规格超高精度高速桥式五轴加工中心研发项目	沈阳机床（集团）有限责任公司
	带AB轴的高速五轴联动加工中心	
	HTC2550hs高速数控车床及车削中心	沈阳机床股份有限公司
	HTM40100卧式铣车（车铣）复合加工中心	
	HTM系列卧式铣车（车铣）复合加工中心	
	千台国产数控车床可靠性提升工程	

领域	项目名称	依托单位
数控技术	大型铸锻件热加工数值模拟	中国科学院金属研究所
	基于国产"龙芯"CPU芯片的高档数控装置	中国科学院沈阳计算技术研究所有限公司
	极大规模集成电路核心部件精密加工成套装备与技术	
	大型薄壁高精度搅拌摩擦焊设备技术研究	中国科学院沈阳自动化研究所
	五轴联动精密卧式加工中心	中捷机床有限公司
	铣头可自动交换的高速龙门五轴加工中心	
增材制造	3D数字工厂三维可视化仿真平台建设	鞍山蓝海自动化系统工程有限公司
	移动式增材修复与再制造技术与装备	沈阳大陆激光技术有限公司
	大型装备原位增材再制造多目标协同调控关键技术研究	沈阳航空航天大学
	高端装备模块化便携式3D打印快速抢修装备	沈阳金锋特种刀具有限公司
	增材制造用高端智能装备开发与产业化	沈阳睿贤智能装备科技有限公司
	面向超大型装备的高效原位激光增材修复的形性调控方法研究	中国科学院沈阳自动化研究所
其他智能装备	融合数字孪生模型的智能轴承边缘计算单元	大连理工大学
	单视角工业CT智能在线检测装备研制	丹东奥龙射线仪器集团有限公司
	效精准智能物联化毕托巴流量计	辽宁毕托巴科技股份有限公司
	100G硅光接收激光器项目	辽宁优迅科技有限公司
	新材料用高端智能装备的研发与产业化	辽宁中科博研科技有限公司
	模块化智能硬度测量单元研制	沈阳天星智能检测设备有限公司
控制与检测	搭建基于典型特征分析的智能轴承单元诊断决策模型	贝尔数据科技（大连）有限公司
	复杂工业非线性系统网络化控制与滤波	渤海大学
	基于性能监控的工业现场模拟电路故障诊断设计方法研究	
	多域、多维信息智能感知与优化关键技术研究	大连海事大学
	基于物联网的在线激光粒度粒形监测与控制系统的研发及示范应用	丹东百特仪器有限公司
	辽宁省工业在线检测与控制专业技术创新中心	丹东东方测控技术股份有限公司
	多维工业视觉感知与高精度智能检测关键技术研究	东北大学
	多自由度机械臂实时控制系统研究与开发	
	工业不确定问题的智能建模与补偿控制技术研究	
	基于"端-边-云"的机器学习算法在工业故障预测中的应用研究	

领域	项目名称	依托单位
控制与检测	辽宁省工业分布式监测与控制系统专业技术创新中心	航天新长征大道科技有限公司
	离散大规模系统的智能故障诊断及其在机器人系统的应用	辽宁工业大学
	输入受限条件下动态未知多智能体系统的一致性控制	
	基于模块化可重构智能制造产线运行监测控制系统研究	辽宁航空智能制造研究院有限公司
	基于云服务的重大装备智能协同设计与控制应用研究	沈阳大学
	基于数据驱动的智能系统自适应控制研究	沈阳航空航天大学
	面向机器人的智能跟踪优化控制方法研究	沈阳化工大学
	大型锻焊件超声波自动检测技术	中国第一重型机械集团大连加氢反应器制造有限公司
	多机械手调度控制及设备与工厂自动化系统联网控制技术开发	中国科学院沈阳自动化研究所
	多模态复杂工业过程故障检测方法	
智能工厂	基于神经网络芯片与智能传感器的工业安全生产解决方案研究及产业化	鞍山市安泰安全技术有限公司
	基于层次结构分解的流程工业过程运行状态评价方法研究	东北大学
	基于云平台的数字化工厂执行系统研发及示范应用	辽宁畅通数据通信有限公司
	基于机器学习的中小型制造企业绿色供应链协同优化研究	辽宁工程技术大学
	人工智能驱动的装备制造业智能工厂生产调度系统研发	沈阳工业大学
	云制造模式下工厂智能动态生产优化系统	中国科学院沈阳自动化研究所
	智能生产线可靠性分析与优化设计	
	工业大数据驱动的设备管理云平台研制	中冶焦耐（大连）工程技术有限公司
工业互联网	智能工厂工业互联网系统复杂大系统建模方法与研究	大连理工大学
	高可靠、高安全工业互联网平台及边缘计算网关	航天新长征大道科技有限公司
	智能装备工业互联网平台研制与应用	沈阳中科博微科技股份有限公司
	面向工业无线网络协议WIA-PA的网络设备研发及应用（大规模应用）	中国科学院沈阳自动化研究所
	面向柔性制造过程的工业无线网络关键技术研究	
物联网	车间物联网环境下多工序动态协同优化制造建模及关键技术研究	沈阳工学院
	基于EPA标准的工业物联网安全策略研究	沈阳化工大学
	基于5G工业物联网通信平台研制及产业化	中泓慧联技术有限公司

领域	项目名称	依托单位
工业通信	高速率光通信器件的研发及产业化	大连优迅科技股份有限公司
	面向工业通信协议的脆弱性分析、挖掘及检测方法研究	辽宁大学
	基于UWB通讯的智能硬件设备研发与示范应用	伊派克科技（大连）有限公司
	工业5G网络实时调度关键技术研究	中国科学院沈阳自动化研究所
增强现实	高精度高智能增强现实技术及其在复杂装配领域的应用研究	中国科学院沈阳自动化研究所

（六）专利技术方向

从辽宁省智能制造装备专利主要技术方向来看，智能制造控制装置为922项（占25.91%）数量最多；其次为增材制造技术方向（889项，占24.98%）；专利数量最少的为智能农业装备（202项，占5.68%）。与我国智能制造装备专利申请主题方向对比可以看出，辽宁增材制造技术、智能制造仿真和测试系统方向的专利授权数量占比较多，具有较大的技术优势；在智能制造传动系统和智能路径规划方法两个方向数量占比大致相当；在智能制造控制装置、智能农业装备、智能制造检测系统3个方向，数量占比仍稍显不足，有2%~10%的差距如表6-8所示。从创新主体来看，辽宁智能制造装备专利主要集中在高校和企业如表6-9所示，且相对集中，前20名创新主体所授权的专利数量占辽宁省智能制造专利总量的54.6%。

表6-8 智能制造装备方向各技术主题数量及占比统计

技术主题	主题名称	全国专利数量	全国数量占比	辽宁省专利数量	辽宁省数量占比	占比差距
1	智能制造传动系统	6541	5.55%	207	5.82%	0.27%
2	智能制造仿真和测试系统	12534	10.63%	593	16.66%	6.03%
3	智能路径规划方法	8116	6.89%	235	6.60%	−0.29%
4	智能制造控制装置	42209	35.81%	922	25.91%	−9.90%
5	智能制造检测系统	19186	16.28%	511	14.36%	−1.92%
6	智能农业装备	9433	8.00%	202	5.68%	−2.32%
7	增材制造技术	19857	16.85%	889	24.98%	8.13%

表6-9　智能制造装备方向辽宁省主要创新主体

序号	创新主体	授权专利总量
1	大连理工大学	425
2	东北大学	392
3	中国科学院沈阳自动化研究所	150
4	沈阳飞机工业（集团）有限公司	92
5	沈阳工业大学	91
6	大连海事大学	86
7	沈阳新松机器人自动化股份有限公司	86
8	鞍钢股份有限公司	74
9	中国科学院金属研究所	70
10	沈阳黎明航空发动机（集团）有限责任公司	68
11	中国科学院沈阳计算技术研究所有限公司	58
12	沈阳农业大学	55
13	大连交通大学	48
14	大连华锐重工集团股份有限公司	46
15	沈阳航空航天大学	44
16	沈阳高精数控技术有限公司	42
17	辽宁工程技术大学	31
18	三一重型装备有限公司	29
19	中国航发沈阳黎明航空发动机有限责任公司	29
20	中国航空工业集团公司沈阳飞机设计研究所	28

三、辽宁智能制造关键技术选择

尽管辽宁智能制造产业规模不断扩大、技术体系持续完善，但在关键核心技术、工业互联网、系统集成等方面仍存在短板，自主创新能力仍需进一步提升。为了应对新一轮科技革命和产业变革，抓住新一代信息技术与制造业深度融合为装备制造业转型升级带来的重要机遇，发挥辽宁先进装备制造业大省优势，课题组对未来具有影响力的智能制造关键技术进行遴选，确定智能制造技术创新的主攻方向，为促进社会进步、引领经济发展提供战略支撑。

（一）关键技术选择原则

辽宁智能制造产业关键技术选择应遵循以下原则：

满足产业发展客观要求。从发展方向来看，智能制造涵盖设计、生产、管理、服务等制造的全过程，亟待突破设计仿真、混合建模、协同优化等基础技术，开发应用增材制造、超精密加工等先进工艺技术，攻克智能感知、人机协作、供应链协同等共性技术，研发人工智能、5G、大数据、边缘计算等在工业领域的适用性技术；同时，在系统集成技术开发方面，面向装备、单元、车间、工厂等制造载体，应构建制造装备、生产过程相关数据字典和信息模型，开发生产过程通用数据集成和跨平台、跨领域业务互联技术。面向产业链供应链，应开发跨企业多源信息交互和全链条协同优化技术。面向制造全过程，应突破智能制造系统规划设计、建模仿真、分析优化等技术。这些产业发展的核心技术将成为未来辽宁智能制造技术研发的重要方向。

立足辽宁优势实现产业突破。从产业条件来看，辽宁智能制造装备产业优势较为突出，尤其是智能数控机床和工业机器人无论是从研发设计还是生产制造都有一定的优势。此外，从高校、科研院所学科设置、科技创新平台建设以及科研项目、专利等科研成果来看，辽宁在增材制造、控制与检测、工业网络、物联网、大数据、人工智能、数字孪生、区块链、企业智能管理、智能工厂等众多技术领域均有一定的发展基础，从这些领域寻求突破，选择对提升辽宁产业核心竞争力、促进经济增长发挥重要作用，并能在5~15年取得突破性进展，推动实现产业化和大规模应用的通用性、带动性技术，为推动制造业高端化、智能化、绿色化发展，加快建设数字辽宁、智造强省，实现全面振兴新突破奠定坚实基础。

（二）技术清单

基于文献分析、专利分析等智能制造态势扫描结果，总结出若干智能制造相关技术，结合辽宁智能制造产业条件、技术支撑基础，形成初始技术清单。通过专家问卷调查对初始技术清单进行补充，增加遗漏的技术项，合并内容相似的技术项，最终凝练出14个领域作为辽宁智能制造发展的重点领域，提出若干项核心技术，作为未来支撑辽宁智能制造产业发展的关键核心技术（表6-10）。具体如下：

表6-10　辽宁省智能制造技术清单

序号	技术领域	关键技术
1	工业机器人	高性能减速器
		高性能伺服驱动系统

序号	技术领域	关键技术
1	工业机器人	智能控制器
		智能一体化关节
		新型传感器
		智能末端执行器
		控制软件
		核心算法
		机器人仿生感知与认知技术
		机器人生机电融合技术
		人机自然交互技术
2	智能数控加工技术	人、计算机、机器一体化融合理论与技术
		与装备
		热变形溯源、温度场理论及传感器布点和补偿技术
		几何误差建模与补偿技术
		振动建模与抑制技术
		刀具加工模型与加工状态感知技术
		在机质量检测方法技术
		基于数控系统的工件加工进度提取技术
		故障在线识别理论与技术
		加工过程能量流模型与能效检测技术
		智能决策、维护、执行理论与技术
		智能机床综合能力评价理论与技术
		智能主轴/智能伺服进给/智能终端等智能单元设计制造技术
		基于模型的复杂曲面直接插补、机床通用通信接口协议规范
		加工状态自感知/自学习/自适应/自优化技术
		虚拟机床及虚拟加工技术
		基于工业互联网和加工过程大数据的监控及远程服务
		全生命周期可靠性评估与增长
		高精度功能部件研发
		在线误差补偿技术
		高精度电主轴设计制造技术
		高档数控机床加工精度及保持性提升技术

序号	技术领域	关键技术
2	智能数控加工技术	高档数控机床高性能装配技术
		加工精度在线预测与实施补偿技术
		功能部件高精度与高保持技术
3	增材制造技术与装备	高性能金属增材制造技术与装备
		智能微纳增材制造技术与装备
		智能复合材料增材制造技术与装备
		智能功能梯度材料及结构增材制造技术与装备
		智能生物增材制造技术与装备
		多类别增材、减材、等材一体化智能混合制造技术
		热塑性复合材料增材制造技术与装备
4	智能零部件与装置	数据关联、多传感器D/轨迹评估、采集管理技术；仿生传感器技术、数据融合技术、支持自动分析、综合决策与智能判断的多传感器数据融合技术
		高端智能测量仪表设计、精确自动补偿、生产工艺、装配
		在线分析仪器小型化关键部件、微弱信号精密检测
5	智能成套装备	百万吨以上智能化乙烯成套装备
		高精度智能化热/冷连轧成套装备
		冶金流程仿真平台
		轧钢系统在线动态自修正模型系统
		钢铁全流程在线监控、检测及性能预报技术
		超大吨位履带起重机和挖掘机用大型高扭矩密度行走驱动系统
		高效率隧道掘进机刀盘双速比驱动单元
		工程机械自主作业操作系统
		主机系统多学科耦合仿真与抗振设计等技术
		煤炭智能综采设备
		生活垃圾智能分选工艺装备
		搅拌摩擦焊接机器人装备
		激光熔覆/焊接/增材智能装备
6	智能建模与仿真技术	全流程多层次多尺度多场合的一体化建模技术
		工厂资源模拟建模与仿真技术
		智能VR/AR/MR等建模与仿真技术
		制造数据学习
		应用及信息安全技术
		数字孪生车间

序号	技术领域	关键技术
7	智能优化决策技术与系统	工况协议智能解析技术、多元异构数据融合技术、信息深度感知技术
		过程统计学理论、多质量指标逆映射建模方法、基于数据的知识学习和规则提取
		凸优化、线性规划、无约束优化的求解方法、动态规划、求解优化问题的智能算法
		对现实问题进行精准建模的运筹优化技术
8	数字孪生技术	自适应决策控制系统的设定值
		预测与诊断异常工况、自愈控制、排除异常工况
		机理模型与数据综合深度融合、建立有效的动态智能模型生产装置的动态自主学习与基于数据驱动的自主控制
		大数据远程移动可视化监控技术、多领域协同仿真技术
		复杂装备全生命周期作业过程仿真技术、运行状态可视化分析与故障智能预测技术
9	设备健康评估和故障预示技术	典型故障特征建模、故障敏感特征优选与构造、系统健康综合评估
		工业大数据质量改善技术
		工业大数据驱动的智能故障诊断技术
		大数据监控检测技术
		大数据智能诊断技术
		故障混合预测技术
10	知识工程和工业知识软件化	平台技术和关联的各种工业App
		工业产品、形成工业产品的过程、对经验的抽象结果、过程中包含的各种独立算法工具与知识等
11	标识解析与管理技术	分段化/哈希化/基于语义/多属性的标识编码技术
		条码/生物/图像/磁卡/RFID/NFC识别技术
		标识编码匿名技术
		标识编码自我认证技术
12	边缘智能技术	应用于边缘计算与边缘智能的软件、平台、系统层面的新型信息技术。
		支持新型移动通信的网络层面的新型通信技术
13	数据采集、处理和分析技术	异构通信协议数据源的集成与访问技术
		实时数据接口的统一技术
		多源异构数据融合技术
		实时数据的海量存储技术

序号	技术领域	关键技术
13	数据采集、处理和分析技术	实时数据读写操作和历史数据的高效查询
		数据质量评价与清洗
		实时计算和分析处理
		实时数据的组织和访问权限管理
		数据缺失、乱序、重复等异常数据的处理技术、有效数据分析和挖掘技术
		机器学习技术
14	工业互联网技术	面向大数据和与计算环境下的密码技术
		基于区块链的分布式可信认证技术
		网络状态自感知技术
		边缘数据感知和萃取、荣誉存储、异构计算
		工厂内SND技术
		面向工业的SD-WAN技术
		网络故障自动定位与自恢复技术
		智能计算和实时控制、计算迁移、流逝数据分析
		微服务网络框架
		工业数据建模与分析技术
		数据集成和边缘处理技术

第7章

辽宁智能制造发展路径选择

站在新一轮科技革命和产业变革与我国加快高质量发展的历史性交汇点，辽宁应深入实施智能制造工程，着力提升创新能力、供给能力、支撑能力和应用水平，推动制造业产业模式和企业形态根本性转变，为加快建设数字辽宁、智造强省，构筑竞争新优势提供有力支撑。

一、辽宁发展"智能制造"的升级路径

（一）构建智能制造工业互联网

以构建智能制造工业互联网生态圈和标准化体系为主体，在不同行业进行迭代推进。工业互联网生态圈是实施智能制造的真正载体，产业链的龙头企业或隐形冠军企业、工业互联网平台企业与平台服务、工业场景App软件研发和服务企业、实施智能制造的若干数字工厂或数控产线、数控设备的生产和维护、企业智能管理机制升级服务等六个方面是整个生态圈的关键节点。智能制造的技术迭代包括生产设备数字化、制造系统智能化、企业运营智能化、数字供业链模式以及智能制造生态圈模式。政府应指导和推动不同行业和企业根据自身所处的技术阶段，迭代融合到智能制造完整生态圈的建设中。

在行业工业互联网平台及服务、工业App体系和服务的应用生态打造方面突出标准化建设。行业工业互联网平台及其服务首先要考虑引进标准体系建设良好的优质一线工业互联网平台企业进行战略层次的合作。行业工业互联网平台、工业App体系开发、智能制造解决方案要注意符合国内《工业互联网标准体系（2.0版本）》相关技术标准，避免未来的技术迭代和服务升级受限。

（二）推进智能制造个性化迭代同步

改造升级"老字号"，加快推动传统优势主导产业实现企业运营智能化和上云赋能。重点围绕航空工业装备、海洋工业装备、船舶与汽车制造、重大成套装备、医疗设备等高

技术装备制造业领域建设产业工业互联网云平台、云服务，推动工业互联网大数据区域分中心或行业分中心的建设，面向行业提供数据管理能力提升、工业资源共享、解决方案推广等服务。对于上述装备制造业领域的省内龙头企业、骨干企业、规上企业，积极扶持和引导企业在内部网络实现智能生产、智能管理、智能营销的互联互通，实现数字企业层级的数字孪生智能制造体系。龙头企业利用建成的数字孪生企业（工厂），通过上下游企业的线上协同研发设计、生产加工、经营管理、销售服务等业务的数字化、智能化，强化资源共享、供需对接等线上业务，进而发挥产业链带动作用，推动全行业产业链智能化转型升级。

深度开发"原字号"，推动产业链条向下游延伸，用企业运营数字化、产业链数字化来引育一批"专精特新"中小微企业向高附加值环节建链补链。重点围绕石油化工、钢铁冶金、无机非金属材料等原料、能源等行业，吸引国内外技术创新势头猛、产品研发能力强、运营管理数字化的专业化、特色化中小企业到省内投资建厂或合作经营，延伸产业链条，形成线下产业链的集群优势。鼓励产业链中下游高附加值的中小企业从质量标准、生产制造和售后服务等方面对接行业龙头企业，以行业龙头企业为核心，实现上下游企业之间数据互联互通、创新资源共享、生产资源优化配置和供应链高效协同，形成产业链上下游企业融通发展体系。辽宁的大中型石油炼化、钢铁冶金等原材料、能源企业也可以通过企业运营数字化改造，积极利用数字产业链的线上集群优势，积极融入省外的精细化工、新型金属合金材料等产业链下游环节，增强市场影响力、竞争力和参与度，加快产品技术、质量和品牌升级。

培育壮大"新字号"，重点围绕航空航天、集成电路、新能源汽车、新材料、机器人等新产业，整体布局、以产业链整体引育，形成新的产业支点、新引擎。对于引育的"新字号"产业链，重点利用和依托辽宁的国家级、省级各类型的产业园区，从产业政策、技术服务、金融服务、生产服务、物流服务、市场服务等数字产业生态圈综合协同角度出发，系统出台有利于"智能制造"的一揽子配套措施。在引育时，要注意一步到位实现数字化重大项目、数字化重点企业、数字化产业研究院所、数字化产业链、数字化产业园区的建设，从而实现"新字号"数字化、智能化产业生态圈的建设，打造标志性企业形成产业梯队。

二、辽宁实施"智能制造"的关键任务

（一）推进工业互联网基础设施建设

建成省内优势产业的工业互联网基础设施典型工程。选择典型的省内优势产业作为代表，加快基础共性、关键技术、典型应用等工业互联网标准体系的研制，建成覆盖全产业

链的特色型产业工业互联网云平台和平台服务；推动知识图谱、基础工艺、控制方法、运行机理等工业知识软件化、模型化，建设提升全产业链的数据汇聚、分析、应用能力，打造行业工业互联网大数据中心及数据综合服务。

（二）探索企业智能化升级有效途径

在代表性制造行业探索出可复制、可推广的企业数字化、智能化升级改造的通用技术路线图和有效途径。加大省级、市级、行业级的统筹协调力度，对前瞻性问题、战略性问题、综合性难题发挥协同、指导和引领作用，确保各项工作落实；破解企业、行业向智能制造升级的资金困难，拓宽资金来源渠道和途径，加大金融、财政、税收政策的改革创新，增强政府资金扶持，鼓励资本市场利用信用债券、知识产权估值、动产质押等金融产品和金融服务创新，强化对智能制造产业圈个性化、精准化支持；建设"产业人才大数据平台"，定期发布工业互联网领域人才需求预测，推动产学研联盟，深化落实校企联合培养、协作研发机制，构建工业互联网人才支撑体系，为行业持续发展提供人才保障。

（三）支持产业推广智能制造新模式

在数字化基础较好的产业形成云平台、大数据、人工智能技术支撑下的智能制造新模式。全面推动"老字号""原字号"的龙头和骨干企业实现企业内部网络上的数字企业级的智能制造生产和经营模式，实现辽宁省制造业在广度上的智能制造，形成产业内、企业内智能制造的标准化建设体系，为发挥产业链的带动作用和示范作用奠定基础；加强平台设备接入、应用开发等支持能力，突破研发、生产、管理等工业App软件云化迁移，支持"老字号""原字号""新字号"的龙头和骨干企业基于工业互联网云平台的广泛连接，带动产业链上下游中小企业业务系统云端迁移；汇聚设备、技术、数据、模型及知识等资源，打造贯通数字孪生供应链、覆盖多领域的网络化资源和服务配置体系，发展协同设计、众包众创、共享制造、分布式制造等生态圈式智能制造模式，发挥引领示范作用。

（四）构建企业智能化评价体系

构建企业智能化、行业数字化的评价方法和评价体系，能够进行相关评价并指导企业、行业进行完善性工作。组建省级的智能制造评价指导专家组，专家组成员由政府、高校、企业的相关人员组成并定期进行轮换，人员要覆盖数控硬件、工业App软件、互联网工程、大数据采集和分析、供应链管理工程、物流工程、物联网工程、金融工程以及被评价企业或行业等专业领域；评价指标体系分别针对企业智能化、行业数字化两个层面，且兼顾硬件设施、软件环境、业务协同、人机协同、大数据服务等具体的智能制造生态圈场景。

（五）打造智能制造硬件环境

以"新基建"打造智能制造的硬件环境，以培育"新动能"塑造推动智能制造创新机制，深化行政管理体制改革，真正发挥市场在资源配置中的决定性作用，为新经济开辟新的发展空间。各级政府进一步优化公共服务、创新行政管理，促进制度创新与技术创新的融合互动，提升行政审批、法规调整、政策支持、标准规范、资源开放等方面政府服务的科学性、灵活性和针对性。如实现"政务云"建设，省市两级业务系统上云率达到100%；培育数据要素市场机制，建成各类有效的政府数据共享交换平台，建设省内重点行业的数据库；加快法规、政策、标准等软环境的动态调整，严格地方标准管理，逐步建立政府主导制定的标准与市场自主制定的标准相协调的动态响应机制等。

三、辽宁实施"智能制造"的保障措施

（一）强化统筹协调

加强省直部门协同，统筹实施智能制造工程，深入开展技术攻关、装备创新、示范应用、标准化、人才培养等。加强省市协作，鼓励各市出台配套政策，引导各类社会资源聚集，形成系统推进工作格局。充分发挥智能制造协作联盟和专家咨询委员会及相关高校、科研机构、专业智库作用，开展智能制造前瞻性、战略性重大问题研究。面向国家发展重大需求且国外垄断领域对智能制造各关键技术，强化产学研用统筹协调，长期深入融合协同攻关，突破高档数控加工及其智能制造行业的卡脖子问题。高起点推进智能制造园区建设，着力引进智能制造重点企业布局。因地制宜、充分考虑区域间政策衔接与产业融合，统筹和引领区域智能制造一体化发展。积极为智能制造供需企业搭建无缝对接平台。

（二）加大资金支持

精准财税扶持。积极争取国家重大科技项目、国家重点研发计划，加大辽宁科技计划项目对智能制造领域的支持。优化财政专项资金使用结构，全方位、多渠道为智能制造企业"减负"。加大对智能制造技术创新、首台（套）技术装备研制、推广使用、互联网提升、创新创业等环节支持力度，尤其是对拥有核心技术、自主知识产权以及主导制定标准的企业。对于初创期的中小企业，应充分发挥财政资金的杠杆作用，通过市场机制引导社会资金投入。对处于发展壮大期的企业，采取由政府投入部分引导资金，按市场化运作建立产业投资基金，并支持股权投资基金、产业投资基金等各类资本参与智能制造项目。

拓宽投融资渠道。鼓励金融机构创新金融产品和服务，积极满足智能制造企业的资金需求。探索设立省、市两级智能制造政府投资引导基金，鼓励创业投资基金、产业投资基

金加大对智能制造企业的投资支持。鼓励智能制造企业通过融资租赁实施设备更新改造。大力支持符合条件的智能制造企业到主板、中小板、创业板和境外资本市场上市融资，支持暂不具备上市条件的中小微企业通过全国中小企业股份转让系统挂牌融资。

（三）创新人才机制

大力引进智能制造领域高端人才。围绕智能制造产业发展对核心人才的需求，制定高端人才引进技术，吸引新一代信息技术和制造业等多学科交叉知识背景专业人才，依托国家重大人才工程和辽宁省高层次人才特殊支持计划，引进一批领军人才，搭建智能制造专家智库；拓宽高层次人才引进、培养渠道，为海内外人才（团队）创新、创业营造优质服务环境。聚焦重点领域建设智能制造离岸孵化器，成立海内外人才工作站，吸引全球人才来辽发展。

优化人才培养体系。鼓励支持大连理工大学、东北大学等工科高校进一步完善智能制造相关专业建设，有计划、有批次的培养智能制造领域的专门技术与管理人才，为智能制造领域发展储备后备力量。鼓励企业参与高校教学目标、培养体系制定等。鼓励省内高校及社会培训机构建立面向中低端产业工人的技能提升教育与培训计划，促使智能制造高技能人才整体素质转变和创新意识增强，并逐步提升高技能人才的社会地位和待遇。

加大产业人才政策支持。支持智能制造龙头企业和科研机构建立核心技术人才柔性工作制度，组建智能制造公共服务平台专家队伍，并提高科研人员成果转化收益比例，完善科技成果、知识产权归属和利益分享机制，全面激发科研人员的积极性和创造性。

（四）提升创新能力

激发企业创新活力。支持龙头企业建设高水平研究机构和创新团队，与高校院所联合打造一批智能制造产业技术协同创新平台，牵头承担国家重大科技任务、突破产业关键核心技术等。进一步拓宽科研项目信息发布和申报体系，支持更多企业参与科研项目研究。鼓励企业积极参与智能制造相关行业标准制定，加强科技成果向标准转化和标准应用推广。

加快中小微企业智改。搭建统一架构和标准的云制造平台和服务平台，制定简便易行的智能化改造方案，推广一批成熟使用的单元装备和先进技术，推广适合中小企业发展需求的信息化产品和服务，促进互联网和信息技术在生产制造、经营管理、市场营销各个环节中的应用，推动发展"互联网+"小微企业，引导有基础、有条件的中小企业推进生产线自动化改造。推动中小企业与大企业协同创新，鼓励有条件的大企业搭建信息化服务平台，向中小企业开放入口、数据信息、计算能力。

推动产学研协同创新。聚焦汽车、钢铁、航空、航天、船舶等重点领域，整合相关力量设立智能制造研究中心，进一步推进数字化制造共性技术取得突破，协同企业推进数控机床、工业机器人等智能制造装备的自主技术攻关和产业化应用。以产业龙头企业为主导，针对感知、控制、决策、执行等环节的短板弱项，加强产学研用联合创新，建立实体型产业专业技术创新平台，突破一批"卡脖子"基础零部件和装置。

提升公共服务能力。鼓励行业组织、政府、产业园区、高校院所、龙头企业等建设智能制造公共服务平台，支持标准试验验证平台和现有服务机构提升检验检测、咨询诊断、计量测试等服务能力。

积极参与智能制造标准体系制定。鼓励企业、研究机构积极参与智能制造基础、安全、管理、检测评价、可靠性等基础共性标准以及智能装备、智能工厂、智能服务、工业软件和大数据以及工业互联网等关键技术标准，如制造流程标准、数据标准、通信协议与标准、技术应用标准等的制定。

（五）推进智能工厂建设

分步实施智能工厂建设。加快推进5G通信、工业网络、智能控制系统、工业机器人等信息技术和先进制造技术在企业的深入应用,倒逼企业在供应链管理、生产管理、质量管理、运营管理、决策模式和商业模式上不断创新。

建设试点示范智能工厂。支持重点领域有基础的典型企业率先建设示范性智能工厂，突破典型关键技术问题，力求可复制、可推广，发挥广泛的借鉴、辐射和带动作用。分行业、分区域开展经验成果推广应用活动，加快推动制造业智能化改造和数字化转型。

强化龙头企业带动作用。支持具有带动能力的产业集群核心企业、产业链"链主"企业建设协同平台，带动产业链上下游企业同步实施智能化转型，推动产业链从研发设计到生产供应再到销售服务的全链条智能化改造。建设平台数据监测与运行分析系统，为行业提供产品数据分析和监测评价等服务。

创建智造先行区。支持沈大国家自主创新示范区结合自身条件创建智能制造先行区，完善政策体系，创新要素保障机制，加快新技术融合应用，构建完善区域智能制造发展生态，打造智能制造创新技术策源地、示范应用集聚区、关键装备和解决方案输出地。向国家制造强国建设战略咨询委员会智能制造专家委员会提交先行区创建方案，争取获得工业和信息化部、国家发展改革委等部门批复同意开展先行区创建工作。

（六）扩大对外开放合作

持续深化"放管服"改革，优化营商环境，为智能制造发展创造良好的市场环境。鼓励辽宁企业加快融入全国乃至全球智能制造产业链分工体系和协同制造体系。加强国际合作，抓住德国工业4.0与中国制造2025对接以及与中东欧合作的主要战略机遇期，深化智能制造新技术、新工艺、新模式、知识产权等方面的国际交流与合作，不断拓展合作领域。鼓励跨国公司、国外机构等在辽宁设立智能制造研发中心、人才培训中心、营销中心等功能性机构，建设智能制造示范工厂。积极融入"一带一路"、京津冀协同发展、长江经济带以及粤港澳大湾区开发建设等国家战略，加强区域间智能制造各领域合作。